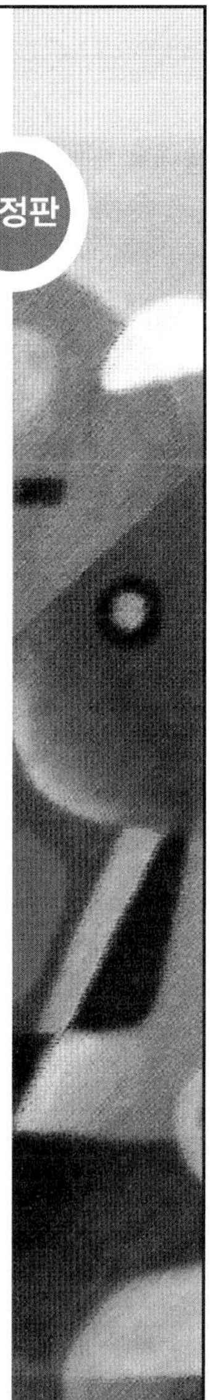

개정판

유아교육의
역사와 철학적 이해

조 성 자 지음

Early Childhood Education
Historical and Philosophical Understanding

창지사

머리말

인간 역사, 문화 역사, 문명 역사, 학문 역사를 서술한다는 것은 학문 연구의 측면에서도 힘겨운 여정이라고 할 수 있다. 저자는 특별히 몬테소리를 연구하는 사람으로서 그녀의 자서전까지 서술한 경험이 있지만, 학자의 삶과 학문세계를 서술한다는 것이 어느 측면에서 큰 과오와 왜곡을 범할 수도 있지만, 한편으로는 알려지지 않은 학자의 세계를 연구하여 세상에 드러낸다는 새로운 작업일 수도 있다.

근래에 들어와서 새로운 용어들이 우리의 귀를 의심하게 하는 경험을 종종 하게 된다. 대학의 몰락, 학문의 위기, 대학은 어디로 가야 할 것인가? 라는 질문에 가장 핵심적인 요인으로 대학의 중심에 학문의 위치가 자리를 빼앗기고 마는 상항에 이르렀다. 학문의 중심이동과 더불어 대학은 중심을 잃고 몰락해 가는 것이 아닐까? 소위 연구와 시비를 가르는 전문 직업인으로 살아가는 사람들의 책임도 있다. 저자는 학문이 대학의 중심이 되어야 함에도 불구하고 입학과 더불어 취업률에 대한 이야기를 제일 많이 듣게 되는 시점에서 대학을 떠나는 시간이 되었다. 대학 주변에 새로운 학문적 용어를 흔히 접하게 된다. 대학의 제도와 기능적 변화로 인해서 새롭게 등장한 용어들이다. 예를 들어 주문식 교육과 취업용 학문이라는 용어들이 낯설지 않으면서 기초학문과 인문학의 붕괴라는 우려의 목소리도 동시에 들린다. 그렇다면 학생들이 자기가 사회인이 되었을 때 그 사회가 지금 필요로 하는 학문을 듣기 원하고 국가정책이 이러한 요구에 학문의 본질을 외면하면서 실용주의 학문에 손을 들어준 것이다. 물론 실용주위 학문이 부정적이라는 것은 아니다.

대학에서 철학 학문이 서서히 사라진 지 오래되었고 대학교육과정에 실용 학문이 즐비하게 들어섰다. 그러면서 차츰차츰 잃어가는 인간 본성에 대해 성찰을 하면서 사회에 가장 큰 문제는 젊은이들의 인성이라고 말을 모은다. 인성을 대학의 특성화 사업으로 해야 한다고 세간에 홍보를 한다. 참으로 이상한 발상이 아닌가! 심리학적, 교육학적, 철학적 측면에서 이미 형성된 인성을 대학에 와서 논한들 무엇하겠는가?

대학의 가장 큰 자본은 학문이며, 대학의 중심에 철학 학문을 다시 겸손하게 초대하여 유아기부터 생각하면서 사는 방법, 인문학 중요성을 가르치고 안내함으로써 사유능력을 기르는 데 인문학의 가르침으로서 튼튼한 기초를 이루어야 할 것이다. 현시대는 인간교육에서 이러한 정신적인 측면, 역사, 철학, 인문학 중요성을 외면하고 있지만 그래도 유아기에 철학 이야기와 철학의 역사 해석을 학생들이 경청하여야 한다.

『유아교육의 역사와 철학적 이해』라는 저서가 지금도 간간이 대학에서 찾고 있으니 수정판을 출판할 수 있도록 도움을 요청하기에 다른 연구를 접어두고 우선 이 저서부터 서술하기로 마음을 다짐하였다. 아무리 지식인들이 지금 지식노동시장에서 지식을 상품화하여 판다고 하여도 철학은 인간 삶의 방식, 인간이 살아가는 데 지혜로움을 배우도록 올바르게 안내하는 등대지기, 삶의 의미를 찾아가는 인문학의 길잡이라고 늘 생각하기 있기 때문이다.

최선을 다해 새로운 지식을 첨가하여 어린이들을 가르치는 모든 사람에게 필요한 학문적으로 기본적인 영양소와 같은 철학적 이야기를 시대적으로 엮어가면서 과거와 현재 그리고 미래를 학자들은 어떻게 바라보았는가를 논증하려고 한다.

본 저서는 모두 7장으로 구성하였다. 고대부터 현대에 이르기까지 유아교육과 역사적 관점을 접목하여 논증해 보려고 노력하였다.

아주 긴 시간 동안 저자와 인연을 함께해온 도서출판 창지사 김기섭 사장님과 저자의 원고를 위해 늘 함께 호흡해주시는 직원분들에게 감사한다. 그리고 나의 학문 여정에 늘 동참해주고 몬테소리 연구실을 지켜준 석·박사 대학원 학생들에게 감사한 마음도 곁들이고 싶다.

2015년 2월

조 성 자

차례

차례

차례

제1장

어린이들에게 철학을 가르칠 수 있는가?

제1장 어린이들에게 철학을 가르칠 수 있는가?

어린이들에게 철학을 가르쳐야 하는가?라는 질문을 하기 전에 저자는 물론 "가르쳐야지."라고 자신 있게 대답한다. 왜냐하면 철학은 그들의 미래를 생각하면 논리적으로 정직하고, 용기 있고, 행복하게 살아가도록 안전하게 안내해 줄 수 있는 학문인 동시에 철학이 지혜를 사랑하는 학문이라면 지혜는 인간만이 소유할 수 있는 특권이기 때문이다. 아무것도 모르고 갓 태어난 신생아들이 환경과 상호작용을 하면서 나날이 지혜롭게 발달하면서 진화되어 갈 수 있도록 협력해주는 것이 철학 학문이라면 그들에게 필요한 학문이 아니겠는가?

I 어린이들에게 철학이란 무엇인가?

학문을 직업으로 하는 사람들이라면 누구나 철학이 인간들에게 무엇을 가르치고 어떤 도움을 주고 있는지에 대한 질문을 스스로에게 던져보았을 것이다. 철학에 대해 답하기 전에 저자는 어린이들에게 철학을 어떻게 알기 쉽게 알려주고 이해시키려고 감히 어린이들을 위한 철학사를 저술하려고 무지하게 덤비는 것일까?라고 성찰의 기회를 가지기도 하였다. 철없었던 학문적 유아기 시절은 자신도 이해하지 못하는 글을 써서 공공연하게 투고도 하고, 저서도 내고 야단이지만 생물학적 나이와 학문적 나이가 들어보니, 한참 써 내려가다가 이건 아닌데 하는 생각에 원점으로 돌아가던 젊은 시절이 사뭇 어색하고 부끄러운 생각이 종종 들 때도 있다. 그렇다고 나이가 들면 생물학적, 학문적으로 완성에 이른다는 말은 결코 아니다. 좀 더 다양한 삶의 과정에서 얻은 경험으로 사유의 폭이 조금 넓어져 적어도 부끄러움을 느낄 수 있다는 이야기이다.

어떤 이는 철학을 인간의 본질적 기능이라고 말하고, 유명한 철학자 칸트는 철학을 배우려 하지 말고 철학함을 행하라고 조언한다. 다시 말면 철학이란 인간이 이성적, 감성적으로 느끼는 행위이고, 사유하는 학문이다. 철학은 생각과 느낌 그리고 행위라는 삼각관계를 의미한다(Jacques Maritain 지음, 박영도 역, 1984). 인간은 이성적 존재이기 때문에 생각하고 탐색하는 기능을 가진 동물이라고 할 수 있다.

다른 한편으로 투명하고 참되게 세상을 살아갈 수 있도록 사유하고, 지혜롭게 사물의 본질을 연구하고, 기원을 찾아서 관계성을 연구하고, 사물을 통합, 융합 관계로 탐색하는 학문이다. 이러한 관점에서 어린이들에게 철학은 자기들의 일상적인 생활과 사회적 관계를 맺어 사회화되어가는 여정에서 올바른 생각과 자세, 우주에 존재하는 모든 것과 긴밀한 관계 속에서 서로 협력한다는 사명감에 대한 인식, 다른 사람과 다르게 생각하는 것, 지혜롭게 살아가는 방법, 공존에 필요한 공유의 의미를 알아가는 것, 생명체와 무생명체들의 본질을 정확하게 알아가는 것, 모든 생명체와 무생명체들의 우주적 관계, 자연 속에 존재하는 모든 것이 우주의 일부분인 동시에 전체이고, 우주는 우리들의 일부분이 되는 기원을 거슬러 올라가서 우주역사를 연구하는 것, 즉 사물들은 서로 협력 관계를 맺고 조화로운 삶을 살아가도록 안내하는, 실제 삶과 연결되는 학문이다.

어린이들에게 철학은 무지에서 앎으로 발달하는 과정에서 발생하는 호기심, 궁금증, 신기함, 세상을 바라보는 경이로움, 아름다움, 놀라움으로부터 시작하여 그러한 정신적 요소들을 다시 생각할 수 있도록 호기심과 상상력을 이끌어 내는 학문이라 할 수 있다. 이러한 모든 정신적 요소를 해결해 주는 지적인 힘 혹은 지적 능력, 지적 태도는 모두 알고자 하는 호기심, 관심, 탐색능력 또는 태도에서 발생하는 것이다.

어린이들이 실제로 철학이란 무엇인가를 조금이라도 알려고 한다면 자신의 살아가는 현재 삶의 공동체 속으로 들어가 그 속에서 발달과 성장에 필요한 지혜를 배우기 시작하는 것이다(정홍규, 2010). 어린이들에게 필요한 철학은 실제로 배움에 필요한 참 지혜 또는 지식을 터득하여 세상과 관계를 맺고 올바르게 생각하는 방법, 긍정적 길(Via Positiva)을 가는 방법, 소통하는 방법을 훈련하는 것이다.

광활한 들판에 서서 세상을 너그럽고, 평화롭고, 열린 마음으로 파아란 세상을 바라보도록 안내하는 것, 나아가 세상에 존재하는 사물들의 현상과 본질에 깊숙이 접근하여 오감이 사물과 가까워지도록 안내하는 것이 곧 철학함을 배우는 것이 아니겠는가? 바나나 껍질을 벗기고, 자르고, 냄새를 맡고, 먹어 보고, 촉감으로 매끄러움을 경험하여 "아하! 바나나의 본질인 맛과 현상인 모양이 이러하구나!" 하고 통합적으로 사고하는 것이 바로 철학이다. 다른 학문에 비해서 철학은 여러 학문을 두루 아우르고 있다. 수학, 과학, 심리학, 교육학, 인류학 등은 인간에 관한 연구와 친밀한 관계를 맺어주는 학문의 스승이라고 할 수 있다.

현대 사회에서 일반화되어가는 다중지능, 다중문화, 다중 하이 테크닉, 융합, 통합, 협력관계, 파트너십 등 이런 모든 용어는 인간 삶의 가치, 참 의미, 정의, 올바른 생각, 비판적 사고, 올바른 행동의 지향, 인류애에 대한 공동체 의식, 더불어 사는 사회를 지향하며, 용기 있는 생각과 행동을 하고, 사물과의 전 관계를 깊이 인식하도록 안내해 주는 더불어 사는 삶과 공유를 지향하는 것이다.

철학은 어린이들이 스스로 다음과 같은 질문을 던지도록 한다.

- 우리들은 어디에서 왔을까?
- 우리들이 가지고 있는 장난감은 무엇일까?
- 우리 어린이집, 유치원 선생님은 누구일까?
- 왜 나는 아빠 엄마처럼 아는 것이 많지 않을까?

- 나도, 식물도, 동물도 성장하면 지금의 모습과 달라질 수 있을까?
- 이 세상에서 가장 힘센 사람은 누구일까?
- 왜 어린이들의 피부 색깔이 다를까?
- 왜 나의 주변에 있는 사람들이 갑자기 죽어야 하는가?

어린이들의 이러한 질문에 답을 줄 수 있지만 이해시키기는 어렵다. 중요한 것은 어려서부터 이러한 질문에 종종 노출된 어린이들은 사물을 바라보는 관점에 차이가 있을 수 있다. 소위 말해서 사물의 본질과 실제를 다루는 존재론, 지식의 발생학적 기원을 다루는 인식론, 가치의 문제를 통찰하는 가치론을 모두 이해시키고 가르칠 수는 없지만 모든 사물의 가치와 귀중함, 지식 혹은 인지발달이 이루어지는 과정을 설명하여 생각하고, 나의 현 상태에서 성장하고 진화하는 과정을 설명해 주면 조금이나마 이해하려고 노력할 것이다.

헤르바르트의 과학적 교육학의 연구와 피아제의 발생학적 인식론에 대한 연구가 이루어진 다음 몬테소리와 듀이는 유아, 아동교육 측면에서 철학을 과학과 접목하여 어린이들에게 인지발달이 이루어지는 과정을 증명하려고 시도하려는 경향이 있다. 과학과 철학의 차이점에서 철학은 현 존재의 사유와 행동에 초점을 맞추기 때문에 보이지 않는 것에 관심을 가진다면, 과학은 보이는 것, 있는 것에 초점을 맞춤, 즉 관찰, 분석, 증명, 치료가 필요하다.

어린이들에게 철학이라는 잣대를 들이대지는 않지만 사고와 경험을 통해서 전체적인 안목, 거시적 안목으로 바라봄으로써 좀 더 정확하게 상호관계성을 탐색하는 학문이다.

어린이들에게 과학과 철학의 만남을 쉽게 이해시키려면 다음의 예에 주시할 필요가 있다.

여기에 아름다운 수국 꽃이 핀 예쁜 화분이 있다. 화분 전체를 융합하고 통합하여 보는 것은 철학적 방법이고, 꽃을 분석하여 암술, 잎사귀, 색상을 집중적으로 관찰하여 증명하는 것은 과학이다. 그러나 중요한 것은 전체를 보든,

부분을 보든 꽃을 본 것이다. 수국 꽃을 볼 때 통합적으로 보면 아름다운 감성을 가질 수 있고, 부분적으로 보면 꽃의 발생적 기원과 유전적 요소를 분석하여 더 많은 관심을 가지게 된다.

즉, 꽃이라는 전체와 부분이 이렇게 연결되었다는 것을 증명하여 꽃의 본질에 더 가깝게 다가가는 것이다. 어린이들에게 많은 즐거움을 주고 경험을 가지도록 해 주는 것은 꽃에 과학적으로 다가가는 과정에서 일어난다는 사실과 현상이다.

어린이들은 자연과 접하면서 감각기관을 통해서 직관하고, 관찰한 것, 경험한 것으로 확실한 지식을 형성해 간다. 인간이 진리에 도달하는 방법에 중요한 것이 바로 관찰과 경험이라고 할 수 있다. 왜냐하면 지식은 현실 세계에 있는 대상과 일치할 때 정확한 사실임을 인정할 수 있기 때문이다. 우리 인간이 가지고 있는 모든 지식은 내가 보는 것 안에 내재해 있다. 다시 말해서 우리가 형성하는 지식은 우리가 보는 것 안에 존재하고 있기 때문에 보는 것을 지식으로 형성하고 더 정확한 지식은 경험과 반복적 학습에 달렸다.

이러한 측면에서 인지발달을 위해서 보는 것과 경험하는 것은 아주 중요한 역할을 한다. 보는 것은 그냥 단순하게 전체를 보는 것보다 자기가 관심 있는 것에 초점을 맞추면 더욱 집중하고 몰입하기 때문에 기억 저장소에 오래 의식적으로 저장되어 남아 있게 된다.

어린이들이 가지고 있는 지식은 그들이 보고 경험한 것 안에 내재해 있다. 만약에 어린이들이 과학적 학습 문화에 대한 배경지식을 습득하지 못한다면 아무리 비싼 현미경을 가졌다 할지라도 자기가 관찰하려는 물질을 발견하지 못할 것이다. 무엇을 볼 것인가를 정하지 않았기 때문에 현미경은 그에게 무용지물이 될 것이다. 과학적 안목이 없는 관찰자가 실제로 보는 것도 다른 사람과 다름이 없을 것이다.

어린이집이나 유치원에 가면 성인들이 보기에 좀 어색하고 유치한 사물들을 바구니에 예쁘게, 계절에 맞게 어린이들이 가장 잘 볼 수 있는 곳에 준비해 놓는 것은 정확하게 보고 기억 저장소에 저장하여 새로운 지식을 만들어 가라는 이야기이다. 어린이들의 인지발달은 듣는 것보다 직접 보고 촉각을 활용하여 직접 만지는 것이 중요하기 때문이다.

지식이 부족한 관찰자가 본 실제의 모양은 전문가가 인식한 것과 차이점을 보이는 유력한 증거가 된다. 유아교육학자들의 눈에 보이는 사물이 동일한 것일지라도 자신의 지식 정도, 알고자 하는 목적에 따라 관찰자들은 사물을 다르게 보고 판단한다. 지식은 보는 활동 안에 존재하기 때문이라고 말할 수 있다.

관찰자가 다르거나 다른 사람이 동일한 사물을 관찰할지라도 시각과 관심의 차이에 따라 관찰 대상으로부터 얻는 정보에 차이가 있음을 지적하는 모든 사례 관찰자의 생각 정도, 관찰자가 얻고자 하는 지식, 무엇을 보려고 하는가, 즉 어떤 생각을 하고 가지고 있는가에 따라서 달라진다.

어린이들에게 보여지는 것은 관찰자의 지식 상태에 따라서 발생한 결과이다. 어린이뿐만 아니라 성인도 자기가 관심 있는 주제, 사물, 생각들은 모두 지금 자기가 알고 있는 지식 상태와 연결되어 있다. 즉, 우리 모두가 유아기부터 이른바 보는 것에 있어서 연장되는 시간 속에서 경험해 왔기 때문에 지식적 안목이 발생하는 것이다. 어린이들은 우리가 관찰하는 일상적 대상들 가운데 한 사람으로 존재한다고 할 수 있다.

Ⅱ 어린이들에게 철학 가르치기

어린이들에게 철학은 삶의 방식, 도덕적 판단 능력, 옳고 그름에 대한 비판적 능력, 용기 있는 삶의 태도, 자기 관리, 자존감, 사회 속에서 규칙과 질서가 왜 필요한가, 인간과 사물의 관계에 대한 관계학의 개념, 자연의 운동과 질서 개념, 우주 생태학과 인간의 연결고리, 사회화 과정에서 정상화, 인격화, 현실화에 대한 정답을 찾아갈 수 있는 자신의 노력, 자연과 친구들 그리고 환경과의 협력관계의 중요성 등에 대한 질문에 올바르게 생각하고 실천할 수 있는 답을 주는 것을 가르치는 것이 철학하는 것을 가르치는 것이라고 생각한다. 어린이들에게 철학을 가르치는 방법을 다음과 같이 제시한다.

◦ 어린이들에게 자연현상, 자연 질서, 자연 운동의 원리 가르치기

모든 인간은 자연현상 속에 존재하는 한 부분으로서 인간이라 할 수 있다. 가을 산을 바라보면 아무리 인간의 능력이 천재적이고 탁월하다 할지라도 자연을 인위적으로 담아낼 수 있는가? 불가능한 일이다. 현재, 지금 우리들이 어린이들에게 서둘러 가르쳐야 하는 것은 자연과 우주와 친밀한 관계유지, 진심으로 자연과 소통하는 방법, 자연을 사랑하는 방법을 가르친다면 어린이들은 자연현상에 경이로움을 표현할 것이고, 자연을 사랑하고 보호함으로써 자연 상태를 건강하게 유지하면서, 자연의 질서를 따르게 되고, 자연 질서의 위엄 있는 움직임, 운동에 동참하게 될 것이다. 고대 희랍 철학자들의 학문이 아무리 위대하다 할지라도 자연보다 위대한 철학자들은 없을 것이다.

토마스 베리는 현대인들이 최대한으로 보유하고 있는 과학지식의 남용이 우주 생태계, 자연계에 미치는 영향에 대한 위험성을 지적하고 경고하고 있다(Thomas Berry, 2000, 이영숙 역, 2009). 어린이들은 이미 자연-생명체계 질서의 파괴에 근거한 경제 질서, 과학기술 발달에 근거한 과학 질서에서 생활하고 있기 때문에 자연 질서에 무감각하게 마비되었다는 것이다. 모든 유아, 아동교육자들은 어린이들을 무감각한 자연이 아니라 순수한 자연 본성으로 되돌려 보내는 것이 교육목표인 동시에 파괴되지 않은 자연 속에서 풍요로운 삶을 살아가도록 안내하여야 한다. 지금 우리들은 자연이 인간에게 무작위로 제공하는 위력에 감사하고, 진심으로 받아들여 자연 질서와 체계 속으로 들어가 생활할 수 있도록 인간과 자연의 협력관계 회복에 동참하여야 한다.

어린이들은 자연 속에서 삶의 지혜를 얻고, 경이로움에 의심하면서 생각에 생각을 더하고 있다. 지금 우리들이 자연 질서, 자연 운동을 지속시킬 수 있는 유일한 방법은 자연에 대한 테러행위를 금지하고 모든 생명체가 서로 협력관계로써 새로운 우주, 자연 공동체를 만들어 갈 수 있도록 하는 교육의 위력을 보여줄 시기에 이른 것이다. 철학이 인간 삶의 행복론을 주장한다면 인간의 행복은 오로지 지구 생태론에 의존할 수밖에 없을 것이다.

어린이들에게 건강한 삶의 방식을 가르치기

어린이들은 몸과 마음이 건강하게 자랄 권리를 가진다. 육체적 건강과 정신적 건강인 이원론적인 건강을 주장한다. “사회가 어린이들을 악하게 만들었다.”는 루소의 말처럼 어린이들은 본능 속에 선함을 아주 많이 가지고 있다. 즉, 세상에 많이 오염되지 않았다. 중요한 것은 선함을 유지할 수 있는 교육적 힘과 사회적 기반이 필요한 것이다.

어린이들에게 질서와 규칙은 건강한 삶을 만들어가는 근거가 될 수 있다. 일상생활에서 질서와 규칙 지키기에 대한 훈련은 사회화 과정에서 필요한 규범을 학습하는 것이다. 유아교육기관에서는 계단을 오르는 질서를 가르치기 위해서 올라가는 발과 내려오는 발을 계단에 부착하고 교사와 어린이들은 이것을 반드시 지킬 것을 약속한다. 계단을 오를 때 혼란을 방지하고, 다른 친구들을 배려하는 마음을 훈련하고, 교실에서 질서를 유지하고 규칙을 지킴으로써 친구들을 배려하는 마음을 훈련하는 것이다.

어린이들에게 질서와 규칙은 자기 문화의 정체성을 만들어가는 근거가 되고, 사회 적응력, 사회 속에서 도덕적 행동 습관을 들이는 것이다. 이러한 질서는 자연계와 자연스럽게 연결된다. 자연계에 대한 질서, 즉 계절의 질서 있는 변화, 자연의 순리를 거슬렀을 때 일어나는 대혼란을 경험함으로써 자신들의 건강한 생활을 위해서 질서와 규칙은 절대적이라는 것을 배우게 될 것이다.

어린이들에게 자기 관리 습관들이기

어린이들에게 철학을 가르친다는 것은 일상생활에서 필요한 것을 반복적으로 활동함으로써 습관을 들이는 것이다. 훌륭한 가르침은 곧 훌륭한 습관을 들이는 것을 의미한다. 영유아 교육기관에서는 꼬마 철학자들에게 삶을 진화시키는 데 필요한 것을 실제 사물과 함께 가르친다. 예를 들어, 옷 입고 벗는 것, 물을 흘리지 않고 따르기, 정확하게 끼우고 빼기, 선 위로 걷기, 물건 닦기, 쌓아 올리기, 개별적 또는 그룹으로 공동작업하기 등을 가르치는 것은 교실 밖, 사회에서 독립적으로 살기 위해 훈련하는 예비 교육이다.

또한 자기 관리하는 방법을 스스로 훈련하는 것이다. 독립성, 자발성, 자율성은 자기 스스로에게 적용하는 것이며, 자발성은 자유의지에서 나오는 것이다. 인간의 자발적인 행위는 자유가 전제되었을 때 반복적 행위를 통해서 더욱 강화되면서 습관이 된다. 어린이들의 이러한 훌륭한 습관은 자기 관리에 많은 도움이 되고 자기 삶의 주체자, 안내자, 독립자, 생각하는 주체로 성장하게 한다. 어린이들을 위한 철학이란 실제 생활과 연결될 때 경험과 더불어 흥미로움, 즐거움, 만족감, 작업에 대한 도전, 작업에 몰입하는 현상들이 자연스럽게 일어난다.

- 어린이들에게 공유하기, 협력하기, 나눔에 대해 다른 사람, 친구들과 더불어 사는 방법 가르치기

만약에 우리가 어린이들에게 사물과 사람을 사랑하는 방법 가르치기, 다른 사람들에게 봉사하기, 더불어 사는 방법 가르치기, 자신의 신뢰성과 존중감 가르치기, 친구들과 이웃을 사랑하고 자신이 나누어줄 수 있을 만큼 마지막까지 나누어주고 배려하는 마음 가르치기, 기쁨과 즐거움 만들기, 조화롭고 균형적인 발달을 위해 노력하기 등을 가르친다는 것은, 자기의 행복은 물론 자신을 에워싸고 있는 다른 사람들과 행복을 공유할 때 더 행복한 세상을 만들어갈 수 있는 에너지를 축적하는 것이다. 진정한 행복은 서로를 위해서 나누고, 서로가 협력관계를 가질 때 강력한 영향력을 주고받을 수 있으며, 인간 삶의 질을 향상시키는 역할을 한다. 철학의 궁극적인 목적인 인간 삶의 행복을 지향하는 것은 어린이들이 일상생활 속에서 할 수 있는 질서 있는 활동, 나눔에 대한 영성을 실천할 때 가능할 것이다.

- 어린이에게 어머니의 땅을 건강하게 보존할 의무감과 사명감을 가르치기

유아교육기관에서 생태교육을 쉽게 할 수 있는 한 방법으로 숲으로 가기, 동물 기르기, 식물 기르기 활동이 있다. 어린이에게 우주에 존재하는 유일한 생명체인 인간, 동물, 식물의 관계를 굳이 우주, 생태교육이라는 이름을 붙이지 않아도 서로 긴밀한 협력관계를 유지하면서 건강한 우주와 자연 상태를 유지하는 데 필연적인 트라이앵글과 같은 삼각관계에 놓인다는 것을 묵시적, 암묵적 지식을 만들어가도록 교육하는 것이다. 우주는 개체의 기능이 아니라 통합적으로 기능을 한다. 우주에 존재하는 모든 생명체와 무생명체가 통합적, 총체적으로 기능을 하며 서로 협력관계에서 서로에게 강력한 영향력을 미친다. 즉, 우주 생태계의 건강은 지구촌에 생존하는 모든 생명체의 총체적인 문제이기 때문에 우리 모두가 참여하여야 한다. 연령에 상관없이 자기 위치에서 자기 역할과 사명감을 성실하게 수행할 때 건강한 생태계를 유지할 수 있다.

제2장

고대 유아교육사상

제2장 고대 유아교육사상

고대의 철학 기원이 관념론이라면, 그 중심에 플라톤이 있다고 할 수 있다. 현재에 이르러서도 관념론을 연구하는 대부분의 학자들은 플라톤의 관념론에 의존하면서 불멸의 학문처럼 주석을 달고 있다. 관념론에서는 인간의 정신이 존재하는 이유가 되어 육체보다 미적 감각인 정신적 아름다움을 강조한다. 아름다움 중에서 최고의 미는 인간의 지혜라고 말한다. 그래서 지혜를 사랑하는 사람이 진정한 철학자이다.

인간의 발달과정에서 지혜를 발달시키는 시기는 사물을 흡수하는 정신적 능력이 가장 활발하게 발달하는 유아기이다. 아직 발달되지 않은 인지를 어떤 방법으로 발달시켜서 지혜로운 인간으로 성장하도록 도울 수 있을까? 철학자, 교육학자들 대부분은 지혜라는 단어에 관심을 가진다. 매튜 폭스는 우리들의 삶을 사랑하는 것이 지혜라고 말한다(김영민, 문춘희 역, 2010). 나의 생명을, 나의 삶을 사랑하지 않고 어찌 지혜를 사랑할 수 있단 말인가? 자기 삶을 사랑하는 것이 바로 지혜의 근원이다. 어린이들에게 자기 삶을 사랑할 수 있도록 가르친다는 것은 즐거움을 경험하고, 자아 만족감을 경험하고, 살아가면서 다양한 측면에서 절정에 달하는 경험을 쌓아야 하고, 자유 선택을 통한 미래에 희망과 꿈을 이루기 위한 열정을 가지도록 안내해 주어야 하고, 나와 관련된 모든 생명체와 무생명체까지도 신성함으로 연결되어 있다는 것을 알려 주어야 하는 것이다. 그래서 어린이들이 나날이 지혜로워질 수 있는 가르침과 환경이 필요한 것이다. 고대 철학자들은 어린이만을 위한 교육사를 학문적으로 발달시키지는 않았지만 인간 철학사 속에 어린이들의 교육에 대한 언급을 하고 있다. 그러한 측면에서 고대의 유아교육역사는 일반적인 교육철학과 마찬가지로 그리스 철학에서 시작하여 로마시대의 교육철학에 이르게 된다.

I 고대 유아교육역사

저자의 세대에는 대학이 진리를 탐구하는 장, 즉 학문이 중심이 되어 인간이 지혜를 탐구하는 유일한 장소로 인식되었다. 물론 시대적인 상황을 아주 무시하자는 것은 아니지만 중세 철학자인 데카르트의 말을 인용하자면 "인간은 생각하기 때문에 존재한다."라는 금언은 다시 말해서 인간이 사유적인 동물임을 총체적인 것으로 대변하는 것이다. 지금 우리들은 사회적인 모든 현상을 고려할 때 주문식 교육에서 주문을 받지 않는다 하더라도 인문학과 기초과학, 즉 인간으로 살아가는 데 당연히 필요한 사고하는 방법, 삶의 의미, 생각이란 것 등을 다루는 학문도 필요하다고 보았기에 너무 부족하지만 유아교육사상에 대해서 다시 한 번 학문을 새롭게 접근하는 의미를 가지려고 한다.

이 책에서는 인간사, 교육사, 철학사 중에도 유아기에 대한 교육자, 철학자, 심리학자들은 그 시대에 어떤 생각과 행동으로 어린이들의 삶의 모습을 보여주었는가를 중심으로 이야기하려고 한다.

교육사에서 고대로 거슬러 올라갈수록 인류문화의 역사 현장인 그리스 문화를 배제할 수 없을 것이다. 역사적으로 서양 문명을 탄생시킨 기원전 3,500년 메소포타미아 문명은 티그리스와 유프라테스 강에서 시작한 수메르인에 의해서 건설되었고, 그들은 무질서하고 무아지경에 빠진 자녀에게 학교에 갈 것을, 선생님에게 배울 것을, 새로운 학습내용과 방법을 기록할 것을, 거리를 방황하지 말고 열심히 배워서 겸손하고 예의 있는 사람으로 성장할 것을 권고하였다.

인간사를 연구하려면 인류문화의 근원지, 인류문화를 화려하게 꽃피운 곳, 인간의 지혜를 발전시킨 현장인 그리스 문화를 외면할 수 없다. 고대 교육역사, 철학사, 인류사에서 유아교육을 학문적인 측면에서 심층적으로 연구할 수는 없지만 이러한 질문에 의심을 가지면서 고대 철학자들이 철학 학문의 범주 속에서 다루고 있는 유아교육에 관하여 언급하려고 한다.

1. 소크라테스의 유아교육사상

서양철학, 서양교육사, 서양 문화를 언급할 때 가장 먼저 야기되는 철학자는 소크라테스이다. 그는 B.C. 469~399년에 생존했던 인물이다. 소크라테스는 지식은 덕이고 덕은 지식이란 말을 남김으로써 지와 덕이 융합된 도덕적 인간상으로 양육하는 것이 교육 목적이었다. 도덕교육은 그의 교육사상 전체를 대변하는 것이며, 자유롭고 절도 있는 용기와 내재적 직관력을 중요시하였다. 그가 특별히 유아교육이란 말을 사용한 것은 아니지만 그의 사상에서 종종 유아교육에 대해서 다음과 같이 언급하였다.

- 소크라테스는 항상 토론을 통해서 젊은이들 도덕적 행동과 도덕문제에 대한 근본적인 이해를 원했고 이를 교육 목표로 삼았다.
- 교육을 통해서 어린이들이 생각할 수 있으며, 모범적이고 실천적인 삶을 살아갈 수 있도록 돕고 양육하였다.
- 어린이들에게 선한 것을 가르치는 것이다.
- 선한 것이 어린이들에게 유익한 것이 되도록 가르쳤다.
- 인간의 참다운 유용성을 강조하고 유용성이 선과 절대적 관계에 놓이도록 하는 것이 목적이다.
- 어린이들이 살아가면서 올바르게 행동하기 위해서는 지혜로움, 앎에 대한 훈련과 덕 있는 행동이 절대적으로 필요하다.
- 선과 악을 변별할 수 있는 능력을 교육을 통해서 훈련하여야 한다.
- 유아기부터 교육을 통해서 올바름과 올바르지 않음을 판단하여 도덕적인 삶을 살아갈 수 있도록 도와주어야 한다.

2. 소크라테스의 유아교육방법

소크라테스의 교수방법은 산파술, 대화법, 반어법의 3가지 방법으로 구분된다. 우선 산파술 교육방법을 살펴보면 다음과 같다.

- 질문자의 질문을 바람직한 방법으로 이끌어내는 것이다.
- 자신의 무지함을 스스로 인정하는 것이다.
- 진리를 스스로 발견하는 것이다.
- 진리를 추구하며 움직이고 잠재해 있는 인격을 스스로 활동하도록 만드는 것이다.
- 의사가 의학적으로 협력하는 것처럼 교사는 어린이들의 지성을 개발하도록 돕는 것이다.

어린이들이 지식을 획득하는 것은 영혼 속에 잠자는 기억을 상기시키는 것에 비유했다. 소크라테스의 상기설이 바로 이러한 비유에서 유래한 것이다.

- 어린이들의 마음속에 있는 추상적 생각들에 대해, 질문을 던져서 정확하고 합리적인 진리의 세계로 이끌어 주는 것을 의미한다.
- 어린이들에게 논의하는 주제가 지적인 산파술이다.

다음으로 소크라테스의 대화법 교육에 대한 내용을 살펴보면, 소크라테스는 아테네 거리를 산책하고 배회하면서 젊은이들을 만나 질문을 통해 대화를 나누며 그들의 정신세계를 동요시키는 소위 소요학파의 길을 걸었다. 제자들과 숲을 산책하면서 자신의 지식을 기부한 것이다. 현재의 재능기부라고 할 수 있다. 소크라테스 대화론의 본질과 반어법은 소크라테스의 연구가들이 제시하는 라케스에서 찾아볼 수 있다(연세대학교 교육철학연구회, 1996).

대화를 시작한 동기는 친구관계에 있는 아테네의 리시마코스(Lysimachos)와 멜레시아스(Melesias) 두 사람이 자녀의 미래를 걱정하면서 자식을 훌륭하게 교육하고 가문의 명예, 자신들의 현실 생활을 위해 자녀 교육에 남다른 애정을 갖기 시작한 교육 방법이다. 다음과 같이 소크라테스의 토론 주제들을 정해놓고 젊은이들과 함께 나누었다.

- 그 시대에 생존과 자기 보호에 필요한 검술 수업을 허락할 것인가 아니면 거부할 것인가?
- 신체적 훈련을 교육할 것인가?
- 도덕적 훈련을 할 것인가?

반어법은 학생들에게 질문과 심문하는 방식으로 무의식적인 무지함을 스스로 인식하게 하여 무지를 깨닫게 하는 방법이다. 무지함을 앎의 단계로 안내하는 방법이다.

신체적 훈련은 승마를 중심으로 현대인이 즐기는 여가 활동의 일부였고, 도덕적 훈련은 귀족들의 윤리와 가치를 존중하기 위한 것이었다. 이러한 주제를 가지고 교육적으로 실천할 것인가 거부할 것인가를 토론하면서 소크라테스의 현명한 판단을 기다리는 교육 현장이었다. 젊은이들을 모아 놓고 이러한 주제로 토론하고 담화를 나누었다.

소크라테스는 덕이 지식이고, 용기도 지식이란 명제를 중요시하였다. 그는 어린이들은 아직 교육되지 않은 짐승과 같은 존재로 생각하였고 그들에게 대화를 통해서 통찰력 있는 용기를 가르쳐야 하고, 어린이들에게 용기와 덕 그리고 도덕률을 가르칠 것을 강조하였다. 덕을 소유한 사람들은 선, 분별력, 정의, 경건과 같은 덕목을 소유하여야 하기 때문에 유아기부터 가르쳐 한다는 신념을 가지고 있었다. 즉, 용기는 선의 개념과 같은 개념으로 보았다(연세대학교 교육철학연구회, 1996).

소크라테스는 항상 질문하는 사람이고 질문에 답을 찾아가는 과정에 대화법을 적용한 것이다. 대화의 중심에 윤리를 중요시하고, 윤리를 덕과 연결한 답을 원했다.

Ⅱ 플라톤의 유아교육사상

서양 문화의 전통은 넓은 의미에서 그리스와 희랍의 문화인 아테네와 히브리 문화이다. 두 문화의 공통점은 자녀 교육의 중요성을 강조하였다. 그리스인들은 교육을 통해서 단지 지식 전달이 아니라 행동으로 실천하는 활동인과 교육을 통해서 지혜로운 삶을 살아갈 수 있는 사람으로 양육하는 데 목적을 두었다(박영진, 2012). 그리스인들이 추구하는 교육을 통해 날로 지혜로워지는 앎의 생활을 할 수 있으며 교육을 실천으로 옮겨 생활하는 실천적인 삶을 살아가는 데 필요한 것이 교육이라고 생각하였다.

어린이들은 인생의 준비자로서 사명감을 완성하는 것이 아니라 어린이 자신이 삶의 한 부분으로서 존중받아야 한다는 것이다. 역사적인 측면에서 그리스 국가에 속하는 스파르타는 나름대로 강한 자녀 양육에 대한 강령을 가지고 있었다. 예를 들면 군사 정신, 국가에 대한 충성, 맹목적 순종으로 플루타르크가 저술한 것처럼 스파르타인들은 개인의 삶이나 존재는 불가능하고 오로지 국가를 위해서 헌신하여야 했다.

1. 플라톤의 생애와 교육업적

그리스 정신을 이어받은 플라톤은 가정적으로 부유한 과두정치인의 후손인 부친 아리스톤과 귀족가문의 솔론 혈통을 이어받은 모친 페리크티오네 사이에서 B.C. 427년 아테네에서 태어났다. 플라톤이 태어날 당시 아테네를 지배하던 30인의 과두통치체제의 우두머리 역할을 하였던 사람이 삼촌들이었고, 이러한 분위기는 플라톤의 미래에 많은 정치적인 영향력을 미쳤다.

아테네에서 30인의 통치 집단이 부도덕성과 비민주주의 그리고 혼란스러운 사회와 파국에 직면한 모든 문제를 그는 정치적인 차원으로 극복하려고 하지 않고 교육적인 문제로 해결하려고 시도하였다.

소크라테스의 사형, 소피스트들의 개인주의, 30인의 통치 체제하에서 독재정치, 스파르타와 전쟁에서 멸망 등으로 아테네는 더 이상 견딜 수 없는 비극적인 사회적 상황에 처하였다. 플라톤의 스승인 소크라테스의 사상에 영향을 받아서 국가의 안정은 모든 국민 개인의 내적 변화 없이는 불가능하다고 생각하였다.

기원전 400년경에 아테네의 7세 이상의 아동들에게 파이다고고스(Paidagogos) 즉, 동복이라는 명칭을 부여하여 상류층 어린이들이 공부할 때 언제 어디에서든지 도울 수 있도록 항상 동행하는 교육자들이다.

플라톤은 시민들이 아무런 목적 없이 국가의 허상적인 이데올로기를 따르는 것에 반대하면서 새로운 국가 이념으로서 정의와 진리를 근거로 시민을 교육시킴으로써 국가를 구원할 수 있다고 생각하였다. 플라톤은 법률 편에서 어린이들은 배움을 필요로 하는 야생마와 같고 자기주장이 강한 원초적 본능과 욕구를 가진 존재라고 하였다. 플라톤은 자기만의 정치철학으로서 교육철학, 즉 Paideia를 정립하였다(Krecker, 1971).

플라톤은 소크라테스의 제자로서 8년 동안이나 학문에 몰입하면서 스승의 학문 세계의 문을 두드렸다. 스승이 죽음을 당하자 그는 메가라와 이집트 그리고 이탈리아의 시실리아 섬을 전전하면서 학문을 보급하였다. 디온스(Dions)라는 제자는 그가 시실리아 섬에서 얻은 유일한 애제자로 전해지고 있다.

플라톤은 50세쯤 인생으로 보나 학문으로 보나 완숙한 시기인 50세에 이르렀을 때 『폴리테이아』(*Politeia*)를 집필하여 국가가 필요로 하는 이상적인 모델을 제시하였다. 플라톤은 아카데미아(Academia)라는 학교를 설립하고 그곳에서 철학적 사유에 대한 강의를 하여 학문과 실제 생활과 직접 연결하는 교육장으로써 자유로운 지식 도야의 공동체를 만들었다. 아카데미아에서 그는 덕(Arete)과 생명(Bios)에 관한 내용을 가지고 공동체 생활을 실현시키려고 노력하였다(Alici, 1997). 그의 덕과 생명에 관한 가르침은 오늘날 어린이들에게 가정이나 유아교육기관에서 실시하는 기본적인 생활 지침을 가르치는 것이고 생명에 관한 가르침은 생명과 우주론을 연결하는 생태 우주론과 같은 개념으로 해석될 수 있다.

플라톤은 50세가 넘어서 『파이돈』, 『향연』, 『국가』, 『파이드로스』라는 4편의 대화편을 저술하였다. 그는 『향연』에서 학생에 대한 교사의 정신적인 사랑에 대해서 강조하였다. 교사론은 후에 교육적 사랑(Pädagogische Eros)으로서 아름다움과 선함 그리고 순수함을 추구하는 인간 사랑으로 표현하였다(Bechi & Julia, 1977). 이것은 교육에서 무엇보다도 교사와 제자 사이에 애증적 사랑을 강조한 부분이라 할 수 있다. 플라톤은 노년기에 접어들면서 아카데미아에서 주로 생활하고 제자 양성에 헌신하다가 81세로 죽음을 맞이하였다.

2. 플라톤의 인간관

소위 우리가 플라톤의 인간관을 말한다면 그는 인간은 누구나를 막론하고 이데아를 그리워하면서 이데아를 찾아 헤매는 열정인 에로스의 주인공임을 중요시하였다. 플라톤의 이데아에 대한 정의는 영원불멸의 것이고 가장 완벽한 실체 그래서 죽지 않고 영원히 남아 있는 정신적 사랑으로 비교한다. 플라톤의 교육에 대한 정의는 개인의 본성을 개발하는 것이기 때문 교육목적 역시 만물의 근원인 선의 이데아를 탐색하는 것이었다. 교사들은 어린이들의 잠재적 능력을 개발하는 것을 하나의 이념으로 생각하고 모든 교육의 방향을 잠재력을 개발하고 안내하여야 한다고 말한다(김수동 외, 2011). 플라톤의 교육관은 인간이 지닌 개인적인 잠재능력을 개발하는 것이다. 교육목적 역시 만물의 근원인 선한 이데아를 탐색하는 것이다. 교육적 행위는 인간의 정신, 영혼 속에 내재해 있는 능력을 개발하여 생각과 행동으로 만들어 가도록 양육하는 것이다. 이러한 측면은 교육이론과 생활 실천을 연결하려는 개념을 포함하고 있다.

플라톤의 교육적 본질을 단적으로 표현한 것은 인간을 인간답게 양육하는 것이다. 다시 말해서 갓 태어난 새로운 인간을 위해서 가장 훌륭한 교육방법으로서 유아를 양육할 수 있는가?에 대한 답을 탐색하였다. 플라톤의 인간관에서 다음과 같은 요소들을 주목하여야 한다.

- 인간은 키메라(Khimera)라는 다양성의 본능을 가졌다.(연세대학교 교육철학연구회, 1996)

  아직 지능이 발달되지 않고, 맹목적이고, 욕구가 많고, 본능적인 요소가 동물적 본능을 가지고 있고, 생명력 넘치고, 감정적인 추진력과 사회적 지위, 사랑, 용기, 의지력이 강하고 에너지가 왕성한 사자의 모양이 있고, 배움을 갈망하고, 탐색하려는 이성을 가지고 지속적인 교육을 필요로 하는 사람의 모양으로 구분한다. 유아교육은 이러한 요소들이 아직 교육되지 않은 순수하고 원시적인 인간의 본질을 교육을 통해 하나로 통하고 전체적으로 볼 수 있는 통일된 전인적 인간상으로 양육할 수 있도록 교육이 책임져야 한다.

- 인간 영혼의 성장을 돕는 것으로서 인간관이다.

  인간은 영·육으로 구성되어 있다. 영혼은 보이지 않는 것으로서 우리가 창조할 수도 없고 파괴할 수도 없는, 그러면서도 살아 움직이는 정신적인 생명력, 에너지로서 우리가 받아먹은 모든 것을 살찌게 할 수도 있고 굶주리게 할 수 있는 요소와 같다(김안중, 1989).

  이러한 영혼이 성장할 수 있는 것은 부모의 양육방법에 따라 어린이들은 모든 행동과 인성이 인간화의 모습으로 육화되어 간다고 믿었다.

- 성장하는 영혼에 적절한 자양분을 줄 수 있는 인간관이다.

  플라톤의 교육방법은 영혼의 성장에 적절한 영양분을 공급할 수 있는 방법적 제도이고, 고차원적인 영혼이 필요로 하는 적절한 환경을 구성하는 제도이다. 교육 대상에 따라서 인간 본성과 환경을 조절할 수 있는 심리적인 단계를 고려하여야 한다.

영혼의 본성에 대한 이해를 필요로 한다.

플라톤의 영혼은 욕구를 뜻하는 에피티미아(Epithymia)와 티모스(Thymos), 기개 그리고 철학 또는 이성으로 구성되었다. 영혼은 인간 본성의 특별한 내면적 세계이기 때문에 감각으로 지각할 수 있는 물체가 아니다.

욕구를 육체적으로 만족시키는 수단으로 보기 때문에 영혼의 이러한 요소는 물욕과 소유를 추구하는 요소이다. 여기에는 필요한 욕구와 불필요한 욕구가 존재하는 데 불필요한 욕구들은 길들일 필요가 없다고 말한다. 다시 말해 즉각적인 만족을 추구하는 단순한 갈망이며, 무한정 확장될 수도 있는 이성적인 동시에 때로는 이성을 거역할 수도 있다.

기개는 두 가지로 구분하는데 하나는 따라다니는 분노의 감정과 결부된 것이고, 다른 하나는 호전성이 결부된 것이다. 자신의 욕구가 이성을 극복하게 될 때 자신에게 분노를 느끼게 하는 것이고, 반면 자신의 이성적 판단이 욕구를 지배하게 되었을 때는 분노를 느끼지 못하게 된다. 어린이의 이러한 정신적 기개들을 통제하고 조절할 수 있는 정서통제능력은 교육을 통해서 훈련하여야 한다. 그러므로 플라톤은 기개를 합리적인 자아 또는 영혼의 자연적인 협력자로서, 자기주장과 호전성의 요소로서 용기와 잔인성, 야심 그리고 정당한 분노와 이유 없는 노여움을 표출하는 요인으로 보았다.

이성은 지혜를 사랑하는 것으로 정신 속에 빠져들어 지혜로움을 받아들이는 능력을 의미한다. 어린이들이 긍정적인 성격으로 교육되지 않는다면 온화하고, 사랑스러운 행동으로 발전하고 세련되고 교양 있는 지혜로움으로 발전하지 못하기 때문에 바로 철학을 배우고 학습하는 것이다.

플라톤의 인간관은 인간 정신세계인 영혼을 양육하고 생명을 돕는 것으로서 어린이의 영혼을 자각시키고 영혼의 세계를 풍요롭게 만드는 것이다.

3. 플라톤의 유아교육사상

플라톤의 교육 목적은 사람들의 영혼을 정열적으로 사로잡는 것이었다. 그는 교육이란 개인이 본성을 개발하는 것이라고 하였으며 어린이들의 영혼을 사로잡기 위한 지적 훈련으로 읽기, 쓰기, 기초 수학, 음악교육, 놀이, 체육 그리고 율동을 교육 목적으로 두었다.

1) 어린이들을 위한 체육교육과 음악교육

플라톤이 방위자 교육에서 중요하게 생각하였던 것은 신체를 위한 체육교육과 영혼을 위한 음악교육이었다. 그는 "절제를 위해서 음악교육이 필요하고, 용기를 위해서는 체육교육이 필요하고, 지혜를 위해서는 변증법 교육이 필요하다."라고 하였다.

- 플라톤의 체육교육은 섭생과 전체적인 신체훈련을 의미한다. 체육교육은 건전한 시민으로 양육되기 위한 준비와 육체적인 건강과 체력을 연마하는 방법으로 신체훈련을 통해서 두려움을 극복할 수 있는 용기와 건강한 체력을 증진시키는 것이다(김안중, 1989). 인간의 영혼을 위해서 지적 도야와 신체훈련 도야의 목적을 성취한다. 인간은 영혼의 덕과 함께 어려서부터 육체의 기초교육을 최선의 상태로 양육하여야 함을 주장하였다.

  신체와 영혼은 불가분의 관계이기 때문에 신체교육이 음악교육과 상호관계를 가질 때 신체적인 안정은 물론 정서적으로 안정되어 어린이들이 건강하게 성장할 수 있다. 플라톤은 신체훈련만이 인간의 육체적이고 정신적 측면을 건강하게 형성할 수 있는 힘을 부여한다고 하였다.

- 인간의 몸을 다스리고 용기를 키우기 위해서 체육교육이 필요하다. 어린이를 위한 체육은 단순하면서도 일상적으로 쉽게 할 수 있는 운동으로 신체의 건강을 유지할 수 있도록 훈련한다.
- 인간의 정신을 다스리고 절제를 위해서 음악교육이 필요하다. 음악교육을 통해서 지적이고 정서적인 안전성을 도야하고 체육교육을 통해서 어린이들의 운동감각을 발달시킴으로써 모든 어린이가 조화롭게 성장한다.
- 어린이들의 인지발달, 지혜로움을 위해서 변증법이 필요하다.
- 체육교육을 통해서 인간의 욕망으로 가득 찬 경쟁심을 약화시키고 인내심, 약한 의지력, 게으름, 신경질적인 성향을 극복할 수 있다.

플라톤은 위와 같이 체육교육에 인간의 영혼을 양육하는 음악교육을 첨가하였다. 음악교육의 내용을 보면 다음과 같다.

- 음악교육은 어린이들이 선하고 악한 감정을 형성하는 데 중요한 역할을 하며, 영혼 속에 감추어져 있는 순수한 사랑을 통해서 마음을 도야하는 역할을 한다.
- 음악은 인간의 영혼을 보살피는 교육이다. 음악교육은 성장하는 영혼에 필요한 자양분으로서 어린이들의 정서적 안정감을 위해서 필요하다. 그는 영혼은 현악기이고 교육은 조율이므로 인간의 영혼에서 다양한 음악적 기질을 이끌어 낼 수 있으므로 음악적 소양교육을 통해서 유아기에 정서적 안정감을 훈련하는 방법으로 도입하였다. 어린이를 위한 음악교육으로 음악가사와 음률 그리고 율동을 중요시하였다. 어린이들에게 단순한 곡조와 정화되고 조용한 리듬 그리고 율동은 단정하면서도 용감성을 드러내는 단순성과 질서가 리듬의 원리가 될 수 있어야 한다(연세대학교 교육철학연구회편, II, 1996).

- 어린이들의 질서의식과 미적 감각을 음악교육을 통해서 성취하여야 한다. 어린이들에게 조용한 음악을 감상하고 음미하는 것은 그들의 정서 상태를 안정시켜 주고, 다른 한편 날카로운 곡을 들으면 폭력적인 성격을 형성한다고 말했다. 음악은 어린이들의 예술적 감각을 촉진시키는 수단이며 내적 안정감을 발달시키는 기초가 된다. 플라톤의 어린이들을 위한 음악교육은 치료적 차원에서 활용하였다고 할 수 있다. 음악의 리듬을 활용하여 어린이들의 정서적 안정감을 훈련하고 불안감을 치료하는 방식이었다.
- 어린이들에게 음악교육을 통해서 영혼 전체의 조화로움을 발달시키고 영혼을 위해 영양분을 제공하는 것이다. 어린이들은 놀이와 음악에 맞는 율동을 통해서 모든 신체를 조화롭게 발달시킨다.
- 음악교육은 어린이들의 욕구를 다양하게 표출하는 방법이라고 생각하였다. 플라톤에 있어서 체육교육과 음악교육은 인간의 영혼을 최적의 상태로 안전하게 이끌어가는 수단이며 어린이들의 내적 조화를 이루는 기초가 된다. 플라톤은 어린이들에게 음악교육을 통해서 아름다운 것을 사랑하고 아름다운 것을 노래하도록 가르쳐야 한다고 언급하였다.

2) 어린이들을 위한 놀이교육

플라톤은 유아교육은 인격의 기초를 이루는 데 중요한 교육으로서 성인으로 성장하였을 때 삶을 유지할 수 있는 주춧돌과 같은 것이라고 말한다. 어린이들의 초기교육으로 놀이의 중요성을 강조하였다(박재문 외 역, 1987).

- 어린이들은 놀이를 통해서 강제적이고 부자연스럽게 교육하는 것을 피할 수 있으며 자율적이고, 독립적이고, 자연스러운 교육방법으로 보았다. 또한 유아기에 놀이는 모든 신체운동, 소근육·대근육발달, 사회성 발달, 정서적 안정감, 신체의 균형적 발달을 촉진하고 선천적인 잠재능력을 계발하

는 발달 매체로 보았다.

- 놀이는 어린이들의 자기 본성을 즐겁게 표현하고 몰입하면서 자발적으로 선택하는 활동이 놀이이며 어린이들의 본성을 드러내는 가장 자연스러운 놀이 활동이다.
- 어린이들은 놀이를 통해 가능한 한 학습을 즐거운 마음으로 접하게 된다.
- 어린이들은 놀이 활동을 통해서 규칙과 질서 그리고 사회성을 학습한다. 어린이들의 자유놀이와 그룹 놀이 형태의 차이점을 언급하면서 놀이가 훌륭한 교육방법임을 강조하였다.
- 놀이를 통해서 인간의 아름다움과 미적 감각을 훈련시키려고 노력하였고 각자의 마음을 표출하고 정서적인 안정감을 가질 수 있다고 보았다.

4. 플라톤의 유아교육과정

플라톤의 교육목적은 개인의 잠재능력과 소질을 파악하고 개발하여 그에 상응하는 교육을 실천하는 것으로 그의 교육과정은 의도적이고 계획적이다. 인간은 육체와 영혼으로 구성된 이원론적인 관점에서 영혼을 중요시하였으므로 교육목적은 영혼을 도야하는 것이다. 인간학에 근거한 교육과정을 살펴보면 다음과 같다.

- 제1단계

1단계는 예비교육 단계로서 7세까지 놀이와 동화를 접함으로써 상상력을 발달시킨다. 교육 이전의 단계로서 어린이들의 정신능력과 신체능력의 조화로운 발달과 국가시민으로서 가장 기본적인 공동생활과 사회생활의 능력을 훈련하는 시기이다. 어린이들의 사회화 과정을 발달시켜 국가가 원하는 건강한 시민을 양성하는 초기 단계로 보았다.

교육내용을 살펴보면 체육과목으로는 달리기, 넓이뛰기, 씨름하기, 수영하기, 말 타기, 활쏘기, 창과 원반던지기, 전술행진 훈련, 전지구성 훈련, 사냥 훈련 등을 들 수 있다.

음악과목으로는 노래, 율동, 문학, 문법, 읽기, 쓰기 등이 있다. 제1단계에서 어린이들의 사회화 과정에 필요한 능력을 훈련하는 방법으로 음악과 체육을 중요시하였다.

제2단계

2단계는 기초교육의 단계로서 10~16세까지 아동들에게 실생활에 필요한 지식을 가르치는 실천적이고 실용 중심 교육과정이다. 1단계의 과정을 근거로 시문학, 기하, 수학, 천문학, 상상력 훈련, 창의성 훈련을 하였다. 플라톤은 인간을 이성적 존재로 보았으며, 의지력 훈련, 감각기관을 활용하여 인지발달을 돕고 다양한 교과목을 학습하는 교육과정을 거쳐서 통치자와 방위자 그리고 생산자로 성장시키는 데 교육목적을 두었다. 그의 마지막 교육목표는 불멸의 실체인 진, 선, 미를 도야하는 것이었다. 인간의 본성을 자유로 본 그는 인간을 정신적·육체적으로 건강한 모습으로 책임감을 가지고 자유롭게 해방시키는 것 역시 교육목적이었다.

Ⅲ 아리스토텔레스의 유아교육사상

1. 아리스토텔레스의 생애

고대 철학자의 대부인 위대한 철학자 아리스토텔레스는 마케도니아 궁전의 의사였던 니코마코스의 아들로 태어나 유년기부터 자연스럽게 의학과 자연과학에 대한 학문적인 분위기 속에서 성장하였다. 그는 자연과학과 생물학에 관한 관심을 가지고 있었기 때문에 구체적으로 사물의 현상과 생명체의 실제적인 현상을 관찰하는 과학적 학문의 틀을 마련하였다. 아리스토텔레스는 18세 때 스승인 플라톤의 문화생으로서 아카데미아에 입학하여 스승이 죽음을 맞이할 때까지 학문을 발전시키고 계승한 학자이다.

아리스토텔레스는 B.C. 342년에 마케도니아의 왕자 알렉산더의 스승으로 초빙되어 왕실은 그를 최고의 학자로 환대하면서 왕국의 통치자와 같은 역할을 위임하였고 알렉산더 대왕은 그에게 다음과 같은 말로 찬사하였다.

"내 아버지 필립에게 생명을 주신 것을 감사하고 아리스토텔레스에게는 올바르게 사는 법을 터득하게 해준 것에 대해 감사드린다"(연세대학교 교육철학연구회편, 1996).

아리스토텔레스는 인간은 학문적인 지식만으로 만족할 수 없고 지식을 근거로 실천적인 행동을 하는 실천행동을 강조하였다. 아리스토텔레스는 제자들과 숲 속을 산책하면서 강의와 토론을 즐겼다. 리케온으로 이주한 그는 그곳에서 알렉산더 대왕의 후원으로 많은 문헌과 자료를 수집하여 후에 수많은 저서와 연구를 발표함으로써 고대에서 현재까지 철학의 아버지로 칭송받는 위대한 철학자가 되었다. 아리스토텔레스는 논리학에 대한 연구, 자연과학에 대한 연구,

심리학에 관한 연구, 예술학에 대한 연구, 형이상학에 관한 연구, 윤리학에 관한 연구, 정치학에 관한 연구 등으로 현대 학문 발전에 가장 큰 영향력을 미쳤으며 위대한 학문의 틀을 마련한 영원불멸의 철학자이다.

2. 아리스토텔레스의 유아교육사상

아리스토텔레스의 유아교육에 관한 철학적 이론은 자연주의적 관점과 개별화 교육의 관점으로 구별할 수 있다. 그는 실천교육 이론가로서 자연과학에서 생명체에 관심을 가지게 되었다. 그의 생명체에 관한 관심은 다음과 같다.

- 모든 생명체는 자기만의 발달 가능성인 본질로서 그 어떤 것, 그 무언가 종의 특성으로 되어가는 것(werden), 생성되어가는 것이다.
  즉, 모든 종은 자기 고유의 특성을 가지고 있고, 본능적인 성향과 잠재능력을 표출하려는 특성도 동시에 지니고 있다. 현재의 DNA라는 모든 종의 특성으로서 실제를 생성하는 과정에서 서로 상호작용하는 데 4가지 기본적인 요소로 구성된다. 물질적 근거인 질료(Materie), 형상(Form), 작용원인(Wirkende Ursache), 목적(Umwillen)으로 구성된 모든 생명체의 본질을 구체화, 현실화하는 것은 활동성(Aktualität)인 엔텔레키에(Entelechie)의 작용에서 발생한다. 예를 들어, 신생아가 태어나면 자기 몸을 장난감 삼아 손가락, 발가락, 눈, 입을 잠시도 가만히 있지 않고 움직이는데 이러한 움직임은 뇌에 자극을 준다.
  모든 생물체의 본질 속에 이미 활동성이 존재한다. 인간은 활동할 수 있는 생명력(Ē lan vital)이 존재한다. 성장과정에 있는 모든 생명체의 발달 가능성은 본능적인 활동성과 더불어 이러한 활동성이 환경과 강하게 상호작용할 때 인간의 생명력은 더 강하게 활동을 촉진하는 것이다. 생명체의 현존재는 존재력(*存在力*)이 활동하고 있다는 것을 의미한다.

어린이들의 현 존재(現 *存在*, Dasein)는 그들의 활동이 지금도 진행되고 있다는 것을 의미하며, 이러한 활동을 통해서 어린이들의 잠재능력이 발달된다. 인간은 생명체에 내재된 모든 잠재능력을 발현하고 발달시키면서 인간화로 발달과 성장을 안내한다. 어린이들은 활동을 통해서 자기화, 육체화, 현실화로 진화하지만 이 과정에서 가장 중요한 역할을 하는 것이 사랑의 힘에 의한 활동이다.

- 어린이들은 인간화로 발달하고 진화하는 과정에서 잠재능력인 모든 가능성을 현실적으로 극복하면서 목표 지향적인 활동을 지속한다. 어린이들의 작업은 항상 자기가 원하는 목적을 향해서 내재적 욕구를 충족하고 관심을 집중하면서 몰입한다(연세대학교 교육철학연구회편:185). 모든 생명체는 자기 종의 특성을 개발하기 위해서 성장기 동안 환경과 더불어 상호작용과 지속적인 노력을 하면서 충실하게 자아실현을 성취하는 것이다.

- 모든 생명체가 종의 특성을 발달시키고 인간화로 진화하는 것은 자기 자신 속에 삶의 목적과 목표를 가지고 있고 내재된 합목적성과 목표지향을 촉진하면서 발달단계마다 나타나는 엔텔레키에(Entelechie)가 내재하고 있기 때문이다.

어린이들의 생명체가 발달되는 과정에서 선천적인 활동성이 환경과 상호작용하면서 생명체의 현실성과 가능성을 가지게 되고, 실제로 생활하고 외부자극에 영향을 받으면서 생명력을 촉진한다. 즉, 인간의 선천적인 잠재능력은 특별한 환경 조건하에서 현실화되는 가능성을 지닌다. 이 시기에 어린이에게 준비된 환경이 제공되면 더욱더 조화롭게 발달할 수 있다.

- 어린이들은 유전적으로 만들어진 형상에 의해서 인간화로 진화하고 발달한다. 개인 종의 특성인 DNA에 의해서 시각적으로 볼 수 없는 작은 세포가 분열하면서 인간 모습을 갖게 된다.

인간 개체의 진화는 환경과 더불어 상호작용하면서 종의 존재형식(Form), 즉 유전적 특성에 의해서 결정되는 생물학적 생성원리를 따른다고 볼 수 있다. 생명체의 본질 속에는 생명체 자체가 궁극적으로 추구하는 목적을 달성할 수 있는 발생학적인 도식이 포함되어 있음을 의미한다.

3. 아리스토텔레스의 조기교육이론으로서 개별학습이론

아리스토텔레스는 교육을 하나의 기술로 보았으며 더욱이 정치적 기술이라는 관점에서 스승인 플라톤의 이론을 지지하고 있다. 아리스토텔레스는 국가의 힘은 곧 시민 개인의 힘이 모여 형성된 통합적 힘으로 보았고, 탁월한 국가를 만들기 위해서는 탁월한 시민을 양성하여야 한다는 신념을 가지고 있었다.

탁월한 시민을 선발하여, 그들만을 위한 개별화 학습을 중요시하여 국가가 관리하고 통치하는 공인으로서의 지도자로 양성하였다. 국가가 양성한 시민들은 자기 인생을 오로지 국가에 헌납하여 국가를 위해서 살아야 했다.

- 인간은 사회적 존재로서 공동체적인 삶을 위한 교육을 필요로 한다. 또한 생물학적인 관점에서 미성숙하게 태어났기 때문에 자아실현을 위한 교육방법으로 개별화 교육학습이론을 필수적인 방법으로 제시하였다.
- 진리를 탐색하고 이해하는 방법으로 관찰의 중요성을 강조하였으며 연구정신의 필수 조건이 관찰이라고 말한다. 우리들이 보는 모든 것이 지식이고, 정확하게 볼 수 있는 가장 훌륭한 도구가 관찰이며, 관찰은 인간의 내면을 볼 수 있는 유일한 방법이다.
- 이상 국가 실현은 개인 생활에서 공동체적인 삶의 개념인 공동체로 넘어가는 과정이다. 즉, 공동체의 일부분이 개인이고, 한 집단 역시 개인에 의해서 이루어진다고 보았다. 유능한 국가는 유능한 시민이 공동체를 이루어

야 하는데, 시민 각자가 탁월하지 않고는 시민 전체가 탁월할 수 없기 때문이다. 인간 교육의 목적은 내부에 내재된 개인의 잠재능력을 외부로 발현시키는 것이다. 이러한 측면은 인간을 사회적인 존재로서 개성교육을 강조하는 입장이다.

- 인간은 교육을 통해 선천적인 능력을 발현시켜야 한다.

능력을 개발하는 과정은 3단계를 거쳐서 이루어진다. 첫째 단계는 신체적 발달과 성장이 이루어지는 유아기로서 신체교육의 단계이고, 둘째 단계는 인간의 욕구와 열정을 사회적으로 표출하는 것을 학습하는 시기로서 도덕 교육의 단계이고, 마지막 세 번째 단계는 위에서 언급한 교육과정의 의미가 드러나는 이성적으로 진리를 추구하는 단계이다. 인간은 이러한 3단계를 거쳐서 인간의 참모습으로 발달하도록 안내받는다.

4. 아리스토텔레스의 유아교육목적

아리스토텔레스의 교육학은 인간학적 관점에서 출발한다. 인간은 하나의 생명체로서 그 속에 숨겨져 있는 모든 능력을 교육을 통해서 이끌어 내어 인간화, 사회화로 진화하도록 돕는 것이다. 이러한 관점에서 그의 유아교육의 목적을 살펴보면 다음과 같다.

- 인간은 자연 질서에 따라서 신체를 훈련하여야 한다.

밖으로 보여지는 몸을 훈련하는 것은 몸을 형성하고 있는 광물처럼 자연소재로 형성되어 광물적이고, 식물처럼 자라고 번식하여 식물적이고, 동물처럼 인간도 대상을 지각할 수 있고, 지각한 대상을 근거로 내면세계에서 다양한 체험을 만들어 내는 동물적 요소를 전부 포함한다. 인간은 이 3가지 요소들을 훈련을 통해서 완전하고 건강하게 성장할 수 있는 신체로 발달시켜야 한다.

개인의 정상적인 발달을 위한 한 과정으로서 신체발달은 우선적인 것이고 인격 전체의 조화로운 발달을 위해서 도덕교육을 강조하는 것이다. 이것은 유아기의 어린이들은 신체적 훈련을 통해서 도덕적 행동까지도 훈련을 하여야 한다는 의미이다.

어린이들은 개별적으로 신체훈련을 통해서 전인적 발달과 더불어 전인적으로 발달할 수 있도록 방향설정, 각 개인의 행동양식을 형성하고, 각 개인의 행동능력을 발달시킨 다음 사회질서를 유지할 수 있는 사회적 적응능력을 훈련하여 전인적 사회인으로 발달한다.

- 교육목적은 공동의 삶을 위한 준비뿐 아니라 인간 정신 발달에 있다.

  인간 내부에 내재된 잠재능력을 외부로 이끌어 내어 발달시키고, 정신적인 측면이 성숙하도록 돕고, 인간과 인간의 관계를 초월하여 신적인 관계를 지향하면서 초월적 삶과 완전한 삶을 지향하는 것을 목적으로 한다.

- 유아기에 개별적 인간교육을 통해 청소년기에는 이상국가를 위한 건전한 시민으로 양성하고 개인의 행복을 초월하여 국가의 행복, 즉 공공의 행복을 추구하여 공동체 삶을 이루도록 교육하는 것이 목적이다. 유아기부터 교육을 통해시 개인의 욕구와 절제를 억제하고 용기의 덕을 겸비한 정의로운 사람으로 교육하는 것이다.

- 모든 생명체 중에 인간은 개인의 선을 초월하여 공동체의 선을 추구하는 이성적이고 지혜로운 동물이기 때문에 완전한 행복을 추구하려고 노력하는 데 목적을 가진다.

결과적으로 아리스토텔레스의 교육목적은 유아기의 신체적 훈련과 정신적인 훈련을 통해 이성적이고, 지혜롭고 건강한 육체와 정신력으로 성장하도록 교육하고 개인을 위한 교육이라기보다 국가를 위한 덕과 용기 있는 인재를 양성하는 교육 제도라 할 수 있다.

5. 아리스토텔레스의 유아교육과정

아리스토텔레스의 일반적인 교육학은 인간을 위한 과학–철학적 관점에서 출발한다. 학문적 이론과 지적인 호기심만을 의미하는 것이 아니라 윤리적·실천적 행위를 의미하는 것이다(Braido, 1977).

교육과정은 실천적인 면을 고려하면서 절대적으로 필요한 것, 기술과 학문적 이론을 동시에 구성할 수 있는 것, 삶의 여가를 충분히 반영하여 신체와 정신적 훈련을 동시에 수행하여야 한다. 아리스토텔레스의 유아교육과정은 3단계로 구분하여 실시하였으며 교육과정을 살펴보면 다음과 같다.

1단계

5세 이전의 어린이들은 놀이를 통해서 가장 기본적인 신체훈련과 정신훈련, 가정에서 일상생활에 관한 예법, 다음 단계를 위한 대화법에 대한 기본적인 교육을 실시하는 단계이다. 어린이들이 건강한 시민으로 성장하기 위한 신체와 정신 건강은 물론 기초교육인 3R을 중요시하였다.

이 시기의 교육은 주로 가정에서 이루어지는 것이므로 부모로서 모델 역할, 부모들의 언어사용, 행동, 이야기 들려주기 등이 자녀의 인격형성에 미치는 영향력에 대해서 언급하면서 가정의 중요성을 강조하였다. 한 가정의 자식이라는 소극적인 측면이 아니라 국가의 자녀라는 적극적인 측면에서 가정교육을 강조한다.

2단계

6세 이후 초등학생 시기로서 실제적인 교육이 이루어지는 단계로 보았기 때문에 읽기, 쓰기, 셈하기와 예술과목인 음악과 미술을 중요시하였다. 읽기와 쓰기 그리고 예술영역인 음악과 미술을 어린이들이 일상생활에 필요한 기초과목으로 학습하였고, 체육은 신체훈련을, 음악은 어린이들의 마음, 정신을 정서적인 안정감으로 훈련하여 전인적 인격발달을 위해서 감성지능을 발달시켰다.

- 3단계

14세 이후 성인으로서 국가에 기여할 수 있는 기초학문으로 역사학, 천문학, 음악, 변증법, 기하학, 수사학을 교육과정에서 다루었다. 국가에 기여할 수 있는 청소년들을 국가의 강력한 힘으로 생각하였기 때문에 그들에게 국가를 이끌어 갈 수 있는 고급 지식을 특별히 교육하였다.

교육단계	연령	교 육 내 용
1단계	0~5세	놀이, 신체운동, 가정교육, 예법, 동화 읽어주기, 대화법
2단계	6~14세	읽기, 쓰기, 셈하기, 미술, 체육, 음악
3단계	14세 이후	변증법, 수사학, 역사학, 천문학, 기하학, 음악

아리스토텔레스의 교육방법은 어린이들의 관심과 호기심에 의해서 필요한 것은 언제든지 가르쳐야 한다. 교육방법을 살펴보면 다음과 같다(김안중, 1996).

- 어린이를 위한 교육방법은 감각운동과 감각발달 훈련을 통하여 소근육, 대근육 운동능력을 활성화하여 인지를 발달시키는 것이다.
  어린이들의 학습욕구와 전반적인 교수행위는 지각하려는 의지적 경험에 의해서 시작한다. 감각적으로 주변의 환경을 흡수하여 욕구를 자극한 다음 반응에 의해서 자기 활동을 전개하는 방법이다.

- 모방학습 방법과 정신적인 성장을 촉진하는 방법 그리고 잠재능력을 개발하는 방법이다.
  어린이들은 주변에 있는 인적 환경과 물리적 환경을 통해서 모방으로 학습하고 예술 자체와 예술적인 세계, 즉 자기의 환경 세계에서 지각하는 모든 것을 모방하게 된다. 정신적 성장은 학습자의 잠재능력을 개발하여 현실화하는 과정이지만 이것은 학습자의 호기심과 관심에 의해서 자기도야를 위한 타율적 교육이 이루어진다.
  자기도야란 자기 능력을 최대한으로 발휘할 수 있는 개인의 행동과 내면적으로 정신력을 훈련하는 것이다. 그러므로 모방은 자각하고 묘사하는 것이고, 정신적 성장은 정신적으로 각성하고 이해하는 능력이며, 능력은 추구하고 창조하는 응용능력을 의미한다.

- 사고와 지식 그리고 행위의 완전한 합의, 즉 통일을 목표로 한다.
  세 가지의 통일은 인식적인 도덕성과 윤리적인 도덕성이 정신적인 인격성의 최고 단계에 도달하여 조화로운 인간으로 형성되는 것을 의미하며 어린이들이 최고 수준의 발달에 도달하는 단계이다.

아리스토텔레스의 교육목적은 절대적인 교육을 필요로 하는 인간 생명체 내부에 잠재해 있는 모든 것을 발현시키는 것이다. 이러한 교육목적을 구체적으로 살펴보면 다음과 같다.

- 어린이 교육은 자연의 질서를 따르면서 육체적인 훈련을 연마하는 것이다 (Braido, 1977).
  어린이들이 타고난 본능적인 성향에 따라 단계적인 질서에 의해서 교육목적을 제시하고 그를 성취할 수 있는 신체적 훈련을 돕는 것으로서 신체의 특성을 정확하게 발달시킬 수 있는 운동을 중요시하였다.

- 어린이를 위한 교육의 근본적인 목적은 도덕교육에 두었다.

도덕교육은 인격의 조화로운 전인적 발달을 가장 중요시한다. 덕(Virtus)은 인간을 가장 행복한 단계에 도달할 수 있게 만드는 것이기 때문에 교육목적도 덕에 근거하여야 한다.

- 어린이들을 개별적으로 교육하여 건전한 시민으로 양성한다.

어린이들을 개별적 교육을 통해 건전한 시민으로 양성함으로써 국가의 이익을 위해서 봉사할 수 있는 개인과 국가의 행복을 추구하는 것이다.

- 이성을 통해서 인간의 가장 아름다운 미덕을 계발하는 것이다.

어린이들의 인지발달을 통해서 작업 활동에 몰입하도록 지도하고 일상생활 습관을 들이는 일이다. 훌륭한 습관이 훌륭한 학습방법과 결과를 이끌어 낼 수 있다.

- 어린이 교육을 통해서 이성적으로 사유능력을 가지도록 한다.

그는 인간 영혼은 자신을 지각하고, 이성적인 활동에 참여하고, 이론적이고, 실천적(이성적)인 것과 단지 식물적(비이성적)인 것으로 구분하는데, 교육은 이성적인 사유능력을 개발하는 것이다.

- 아리스토텔레스는 인간의 궁극적 행복을 교육목표의 이상으로 생각한다.

인간이 행복한 삶을 살아가는 것은 자기 개인만이 아니라 자기와 더불어 사는 사람들이 함께 행복하게 살아가며 공동의 행복을 추구하는 것을 의미한다. 인간이 지혜로워지는 것은 자신의 내면 깊은 곳에서 감성적으로 느끼는 행복과 일치되는 것이다.

제3장

로마시대의 유아교육사상

제3장 | 로마시대의 유아교육사상

로마는 B.C. 6세기경인 753년에 로물루스와 레무스가 건국하여 시대와 시대를 거치면서 찬란한 로마제국을 건설하여 전 유럽을 통치할 수 있는 위력을 가지게 되었다.

I 로마시대의 유아교육사상

지중해를 중심으로 로마는 고대 서양에서 가장 막강한 로마제국을 건설하였으며, 그 당시 정치사와 교육사 그리고 문화사에 많은 영향력을 끼쳤다.

로마제국은 B.C. 8세기는 왕정기, B.C. 510년은 공화정기, B.C. 476~A.D 65년까지 제정기로 구분하고 있다. 그러나 로마시대는 특별한 교육정책이나 방법을 제시하지 못하고 아테네의 플라톤이나 아리스토텔레스의 영향을 받았다. 즉, 그리스 교육을 답습하였다(Giugni, Santinello, & Capecci, 1977). 그럼에도 불구하고 로마인들은 국가의 안전은 가정에서 이루어진다는 신념을 가졌기 때문에 유아교육에서 특히 가정교육을 중요시하였다. 왕정기의 유아교육에 관한 내용이 특별히 기록된 것은 찾을 수 없지만 로마인들의 실용성, 현실성을 근거로 예술, 법률, 건축술, 웅변술, 학문이 발달하였다. 어린이를 위한 교육 가정의 몫이었다. 공화정 시대의 유아교육은 가정에서 모든 것이 이루어졌고 또한 가정에서 부성의 권한은 절대적이었다. 그 시대의 모든 유아교육은 가정에서 교육된 마트로나(Matrona)에 의해서 이루어졌다. 그리고 신앙교육과 실천교육을 중요시하였다.

로마 공화정 시대의 교육목적은 어린이들에게 애국심을 길러주는 것이었으며, 모방에 의해 학습을 하였고, 오늘날의 일상생활교육과 같은 형태인 생활교육을 실시하여 생활인을 양육함으로써 건강한 시민으로 성장할 수 있도록 돕는 것이었다. 로마인들은 로마제국의 영웅심을 존중하고 전통교육을 중요시하였으며, 로마제국의 군림을 위해서 투사와 같은 군인정신, 사회적 규범인 준법정신, 애국심을 유아기부터 교육하였다. 결과적으로 공화정기 교육은 신에 대한 복종, 국가에 대한 강한 애국심, 건강한 가정을 위해서 의무를 다하는 교육이었다.

- 가정에서 자녀들에게 기본적인 생활태도로서 종교심, 신앙, 도덕성을 가르쳤다(Giugni, Santinello, & Capecci, 1977). 이것은 선조를 존경하고 그들의 습관에 따라서 생활하는 한 과정으로 모든 종교적 의식이나 도덕적인 행동을 가르쳤다. 가정에서 어린이들에게 미덕을 가르치고 국가와 사회에 봉사할 수 있는 인재를 양성하는 것이다.

- 이상적인 가족 구성원을 배출하고 가정에서 훌륭한 인격을 형성하도록 돕는 교육이었다. 가정생활의 성실성을 강조하고, 부모, 신, 국권을 존중하여야 한다.

- 어른들의 생활양식과 일하는 것, 행동과 습관을 모방하여 기본적인 태도를 가정에서 배운다. 자녀들은 가정에서 가장 윤리적이고, 귀족적인 생활양식을 터득하고 생활과 활동의 모든 면에 모범을 보이는 것을 중요시하였다.

- 자녀의 모든 교육은 귀부인인 마트로나(Matrona)에게 위임되었다.
  가정에서 마트로나를 중심으로 이루어지는 가정교육은 어린이들에게 도덕심과 종교심 그리고 기본생활 습관에 관한 훈련, 어른에 대한 존경심 나아가 국가에 대한 충성심에 관한 것을 교육하였다. 마트로나들은 가정에서 예의범절과 건강과 덕 그리고 인격을 책임지는 상징적인 인물이 되었다. 로마시대의 가장 훌륭한 교사 역할을 담당한 소위 개인 교사였다고 할 수 있다.

- 부모에게 자녀교육에 대한 직접적인 책임감이 있었다. 즉, 자녀교육의 직접적인 권리와 책임은 우선적으로 부모에게 양도되었다. 특히 부권은 절대적이었다.

- 로마시대의 가정은 'Mos maiorum(조상의 관습)'의 근거였다(Giugni, Santinello, & Capecci, 1977). Mos maiorum은 종교적이고, 정치적이고, 경제적인 힘을 가진 막강한 교육적 조직체로서 작은 국가라고 말할 정도로 강한 권력과 권위를 가졌다. 아버지는 권위적 가정의 입법자였으며, 규범자이고, 가정의 모든 재산을 관리하는 가정을 수호하는 사제와 같은 존재였다. 가정을 위한 절대권을 가진 권위자였기 때문에 자녀들을 아버지의 권위에 절대적으로 복종하여야 하는 수직적인 관계에 놓였다.

- 어머니는 자녀의 기본적인 생활습관을 훈련하고, 아버지를 협조하고, 친구와 같은 파트너가 될 것을 결혼조건으로 내세웠다(Giugni, Santinello, & Capecci, 1977).

'Ubi tu Caius, ibi ego Caia', 즉 집을 관리하고, 아버지와 함께 자식을 교육하고, 가정을 위해서 희생한다는 것이다. 부모들의 책임과 의무감 중에 가장 우선적으로 한 것은 가정에 대한 책임감, 교육의무, 가정관리를 위한 경제적 의무감이었다. 로마인들의 건전한 가정이 건강한 국가를 만든다는 신념에 근거한 이론이라 할 수 있다.

공화정기 후기에는 이탈리아 반도의 통일로 인해서 그리스 시민, 즉 가정교사와 어린이만을 돌보는 소위 학식 있고 지혜로운 동복을 초대하여 교육을 전적으로 위임했다. 학식과 덕망이 풍부한 여자들을 선발하여 자녀의 교육을 맡겼다. 현대적으로 보면 초등 교육단계라고 할 수 있는 루데스(Ludes)라는 우리나라의 서당과 같은 형태의 교육기관으로서 다음과 같은 교육을 실시하였다.

- 기초학습인 읽기와 쓰기 그리고 셈하기를 가르쳤다. 교육의 초기단계로서 초등교육을 'Ludes Litteralius'라고 불렀고 그리스의 파이데이아 교육을 모방한 것으로 교육학이라는 의미를 포함하고 있다.

- 어린이들의 교육은 주로 가정교육을 중심으로 어머니가 책임졌고, 이로 인해서 로마 가정에서 어머니의 권위와 존경심이 대단히 높았다. 귀부인(Matrona)이 주로 어린이들의 교육을 담당하였는데, 어원학적으로 마트로나는 덕이 있고, 시민으로부터 존경을 받고, 훌륭한 인성을 소유한 귀부인을 의미하므로 특히 로마시대 귀족이나 개인 교육을 원하는 어린이들은 거의 마트로나에 의해서 교육되었다.

- 아버지는 자식에 대한 절대적인 권한을 가지고 어린이들의 사회화 과정에 필요한 모든 것을 교육하였다. 로마시대의 아버지의 권위는 절대적인 수직 관계로 가정을 통치하는 의미를 가진다.
  다른 한편으로는 아버지의 권한은 자식을 노예로 팔거나 살해할 수 있는 권한을 가졌고, 자식은 부모의 보조자와 대리자 역할을 할 수 있도록 모든 농사일, 승마, 수영, 사냥을 가르쳤다.

로마 제정 시대의 교육은 여전히 그리스 문화가 유입되고 있었다. 특이할 만한 것은 그 시대에 이미 학교교육이 이루어졌기 때문에 유능한 웅변가를 양육한 것이다. 6~7세 어린이들을 교육하는 초등단계인 루데스에서 12동판과 읽기, 쓰기, 셈하기를 교육하였다.

- B.C. 450년 제정된 로마의 기본법인 12동판법에 부권의 절대적 권위를 부여하였다. 12동판에 아버지가 자녀를 살해하거나 노예로 팔 수 있는 권한이 있을 정도로 대단하였다. 부친은 자녀의 대리자 역할을 하면서 신과 제사에 참여권을 부여하였고, 영웅전과 정치사를 교육하였으며 읽기, 쓰기,

셈하기, 무술, 승마, 수영, 사냥을 가르쳤다.

- 상류계층의 가정은 특별히 아테네의 명석한 노예를 자녀교육을 위한 동복으로 채용하여 기초교육을 담당하도록 하였다.
- 가정에서 어른들의 노동을 돕는 일, 어른들의 행동을 학습하는 일, 어른들의 여러 가지 공적 생활을 돕는 일, 농사일에 대한 기술을 익혔다.
- 가정에서 부모의 모범적인 생활을 모방하면서 성실한 가정생활에서 기본적인 교양을 배울 것을 강조하였다.

일반적으로 로마 시대의 유아교육은 도덕교육과 종교교육을 중요시하였는데 이는 그리스도교의 가르침을 실천적으로 집에서 가르쳤고, 마트로나(Matrona)와 부모들의 모범적인 생활 모델을 통해서 이루어졌다. 유아를 위한 정확하고 실천적인 교육은 사회생활의 구조, 권리를 주장하는 것, 교사에 대한 존경심, 로마 시민이 되기 위한 준비를 위한 것이다.

이러한 특징적인 교육들은 후에 로마 시민으로서 자부심을 부여하는 데 한 몫을 차지하였다. 대략적으로 로마시대의 유아교육을 포함한 교육제도를 살펴보면 다음과 같이 3단계로 구분할 수 있다.

- 1단계

  Ludimagister 혹은 Magister Primus로 유아기 초등교육단계로서 어린이들의 기본생활 습관에 관한 훈련과 3'R 기초 교육을 가르쳤다. 어린이들의 건강한 인성발달을 위해서 바르게 생각하고, 바르게 행동할 수 있는 도덕적 태도를 가르쳤다.

- 2단계

  2단계는 중등교육단계로서 어린이들과 아동에게 문법을 가르쳐 기초적인 학습을 훈련하는 데 도움을 줄 수 있도록 가르쳤다.

- 3단계

3단계는 고등교육단계로서 고전학문과 실제 생활에 필요한 자연과학을 가르치는 교육단계이다. 교육단계와 교육 내용을 요약하면 다음과 같다.

교육단계	교육내용
1단계	초등교육단계, 5, 6, 7세 어린이들에게 3'R, 12동판 학습하기
2단계	중등단계 : 문법, 수사학, 논리학, 수학, 기하학, 예술, 천문학
3단계	고등단계 : 윤리학, 변증법, 논리학, 법학, 물리학, 기하학, 의학, 기계학

Ⅱ 로마시대의 교육자들

1. 키케로의 유아교육사상

키케로는 그 시대의 유능한 정치인이 되기 위한 필수 조건이었던 웅변가를 양성하는 데 최선을 다한 아테네와 스토아학파 아래서 학문을 습득한 엘리트 학자였다. 물론 키케로의 가문 역시 귀족 출신으로 유아기 때부터 천부적인 소질을 타고난 어린이였다. 유아기부터 그리스 문학에 관심을 가지고 아테네에 유학하여 플라톤 학파인 필론(Pilon)과 디오도로스의 문하생이 되었다. 키케로는 로마에서 재무관, 장관, 통치자로 명성을 날리면서 정치계를 장악하고 있었다. 키케로의 저서로는 『웅변론』(*De Oratore*), 『법률론』(*De Legibus*), 『최고의 선에 관해서』(*De Finibus*), 『의무론』(*De Officis*)을 남겨 후세 학자들에게 영향력을 미쳤다.

키케로의 교육사상은 인간이 타고난 천부적 소질을 교육을 통해서 개발하는 것이 목적이었으며 인간이 행복한 삶을 살아가는 데 가장 중요한 요소는 덕을 훈련하고 도야함이 필수조건이라고 말하였다.

자녀들에게도 행복한 삶을 살아가기 위해서 지혜로움, 용기 있는 사람, 정의로움, 인내심을 가지고 어려움을 극복할 수 있는 사람으로 성장할 수 있도록 가르치는 것이 키케로의 가정교육 원리라고 할 수 있다. 키케로는 유아기는 물질적인 것보다 정신적인 면을 강조하면서 다른 사람들과의 관계에서 미덕과 나눔을 강조하였다.

결과적으로 키케로의 행복론은 개인보다는 개인의 행복을 통해서 국가의 지도자들이 겸비하여야 할 정신적인 요소로서 행복론을 주장한 것이다. 키케로는 설득력 있는 웅변술로 국가의 최고 엘리트 관직에 기여하면서 정치와 교육자로서 필수조건이었던 웅변술을 교육의 궁극적인 목적으로 삼았다. 55년에 편찬한 『웅변가론』에서 훌륭한 웅변가는 가장 덕망 있는 인간성을 지닌 철학자로서 지혜와 인간성을 겸비한 당대의 최고 학자로 인정받았다. 키케로는 인간의 궁극적 삶의 목적을 행복으로 보고 기초 학문으로 어린이들에게 문법이나 교양학문을 가르치기를 원했다.

그는 훌륭한 웅변가의 조건으로 수사학, 문법, 정치학, 철학을 수학하여야 하고, 감정조절을 할 수 있는 능력, 옳고 그름을 판단할 수 있는 정의로움과 판단력, 조화롭고 정확하게 문장을 사용할 수 있는 능력, 인간 존중사상과 개인의 자유, 사회를 위한 봉사 정신, 자기 표현능력, 다른 사람들의 권리를 인정하는 정의롭고 겸손한 자세, 사회와 국가를 위해서 헌신할 수 있는 능력을 교육을 통해서 개발해 주어야 한다고 주장하였다.

2. 쿠인틸리아누스의 유아교육사상

쿠인틸리아누스는 이탈리아의 위대한 철학자이자 교육학자로서 공교육기관의 첫 교사였다. 반면 그는 아동중심 교육을 주장하면서 처음으로 어린이들을 위한 체벌교육을 금지할 것을 주장하였다.

쿠인틸리아누스의 사상에서 주목할 만한 것은 개인의 존엄성을 인정할 것, 개인의 본성을 존중할 것, 어린이들의 놀이와 흥미 중심 교육을 주장한 것이다(박영진, 2012).

그가 체벌을 금지하는 이유는 불쾌하고, 체벌의 효과는 일시적이기 때문이고, 체벌은 또 다른 체벌을 초래하며, 체벌은 어린이들에게 공포감, 열등감, 정신적 불안감을 초래하고, 체벌교육은 체벌을 받지 않는 다른 어린이들에게도 공포감을 줄 수 있기 때문이라고 했다.

쿠인틸리아누스의 교육목적을 살펴보면, 어린이들의 잠재능력을 개발해 주고, 모든 어린이에게 웅변술을 가르치고, 자기들의 잠재능력을 스스로 개발할 수 있는 능력을 키워 주고, 어린이들의 기초교육은 부모가 가정에서 이루어주어야 한다는 가정교육을 강화하였고, 어린이들이 신체교육을 통해서 건강한 시민으로 성장하는 데 목적을 두었다. 그는 웅변가 교육을 3부로 나누어 서술하고 있다.

제1부의 내용의 다음과 같다.

- 유아교육과 가정교육의 중요성을 강조한다.
- 어린이들을 위해서 정규 교육과정·공교육인 학교교육의 중요성을 강조한다.
- 어린이들 개인의 차이점, 개별학습지도, 학습능력의 차이점을 인정하여야 한다.
- 유아교육과정으로 놀이 활동, 기본생활, 건강교육, 체벌교육, 문법, 외국어 교육, 3'R을 교과과목으로 지정하였다.

제2부의 내용의 다음과 같다.

- 주로 교사론에서 교사의 책임과 의무사항에 대한 내용이다.
- 교사는 교수방법에 있어 자유로운 교수방법을 선택할 수 있다.
- 교사의 자세, 태도, 교수방법, 교수 내용에 관한 전반적인 교육방향에 대해서 언급한다.
- 아동을 위해서 변론방법에 대한 기초적인 훈련, 변론가가 갖추어야 하는 지식과 방법에 대한 내용이다.

제3부의 내용의 다음과 같다.

- 웅변가들에 대한 정의로운 자세와 마음가짐을 강조한다.
- 웅변가들의 활동범위를 정하고 웅변과 변론에 대한 일반적인 지식을 보급하였다.
- 웅변방법을 가르쳐 훌륭한 인재를 양성하는 것을 목적으로 하였다.

그 당시 쿠인틸리아누스는 어린이들의 미래를 위해서 공교육이 필요하기 때문에 그들을 가르치고 양육한 교사들에 대한 관심을 가지고 있었다. 어린이들을 가르치는 교사의 교사론에 대해서 다음과 같이 주장하였다.

- 교사는 부모의 역할을 대행하는 사람이므로 모든 어린이를 자식같이 보호하고 교육하여야 한다.
- 교사는 도덕적이고 너그러운 심성을 지녀야 한다. 너그러움과 온유함의 중요를 강조한다.
- 교사는 엄격하기보다 지혜로워야 한다. 교사의 해박한 지식을 요구한다.
- 교사가 외재적 동기부여 방법의 지나친 간섭을 피할 것을 요구한다.
- 교사는 정서표현을 조절하고 통제할 수 있어야 한다. 교사의 개인적인 감정표현보다는 상황에 맞는 정확한 훈육을 강조한다.
- 교사는 어린이들이 쉽게 이해할 수 있도록 가르치는 데 인내심을 가져야 한다. 교사의 인내심과 성실한 태도를 강조한다.
- 교사는 질의응답식으로 교육하여야 한다. 어린이들이 자기주도적 학습방식에 익숙하도록 토론식, 대화식 교육방법을 강조한다.
- 칭찬의 정도를 조절하여 너무 과하게 하지 말아야 한다.
- 스스로 수정할 수 있는 방법을 탐색하지만 수정이 필요한 어린이들에게 분명한 이유와 용기를 주어야 한다.
- 어린이들의 상상력을 촉진하여야 한다.
- 어린이들에게 존경받을 만한 위인들, 예술가들, 스승들에 대한 이야기를 해주어야 한다.
- 교사는 개인의 특성을 고려하여 교육하여야 한다.

쿠인틸리아누스의 교사론은 현대 교육에서 주장하는 교육이념과 유사한 점을 엿볼 수 있으며 르네상스의 인문주의에도 큰 영향력을 미쳤다.

제4장

중세의 유아교육사상

제4장 중세의 유아교육사상

일반적으로 중세시대는 서로마제국이 멸망한 4세기부터 동유럽이 멸망한 14~15세기까지 대략 10세기 동안을 의미한다. 중세의 교육은 기독교 교육과 종교를 초월한 비기독교 교육으로 구분된다. 중세는 신학이 '학문의 시녀'라고 할 만큼 기독교 교육사상이 중심이 되어 발달하였다. 시대적인 상황으로 유아교육 자체도 수도원 중심의 종교교육이 중심이 되었다. 중세는 학문적으로 신중심, 교권중심 사상, 금욕주의 사상, 주정주의 사상, 개인주의 사상이 공존하던 시대였다.

I 기독교 교육의 특징

일반적으로 중세의 특징은 기독교 세력과 기독교 문화가 지배했던 황금시대라고 할 수 있다. 그러므로 중세 교육 역시 기독교의 가르침과 문화를 근거로 발달하였으며 사상은 초자연적이고, 내세적이고, 개인주의적 사상을 중세 그리스도 교육에 그대로 반영하였다. 중세 교육의 특징인 동시에 기독교 교육의 특징은 신중심주의 교육 혹은 교의중심주의 교육, 내세주의, 금욕주의 교육, 주정주의 교육, 개인주의 교육인 4가지 측면으로 구분된다.

신중심주의 교육 혹은 교의중심주의 교육은 신과 더불어 신중심 세계관, 신에 순명하고, 신을 자기 삶의 가장 중심에 두고 생활하도록 안내하는 교육이다. 로마시대의 자유주의 사상, 인간의 조화롭고 자유로운 삶의 방식을 멀리하고 인간을 모두 신에게 연결하여 신을 중심으로 하는 교육방법이었다.

교권이 확산되고 기독교 사상과 교육이념의 보급으로 인해서 기독교 교육을 정당화, 일반화, 체계화하여 스콜라 철학을 기반으로 교회를 이끌어가는 성직자를 양성하고 배출하는 데 기여했다. 중세 기독교 교육은 정통적인 기독교 교육기관을 통해 젊은이들의 교육을 일반화하는 데 성공하였다. 기독교 교육기관의 설립 목적과 내용을 보면 다음과 같다.

교육기관	대상	교육목적	교육내용
문답 학교	어린이, 성인 예비세례자	기독교 문답을 가르치는 것	기본적인 교리 교육, 교리 문답, 찬송가, 읽기, 쓰기, 셈하기
고급문답 학교	교사 성직자	문답학교 교사양성, 변호할 수 있는 능력자	기독교 철학, 그리스 철학, 신학, 수사학, 천문학, 물리학
본산학교	성직자	성직자 양성	성서, 철학, 신학, 그리스 문학
수도원 학교	성직자와 일반인	성직자를 위한 내교와 일반인을 위한 외교를 설립하여 기독교 이론을 확산하였음	초등반은 3'R, 음악 라틴어, 문법, 시편 알기, 고등반은 문법, 수사학, 7 자유 과목, 기하, 천문학, 체벌, 단식, 고행을 가르침

중세의 비그리스도 교육의 특징은 기사교육과 시민교육으로 구분할 수 있다.

교육형태	교육대상	교육목적	교육내용
기사교육	0~6세	가정교육단계 : 기초교육	기본생활, 종교교육, 신체교육
	7~13세	귀족, 군주, 귀족을 위한 종교지도자,	예의, 윤리, 3R , 체육
	14~20세	기사도 양성	7가지 기예 : 승마, 활쏘기, 수영, 검술, 서양장기, 수렵, 문학
	21세 이후	기사도 양성	기사 입문식을 거쳐서 유능한 기사양성에 필요한 자유 7과목 외에 인문학을 가르침

Ⅱ 아우구스티누스의 생애

중세의 철학과 교육사상가로서 중요한 학문적 위치를 차지한 학자 중 한 사람이다. 『질서론』(*De ordine*), 『교사론』(*De Magistro*), 『기독교 교리교육』(*De Doctrina christiana*), 『입문자 교리교육』(*Decatechizandis rudibus*) 등과 같은 저서에서 그의 교육사상을 살펴볼 수 있다.

아우구스티누스(Augustinus)는 354년에 북아프리카의 타카스테(Thagaste)에서 태어났고 부친은 이교도였다. 어머니는 독실한 그리스도인의 가정에서 태어났으며 모친의 영향으로 그리스도인으로 개종하였다. 유년기의 대부분은 방랑 생활을 하면서 불행한 생활을 자초하였고 마침내는 동거녀로부터 혼외 아들을 가졌다(Giugni, Santinello, & Capecci, 1977).

17세에 그는 카르타고에 있는 수사학교에 입학하였고, 무려 11년 동안이나 그곳에서 생활하였다. 그의 나이 19세 되던 해에 키케로(Cicero)의 호르텐시우스(Hortensius)를 접하면서 철학에 매력을 느낌으로써 세계에 대한 이해와 지식이 형성되는 과정인 인식론에 대한 이해를 새롭게 하였다.

384년 그가 밀라노에서 수사학을 가르칠 수 있었던 것은 밀라노에서 활동하면서 이미 널리 알려진 석학이었던 암브르조(Amburgio) 주교를 만나 그 당시 그리스어에 능통한 설교와 가르침에 매료되어, 그의 철학과 사상을 받아들였기 때문이다.

1. 아우구스티누스의 인간관

아우구스티누스는 인간을 이성적인 존재로 규정하고, 이성을 통해서 동물과 인간의 차이점을 이해시켰다.

- 인간을 이성적 존재로서 동물과 구별하고, 죽음의 존재로서 신과의 차이점을 구별하였다.

즉, 인간은 이성적인 동시에 죽음의 존재(Homo est animal rationale mortal)라는 것이다. 인간의 이성적인 기능이 마비된다면 동물과 동일한 본능을 가질 수 있다. 동시에 인간은 항상 죽음이라는 시간성에서 하나님과 만남으로써 신의 완전한 생활을 모방하고 완전한 생활에 도달하려고 노력하였다.

- 인간을 영혼과 육신을 겸비한 존재로 본다.

아우구스티누스는 신의 창조물 중에서 인간의 육체 창조를 가장 탁월한 창조물로 보지만 육체를 영혼의 하위 영역에 놓는다. 다시 말해서 육체를 영혼의 노예와 하나의 도구로 보았다.

- 인간 정신은 기억(Memoria), 지능(Intelligentia), 의지(Voluntas)로 구성된다.

기억은 인간의 의식과 사고 체계로서 인간의 정신적인 삶의 기초를 형성하는 역할을 하며, 지능은 인간의 이성적 작용과 감각기관 그리고 인식세계로서 인간의 눈 역할을 하며, 지능의 과제는 사물세계와 인간의 표상세계와 영원한 법칙 그리고 신적 법칙을 따라서 판단하는 것이다. 의지는 지능과 관계를 가지면서 인식된 선을 실천하도록 자극한다.

- 영혼을 인간 정신의 총체적인 것으로 본다.

영혼이 정신세계라면 육체는 물질세계에 속하는 것으로, 영혼은 영원성에 속하고 육체는 시간성에 속한다. 그러므로 인간은 인간의 본능적 요소인 탐욕과 욕정 그리고 감각세계를 영적이고 이성적인 상태로 인도하여야 한다.

2. 아우구스티누스의 교육단계

아우구스티누스의 교육단계는 우선 자동교육의 단계로서 영적 발달단계와 교육적 발달단계를 7단계로 구분한다(Giugni, Santinello, & Capecci, 1977).

1단계

인간의 육체적·신체적 활동을 통해서 정신 기능이 건강하게 기능을 하도록 만드는 유아기 전 단계로서 정신은 육체의 양육과 성장에 대한 관리의 역할을 하는 단계이다. 인간의 가장 초기 단계로서 정신과 육체가 건강하게 발달할 수 있도록 돕는 단계이다. 아우구스티누스는 이 단계를 인간의 권위에 복종하는 단계라고 한다.

2단계

영아기 단계로서 영혼이 감각행위에 따라서 기능을 하는 단계이다. 인지와 감성에 근거한 욕구, 충동, 습관화, 기억, 표상 활동은 동물 수준의 단계이다. 이 단계는 아직 이성이 발달한 단계가 아니기 때문에 유아들은 감각기관이 명하는 대로 본능적으로 복종하므로 교육을 필요로 하는 동시에 이성적 기능발달이라는 영원법칙을 추구하는 단계이다.

3단계

인간이 문화 활동을 전개하는 단계로서 정신적으로 기능을 하는 단계이다. 고등정신을 향하는 기능을 수행하는 단계이다. 이 단계는 정신적인 영향으로 악에서 탈피하여 좀 더 도덕적인 아동기에 속하는 이 시기는 수공업에 대한 지식, 농작물을 재배할 수 있는 지식, 도시를 건설하고, 문자를 발견하고, 언어를 사용하고, 예술 활동을 하고, 제도적인 교육과 학문을 습득하는 단계로 일반적으로 아동기를 포함한다.

- 4단계

정신이 자신을 정화하는 단계다. 덕과 지혜를 탐구하려는 이 시기는 아동 후기 발달단계로 이성발달과 더불어 자신을 도덕적인 관점에서 활동하도록 고려하는 삶의 의미를 추구하는 단계이다.

- 5단계

이미 훈련한 덕을 지속할 수 있도록 노력한다. 자연현상을 진실하게 인식하고 신의 믿음을 강화한다. 이 시기는 청소년기로서 교육과 훈련을 통해서 양육된 덕을 유지하고 도덕적인 삶을 준비하는 시기다. 자연과 더불어 자연 속에 숨겨져 있는 진리를 발견하고 종교적 태도를 훈련한다.

- 6단계

정신의 최고 가치인 진리와 최고의 선인 진복팔단(眞福八壇)을 발견하려는 시기다. 청년기 후반에는 자아 정체감이 형성되는 시기로 항상 정의로운 삶과 인간으로서 가장 안전하고 행복한 삶을 추구하는 시기다.

- 7단계

최고의 선을 발견한 다음 누리는 행복과 기쁨의 단계이다. 삶의 여정에서 교육의 필요성을 재확인한다. 이 시기 인간은 다른 동물과 다르게 교육을 필요로 하고 교육을 통해서만 자기완성을 시도한다.

아우구스티누스는 인간은 반드시 이 7단계를 거쳐서 인간의 참모습으로 변화하면서 인간으로서 행복감을 느낀다고 말한다. 그러므로 인간 영혼의 기능보다는 인간의 자연적 발달 과정에 상응하는 교육을 더욱더 중요시한다.

3. 아우구스티누스 교육방법

아우구스티누스는 교육방법으로서 인간의 정신건강을 중요시하면서 도덕적 도야와 지적 도야를 중요시하였다. 우선적으로 인간의 정신건강을 위해서 도덕적인 행동을 교육방법에서 중요시하였다. 이것은 진리의 절대자인 신을 파악하기 위해서 정신건강이 우선임을 의미한다. 인간의 눈이 신에게 향하기 위해서 영구적인 훈련이 필요하다. 이러한 연구는 학문적인 연구만이 가능하지만 이것은 도덕적 도야와 지적 도야를 전제로 한다.

교육방법으로서 도덕적 도야는 모든 인간교육의 기초를 이룬다. 아우구스티누스의 교육철학은 신학적 관점에서 출발하여 교육방법이나 목적 그리고 내용은 모두 신(神)에게 향하는 것이다. 즉, 신을 파악하기 위해서 인간의 정신건강을 강조하고 인간의 눈이 신으로 향하기 위한 끊임없는 훈련을 강조하였다. 교육목적은 도덕적인 도야(Ethische Bildung)와 지적인 도야(Intelletuelle Bildung)라는 구체적인 방법을 통해서 이루어진다. 교육방법의 중요한 기초교육으로서 도덕 교육을 다음과 같이 언급하였다.

- 교육방법으로는 도덕적 도야를 강조하는데, 유아기부터 인간 교육방법으로 도덕적 도야를 방법적으로 제시하였다. 그는 도덕 교육은 소극적인 과제와 적극적인 과제인 두 가지 방법에 의해서 이루어진다고 하였다. 소극적인 과제는 인간의 정신을 방해하는 모든 악덕과 방탕한 행위를 제거하는 것으로 예를 들면 인간의 정욕, 뻔뻔스러움, 과음, 게으름, 악한 습관, 명예욕과 같은 비이성적인 행동을 의미한다. 그는 어린이들이 유아기에 감정을 통제하는 능력, 겸손함, 성실한, 훌륭한 습관을 들이는 교육의 필요성을 강조하였다.

- 적극적인 과제는 도덕성을 획득하는 것이다. 즉, 가정에서 출발하여 다른 사람들과 사회적 관계를 가지는 훈련을 의미한다. 도덕적인 성격을 형성하기 위한 삶의 원칙을 중요시하는데 이에 필요한 것은 신의 사랑이라고 말한다. 그는 도덕성을 하느님을 따르는 절제력, 하느님을 위해서 인내하여야 하는 강인성, 하느님의 모든 창조물을 바르게 관리하는 정의, 하느님을 향하는 데 방해되는 것을 판단하는 4가지 지혜로 구분하였다. 결과적으로 도덕성이란 신을 모델링 삼아 신의 형상을 닮아가는 것이라고 말하며, 어린이들이 인격형성을 향해 나아가는 과정에서 종교 교육을 배제할 수 없는 그리스도론적 교육관을 주장하였다.
  아우구스티누스의 도덕성 범주는 하느님을 추종하는 절제, 하느님을 위해서 희생적으로 인내하는 강인성, 절대적으로 신을 섬기고 사물을 바르게 관리하는 정의감, 하느님을 섬기는 데 장애물을 제거할 수 있는 지혜라고 하였다.

- 도덕적 교육을 위한 방법으로서 자연적인 것과 초자연적인 방법을 제시하였다. 초자연적 도덕성의 근본인 사랑은 경외심으로부터 우러나오기 때문에 모든 창조물에 대한 경외감을 교육방법으로 삼았다. 자연적인 것은 수도원 교육의 한 방법으로 공동체 생활에 대한 훈련과 학문연구로서 어린이들에게 도덕적인 힘을 형성해 주고 기초적인 훈육으로서 어린이들이 도덕적인 삶을 살아가도록 의식적인 변화를 주는 방법이다.
  교육방법으로 훈육을 중요시하였다. 어린이들이 도덕적인 삶을 살아가도록 의식적으로 영향력을 미치는 것으로서 영혼을 구원하는 예술이다.

교육방법으로서 지적 도야는 신의 인식을 위해서 도덕적인 정화와 정신적인 도야를 중요시하였다.

- 정신적인 훈련을 중요시하였다. 정신은 이성을 통해서 자각되는 동시에 신을 인식하는 방법이다.
- 지적 도야를 위해서 문법, 수사학, 변증법, 음악, 산물, 기하학, 철학 등 자유학문을 통해서 신을 인식하는 수단으로 보았던 7 자유 교과목을 중요시하였다.

4. 아우구스티누스 유아교육 내용

아우구스티누스의 교육내용은 주로 교리교육 내용에 불과하다고 말할 수 있는데 이러한 내용이 바로 어린이 교육을 위한 지침서이다. 그 당시의 어린이 교육은 사회문화가 종교적인 문화이기 때문에 종교교육에 근거하고 있다고 해도 과언이 아니다. 유아교육 내용은 다음과 같다.

- 주기도문
- 신앙고백에 관한 교육
- 기독교인들의 삶의 방법
- 십계명의 실천방법
- 세상의 창조이론 등으로 어린이들이 기독교인으로 살아가는 데 삶에 영향력을 줄 수 있는 것을 실천하는 내용이다. 그는 교육내용을 근거로 교수방법적인 원리를 3가지로 제시하였다.
- 교수방법의 양을 최소화하고 직관적인 방법을 적용한다. 즉, 감각을 활용하여 어린이들이 실제 활동을 체험하는 교육이다. 교육내용의 선택에 있어서 단순화된 방법보다는 교육내용의 가치를 중요시하는 것이다. 어린이들의 관심을 자극할 수 있는 내용이고 집중시킬 수 있는 방법이어야 한다. 단순한 지식 전달만이 아니라 실제로 어린이들이 느끼고 체험할 수 있는 교육현장과 연결될 수 있는 내용을 선택하여야 한다.

- 교육내용은 목적에 따라서 조화롭고 통일적으로 조직한다. 교육내용은 항상 서로의 연관성과 계열성을 고려하여야 한다. 수업내용은 전체적으로 구성되어야 하고 통합적이어야 한다.

- 특별한 교수방법으로 교육한다. 개인의 특성을 고려하여 그에 적절한 방법과 내용으로 교육하여야 한다. 교육내용은 개인에 따른 세분화 개별화로 적응하여야 한다. 아우구스티누스의 교수원리는 현대에 유아교육에서 실시하고 있는 교육방법의 기원이라고 할 수 있다.

Ⅲ 실학주의 교육관

일반적으로 실학주의 교육 사상에 대해서는 인문학적, 사회학적, 감각적 실학주의로 구분한다. 실학주의는 어원 그대로 고전의 인문학을 중심으로 실생활에 적용되는 생활철학, 실천이론, 내용을 강조하는 교육사상이다. 현대 유아교육에서 철학적 이론과 실제를 중요시하는 생활철학이다. 경험중심, 사물중심, 활동중심 교육이 바로 실학주의 철학 이념이기 때문에 실학주의는 시대적 배경으로 3가지 학파로 분류된다.

인문학적 실학주의는 고전을 완전히 제외한다는 것이 아니라 훌륭한 습관과 생활을 지혜롭게 극복하기 위한 일상적인 생활양식을 가르치는 인문학적 실학주의로서 대표자는 밀턴(Milton, 1608~1678)이다. 유아교육에 직접적인 영향력을 미쳤고 유아기에 어린이들을 가르칠 때 언어적 지식보다는 감각적으로 사물에 대한 본질, 특성, 실제 지식을 가르칠 것을 강조하였다. 일반적인 전달과 주입식 방법이 아니라 토론, 소통, 실제적인 경험, 문화 교류로서 여행을 통한 실제 교육을 강조하였다.

사회적 실학주의는 어린이들의 사회화 과정에서 필요한 지식을 직접 경험할 수 있는 기회를 제공하여 사회 속에서 자아 정체성을 발견하고, 사회적 상호작용, 인적 상호작용의 중요성, 신사교육을 중요시하여 모든 사물과 인간 간의 관계를 형성하여 사회 속에서 직접적인 경험을 할 수 있는 기회를 제공하여야 한다고 주장한다. 사회적 실학주의의 대표적인 인물은 몽테뉴(Montaigne, 1533~1592)이다.

감각적 실학주의는 자연과학의 지식과 과학적 지식을 중요시하는 감각을 활용하여 인지를 발달시키고 지식을 만들어간다고 주장한다. 감각주의는 언어보다 사물과의 접촉과 직접 보는 것, 유전적인 것이 아니라 지식은 감각으로부터 형성된다는 이론으로 실물교육, 경험, 감각, 관찰, 실험을 중요시하며 모든 지식은 보는 것 안에 내재해 있다는 것을 강조한다. 감각적으로 보는 것은 시각을 통해서 다른 감각과 통합하는 능력을 가진다. 감각적 실학주의 대표적인 사상가로는 멀캐스터(Mulcaster, 1530~1611), 독일의 라트케(Ratke, 1571~1635), 코메니우스(Comenius, 1592~1670)이다. 감각적 실학주의에서 유아교육에 가장 많은 연구와 영향력을 미친 학자는 코메니우스이다.

1. 몽테뉴의 아동교육론

1) 몽테뉴의 생애

몽테뉴는 1533년 프랑스의 보르도 지방에서 한 평범한 시민의 가정에서 태어났다. 아버지는 젊은 시절 이탈리아에서 생활하였기 때문에 몽테뉴는 이탈리아 문화와 분위기의 가정에 몽테뉴도 영향을 받았다.

몽테뉴는 13세까지 보르도에서 공부하였고, 다시 철학을 공부하기 위해서 보르도를 떠나 툴루즈(Toulouse) 대학에서 법학을 전공하였다. 1557년 보르도 시의원 법률고문으로 일을 시작하였으며 1570년까지 법률고문의 직업에 종사하였다. 법학을 수학한 몽테뉴는 정치가, 철학자, 법률가로 활약하면서 1570년 그는 처음으로 『수상록』을 저술하였는데, 이 책은 인간의 본성과 삶에 대한 자서전으로서 총 3권으로 구성되었다. 그중 세 번째 저서는 아동교육론과 아동에 대한 부친의 사랑을 담고 있다. 이것이 바로 아동교육에 관한 사상이라고 주장한 몽테뉴는 사회적 실학주의의 대표적인 인물이다.

2) 몽테뉴의 아동교육사상

몽테뉴는 르네상스 시대의 언어주의와 형식주의를 배타하고 어린이들이 직접 사물을 직관하여 얻는 실증적 지식을 강조하면서 다음과 같은 교육사상을 중요시하였다.

- 지식은 "단순하게 책을 통해서 획득되는 것이 아니라 자율적인 방법에 의해서 획득되어야 한다는 현대의 자기 주도적 학습논리와 같은 이론을 중요시하였다. 단순하게 책을 통해서 얻어지는 지식은 얼마나 애처로운 지식인가! 그것은 지식의 근원이라기보다 하나의 장식품에 불과하다."라고 말한다(김연희, 2002).
몽테뉴는 교사와 교과서를 통해서 습득한 지식보다 어린이가 사물을 직접 관찰하여 스스로 사유할 수 있는 능력을 발달시키고, 자연과 더불어 자연의 신비를 찬미하고 경외심으로 얻어지는 지식이 더욱 가치 있고 중요하다.

- 지식의 양이 중요한 것이 아니라 정확한 지식을 터득하는 것이 중요하다.
많은 것을 알고 있는 사람보다는 알고 있는 것을 행동으로 옮겨 실제 행위와 일치할 수 있는 사람이 참지식인이다. 누가 많이 알고 있느냐가 아니라 누가 더 알고 있는 것을 실천으로 옮기느냐가 중요하다.
- 교육의 본질은 지식이 아니라 지혜와 삶 자체이다. 개인이 획득한 지식이 삶의 과정에서 지혜롭고 유용하게 실천적으로 활용이 가능할 때 가치 있는 것이다. 그는 어린이들에게 단지 지식을 위한 지식이 아니라 삶과 직접적인 관계를 가지고 지혜로운 삶을 살아가고 삶 자체에 영향을 주는 지식을 원했다.

- 전통적인 언어 중심교육보다는 사물을 관찰하고 경험하는 실제교육을 강조하였다. 사물을 직관한 다음 언어로 표현한다(김연희, p. 31).
어린이들의 교수방법으로 단지 언어만을 사용할 때 교육효과를 더 많이 획득되는 것이 아니라 직관한 사물을 언어로 다양하게 표현하고 이해함으로써 정확한 사고력이 발달한다. 즉, 감각기관을 통해서 얻어지는 지식을 토론하여 자기 지식으로 만들어 가는 과정의 중요성을 강조한다.

2. 몽테뉴의 아동교육 목적

몽테뉴는 『아동교육에 관해서』라는 저서에서 완전한 인간이 갖추어야 할 이상적인 인간상을 실현하는 데 필요한 요소로 덕과 지혜 그리고 양심과 판단력이라는 인간이 지녀야 할 4가지 요소를 제시하였다.

- 아동 교육의 궁극적인 목적은 덕(德)을 기르는 것이다.

덕은 편안함과 유용함을 통해서 그리고 덕을 실천함으로써 느끼는 기쁨의 의미를 가진다. 덕은 온유함을 가르친다. 덕은 삶 자체를 사랑하고, 아름다움과 영광 그리고 영·육으로 건강하게 성장하여 다른 사람을 사랑하는 힘을 양육하는 것이다.

덕은 풍유하고, 힘 있고, 현명하고, 향기로운 곳으로 사람을 인도하고, 생(生), 미(美), 영예(榮譽), 건강(健康)을 중요시하고, 이러한 정신적인 요소들을 어떻게 현명하게 활용하고, 초탈할 것인가를 알아야 할 의무감을 가짐으로써 교육의 목적이 된다.

- 아동교육의 다른 목적은 지혜를 터득하도록 만드는 것이다.

그는 "인간은 학습으로 습득한 지식으로 인해서 더욱 현명해지고 발전하는 것이다."라고 말한다. 즉, 대상을 보고 직접 질문하는 감각교육론, 사물을 활용하여 새롭게 조직·구성하고, 창조하는 지혜를 터득하도록 돕는 것이다. 어린이들 지혜를 터득하도록 하는 사물과의 접촉을 경험하도록 돕는 것이다. 지혜란 인간이 이성을 근거로 올바르게 판단하고 올바른 삶을 살아갈 수 있는 능력을 갖도록 훈련하는 것이다.

- 아동교육의 목적으로 양심을 논한다.

몽테뉴에게 양심은 인간이 이성에 근거하여 바르게 판단하여 살아가는 능력이고, 삶을 살아가는 과정에서 올바르게 살아가도록 지도하고, 안내하고 올바른 판단력을 가지도록 돕는 것이다.

- 아동교육의 목적으로 판단력을 올바르고 정확하게 길러주는 것이다.

  많은 것을 암기하고 학습하는 것이 중요한 것이 아니라 배운 것을 자신의 것으로 만들어 그 지식을 근거로 올바른 판단력을 기르는 것이 중요하다. 그는 지식으로 가득 찬 머리보다 훌륭하게 양육되고 도야된 지혜로운 머리를 원했다. 또한 아동들의 판단력을 기르기 위해서 여행, 대화, 소통을 통한 사람들과 대화와 관계를 중요시하였다.

  몽테뉴는 교사가 학생들에게 다각적으로 판단할 수 있는 능력을 가르쳐주는 것이 중요하다고 하였다. 인간을 가르치는 것만으로 만족하지 않고 인간화로 도야하는 데 목적을 두었다. 교육목적은 자신의 행위에 책임감을 가지고 서로 협력적이고 생활을 즐겁게 하는 온정적 인간으로 양육하는 것이다. 교육은 전문가를 만드는 것이 아니라 인간을 인간: 만드는 기술이라고 말하였다.

몽테뉴가 말하는 교육은 인간이 살아가는 데 실제적으로 도움을 줄 수 있는 실용성과 사실적인 것을 가르쳐 시대가 요구하는 신사를 육성하여야 한다는 것이다. 그는 가정에서 부모들이 자녀들에게 도덕적 행위와 실천적 행위를 가르칠 것을 권고했다.

3. 몽테뉴의 아동교육내용

몽테뉴는 교육사상에 근거하여 교육목적이 삶의 방식과 일치되어야 하는 것과 마찬가지로 교육내용도 일상적인 삶과 직접 연결되어야 한다고 하였다.

- 몽테뉴가 교육내용으로 가장 중요시한 것은 어린이들이 실제로 살아가는 삶과 관련성이 있다. 삶과 관련된 모든 것에 교육내용이 포함되어야 한다. 삶에 유용성을 부여할 수 있는 실용적인 가치의 내용이어야 한다. 어린이들의 운동, 음악, 유희, 놀이를 중요시하였으며, 남자는 말 타기와 사냥 그리고 무기 사용법을 훈련하였다.

- 어린이들의 사회적 관계와 상호교류를 위해서는 여행을 중요시하였다. 유아기부터 세상에 대한 지식을 넓히기 위해서 자연현상의 경이로움을 볼 수 있는 여행이 필수조건이었다. 사물의 참모습을 올바르게 평가하고, 자연의 장엄함을 느끼고, 서로 다른 전통, 문화의 차이점을 정확하게 알기 위해서 직접 경험하고, 보고, 느끼는 교육으로서 여행을 중요시한 것이다. 여행을 통해서 다른 나라의 언어와 문화를 학습하고, 다른 사람들의 가치관과 삶의 형태를 실제적으로 경험함으로써 자기중심적 사고에서 탈피하여 세계관을 확장하여 우주와 생명체에 대한 개념을 가지는 것이다.

- 세계인들의 민속학적인 풍속과 역사를 중요시하였다(김연희:43). 어린이들은 역사를 통해서 역사적인 인물들에 대한 자서전과 이야기들을 듣고 세계인들의 지식을 통해서 서로 다른 지식을 인식하고 공유하는 것이다. 어린이들은 역사를 통해서 위대한 영혼들의 사상을 접하고 인간 본성의 가치를 비춰 주는 것을 바로 역사로 보았기 때문에 역사적 의식의 중요성을 강조하였다. 몽테뉴는 어린이들이 현명하게 성장하는 데 필요한 것을 우선적으로 교육한 다음 물리학, 기하학, 수사학을 가르쳐야 한다고 말한다. 교육내용에는 어린이들에게 사회적 상호작용, 체육, 음악, 관찰, 경험의 재구성을 도야하는 것이 포함되어야 한다.

4. 몽테뉴의 유아교육방법

몽테뉴의 유아교육방법을 근대적인 측면에서 조명한다면 자유주의 교육사상에 근거한 교육방법이라 할 수 있다.

- 몽테뉴는 체벌교육과 지나친 훈련교육방법을 엄격하게 비판하고 어린이들의 영혼이 조화롭게 발달할 수 있는 온화한 분위기를 주장하였다. 체벌과 지나친 훈련은 어린이들의 인격형성에 장애요인이 되고 불안정한 정서를 유발한다는 것이다. 폭력은 또 다른 폭력을 잉태하기 때문에 체벌교육을 금지하고 인본주의 사상에 근거한 교육을 실시하였다(Leonarduzzi, 1977).

- 몽테뉴는 어린이 스스로 학습할 수 있는 자율적인 방법을 채택하였다.
  교사가 어린이를 가르치는 데 있어 어린이가 자발적으로 판단하고, 탐구하고, 자기 능력을 스스로 발전시키고, 자기주도적으로 학습에 참여할 수 있는 능력을 가르칠 때 스스로 자율적이고 독립적인 학습방법에 익숙해질 수 있다.

- 어린이들의 탐구학습 방법이다(김연희, 2002).
  어린이들이 스스로 세계를 발견하고, 자아를 깨닫고, 자기를 투영하여 스스로 볼 수 있는 거울과 같은 방법이다. 어린이들에게 탐구할 수 있도록 관심을 자극할 수 있어야 한다. 즉, 세상을 스스로 관찰하고, 여행하면서 보고 느끼고, 살아가는 자율적인 방법이다.

- 자신의 삶을 통해서 스스로 터득하는 방법이다.
  인간은 자기의 삶을 통해서 스스로 터득하는 방법이 가장 가치 있는 방법이다. 삶이 곧 배움의 방법이다. 결국 몽테뉴의 유아교육방법은 현대의 자기주도적 학습방법과 자율성, 독립성을 인정하는 방법과 유사한 점이 많다.

- 어린이들에게 암기식 교육이 아니라 이해와 탐색하는 방법을 가르치도록 하였다.
- 어린이들에게 실용적인 것을 강조하기 위해서 자유와 자유선택을 강조하고, 실제 경험할 수 있는 기회와 환경을 제공하는 것, 실생활 중심, 작업 중심 교육방법을 주장하였다.

제5장

르네상스 문화 운동과 유아교육사상

제5장 르네상스 문화 운동과 유아교육사상

I 르네상스 정신 – 문화 운동과 유아교육사상

1. 르네상스의 정신-문화 운동

중세는 유럽 전체를 강타한 흑사병과 십자군 전쟁의 영향이 무섭게 휘몰아쳤다. 인간성이 도덕적으로 더 이상 타락할 수 없을 정도로 땅에 떨어질 즈음 타락한 기독교 정신에 대항하는 인간성 회복이라는 주제를 가지고 정신개혁 문화 운동이 이탈리아 피렌체에서 일어나기 시작하였다. 피렌체는 전 세계에서 정신개혁 운동가들이 모여들기에 지리학적으로 가장 편리한 도시였고 문예부흥을 일으킬 수 있는 세계적으로 알려진 예술가, 문학가, 인문학자들이 모여 살았던 아름다운 귀족 도시인 동시에 창조예술의 도시였다.

지리학적으로 유럽에서, 북유럽에서, 동아시아 지역에서, 아프리카에서 지상과 해상으로 출입국이 자유로운 도시였고, 인간문화를 총체적으로 발달시킨 도시였다. 인문학, 예술학, 과학 발달이 최고조를 이루었고 모든 학문이 공존하는 도시였다. 신 중심 교육사상에서 인간중심 교육사상으로 자리매김하여 자아, 현 존재, 과거, 미래보다 현재, 지금을 중요시하는 인간성, 도덕성 회복에 대한 정신 운동, 새로운 세계에 관한 관심을 확장하는 것이 바로 르네상스의 본질이었다.

15세기는 문학, 미학, 예술학, 고전문학이 중심이었다면 16세기는 인간 학문의 꽃을 피우는 인문학, 윤리학, 신학을 중심으로 교육, 정신개혁을 시도한 운동이라고 할 수 있다. 르네상스 운동의 특징은 실증적 학문, 과학적 학문의 발달로서 인간을 이성적 존재로 보았던 점으로, 보는 것 안에서 지식을 탐색하려고 했던 관찰, 비교학문, 비판적 관점 등을 중요시했다. 학문은 과학적이고 실증적인 측면에서 연구하는 과학적 교육방법을 도입하였다.

학문연구 역시 인간의 현 존재, 현실성, 현실화에 주목하면서 인본주의 사상가였던 에라스뮈스를 중심으로 확산되었다. 문학에서는 이미 세계적인 명성을 알리고 피렌체에서 활동하였던 단테가 『신곡』을 저술해서 유럽·라틴 중세의 문학, 철학, 신학, 수사학 등의 전통을 총괄하였던 페트라르카, 보카치오와 함께 르네상스 문학의 지평선을 열어갔다. 『신곡』 중에서 단테의 인도자가 된 베르길리우스로 대표되었고, 여러 라틴 작가를 규범적으로 묘사하고 있을 뿐만 아니라 카발칸티(Guido Cavalcanti)와 구이니첼리(Guido Guinizelli)의 영향으로 사랑의 시적 개념으로 전환시켜 새로운 삶(Nuova Vita)을 저술하였다.

예술 분야에서 그 당시 명성을 날리고 있었던 라파엘로, 레오나르도 다빈치, 미켈란젤로 등과 함께 르네상스의 꽃을 활짝 피우게 되었다. 르네상스 운동은 철학과 신학을 분리시키고 과학과 인문과학을 발전시키는 데 기여하였다. 르네상스 운동은 근대 자유교육의 모체가 되었다고 할 수 있을 만큼 인간의 본능적 능력을 최대한 발달시키고 인간존엄성의 기원을 자유개념에 두었다. 르네상스 운동을 계기로 그 이전에 강행되었던 체벌주의와 같은 비민주적인 교육방법은 막을 내리게 되었다.

르네상스 운동가들의 3가지 특징은 자유로운 사상들이었고, 고전문헌을 연구하여 근대사상과 연결시켰고, 학문을 열린 세상으로 개방하였다. 아동교육 측면에서 어린이와 아동들의 존엄성을 인정하는 계기를 마련한 정신교육 운동이라고 할 수 있다. 르네상스 시기의 중요한 예술가들을 살펴보면 다음과 같다.

주요인물	르네상스 운동가들의 중요한 업적
단테 (Alighieri Dante)	이탈리아의 가장 위대한 시인, 서(西)유럽 문학의 거장. 가장 유명한 『신곡』*(La divina commedia)*으로 제목이 바뀐 서사시임. 『희극』*(La commedia)*으로 세상에 알려짐. 르네상스의 대부, 이탈리아 민중문학의 대표, 이탈리아어로 『신곡』을 저술.
페트라르카 (Francesco Petrarca)	이탈리아의 학자이자 시인이고, 인문주의학자로서 이상적인 연인 라우라에게 헌정하는 시들을 써서 르네상스 시대의 서정시를 개화하는 데 기여함. 학자로서 탐구심이 강했고 고전작가들에 대한 연구를 소홀히 하지 않았음. 키케로의 사상을 전수한 학자, 근대 예술가, 라틴 문헌에 정통한 학자, 자연과 사랑의 예찬론가였음.
보카치오 (Giovanni Boccaccio)	조반니 보카치오(Giovanni Boccaccio)의 『데카메론』*(Decameron)*에서는 사랑의 신인 에로스만이 세계를 통치한다고 믿었음. 남자와 여자는 사랑하기 위해 창조되었고 사랑은 감각적, 육체적인 경험을 통해서만 완전할 수 있고 사랑의 욕망은 신분과 도덕 법칙을 초월한다고 주장함. 피렌체 대학에 그리스어 강좌 개설, 그리스어, 문학연구에 정통함. 『데카메론』의 저자임.
피코 델라 미란돌라(Giovanni Pico della Mirandola)	1486년 "인간의 존엄성에 대한 연설"*(De hominis dignitate oratio)*은 르네상스시대의 대표적 인문학 저서임. 그리스 철학을 근거로 혼합주의적 방법으로 서술한 것으로 알려짐. 볼로냐에서 교회법을, 파도바에서 아리스토텔레스 철학을 공부했고, 파리 · 피렌체에서 히브리어 · 아람어 · 아랍어를 배웠고, 피렌체에서 르네상스 시대의 뛰어난 플라톤주의 철학자 마르실리오 피치노와 만남. 교황청 위원회는 논제 중 13개를 이단 행위로 탄핵했으며 교황 인노켄티우스 8세는 엄벌을 내림. 인간의 잠재능력, 인간의 의지력을 강조함.
로렌초 발라 (Lorenzo Valla)	그 당시 이스도르 주교의 〈교황칙명집〉이 위작임을 발표함. 문학비판론자였음.
마키아벨리 (Niccolo Machiavelli)	『군주론』에서 언급한 명언은 "군주는 민중으로부터 사랑받지 않아도 좋지만 원망받지 말아야 한다."는 글귀의 의미는 시민들이 생명과 재산에 대한 위협받지 않고 안심하고 살 수만 있다면 얼마든지 가능하다는 의미임. 『군주론』의 저자이며, 정치, 종교, 윤리학으로부터 분리된 과학적 정치학을 주장함. 고전어를 부활시킴.

주요인물	르네상스 운동가들의 중요한 업적
레오나르도 다빈치 (Leonardo da Vinchi)	레오나르도 다빈치는 15세부터 안드레아 델 베로키오가의 도제가 되어 회화와 조각 분야에서 훈련을 받고 스승의 공방에 더 머물면서 기량을 키움. 밀라노 대공의 후원으로 17년간 밀라노에 머무르면서 최후의 만찬인 대작을 그렸음. 또한 회화 · 건축 · 기계학 · 해부학에 몰입하여 상상을 초월하는 회화학을 집필하기 위한 기초 자료 수집에 몰입함. 후기는 그림보다 과학연구에 몰입하여 인체 해부학과 신체기관, 새의 비행, 물의 성질의 연구에 몰입함. 말년에는 프랑스 왕 프랑수아 1세에 의해 '왕의 수석 화가 · 건축가 · 기술자'라는 자랑스러운 칭호를 부여받음. 르네상스의 대표적인 예술가이며 대표작으로는 〈모나리자〉, 〈최후의 만찬〉이 있음.
미켈란젤로 (Michelangelo)	이탈리아의 화가, 조각가, 건축가, 시인. 1504년 다비드 상 조각에 성공함으로써 거대한 거작들의 주문을 받았음. 이탈리아의 천재 예술가, 과학자임. 〈천지창조〉, 〈최후의 심판〉, 〈다비드 상〉, 〈피에타〉가 대표작임.
라파엘로 (Raffaello Sanzio)	〈아테네 학당〉, 〈마돈나 상〉이 대표작임.

2. 근대 유아교육사상

르네상스 운동이 일어나 유럽에서는 다시 인문주의 운동으로 그리스 철학과 로마의 고전 연구가 부활하였고 그에 따른 자유교양과목이 다시 고개를 들기 시작하면서 자연스럽게 인문주의가 발달하기 시작하여 그 부류인 자연주의, 언어주의, 개인주의, 귀족주의가 발달하였다. 인문주의는 문예부흥을 통해서 인간 삶의 질과 그에 필요한 교양을 도야하는 운동이었다. 인문주의 사상가들은 특히 자녀를 위한 가정교육을 중요시하였기 때문에 많은 사상가가 가정교육에 관한 문헌들을 남겼다.

인문주의 학자들	가정교육내용을 담은 저서들
조반이 도미니치	가정규칙(1404) : 정신, 육체에 대해서, 재산과 아동교육에 관해서 : 신, 부모, 자신, 조국을 위해서, 실제생활의 고통을 위해서 교육할 것을 강조함.
페트루스 파울루스 베르게리우스	청소년들의 도덕교육과 자유과목에 대해서 교육했음(1404).
레오나르도 브루니	학예론에 대해서(1405)
프란체스코 바르바로	부인의 의무에 관해서(1428) : 자녀를 위한 부모들의 역할과 의무에 관한 교육
레오 바티스타 알레르니	가정론(1433) : 부모교육의 책임감, 결혼관, 가정경제, 교재론을 구성하여 자녀를 교육했음.
에너스 실비우스	아동교육론(1450)
구아리노	교수 및 학습방법론(1459)
마페오 베지오	아동교육론(1460), 교황청의 참사의원으로 재직, 기독교 교육, 문화, 역사에 관심을 가졌음.
프란체스코 파트리치	공화국 교육론(1494)
자코포 포르지아	귀족신사의 아동교육론(1470)

3. 에라스뮈스의 생애

인문주의 대왕으로 칭송하는 에라스뮈스는(Erasmus, 1467~1536)는 특히 아동교육과 공교육 측면에서 학교교육과 교수방법에 대해서 연구한 학자다. 에라스뮈스는 성직자인 아버지와 의사의 딸인 어머니 사이에서 1466년 네덜란드의 로테르담(Roterdam)에서 태어났다. 그는 고우다(Gouda)와 울트레이트(Ultrecht)에서 초등학교를 다녔다. 10세에서 15세까지는 데벤테르(Deventer)의 성 레보인 학교(St. Lebuinun Schule)를 다녔다.

그는 18세에 아우구스티누스 종파의 수도원에서 수련을 마친 후 1492년 사제서품을 받았다. 수련하는 동안 라틴어에 능숙하고 고전에 박식한 학생으로 인정받았다. 그는 1495년 다시 파리로 건너가서 신학을 연구하였고, 1499년 영국 귀족의 초청을 받았다. 그곳에서 존 코렛(Johm Colet)과, 토마스 모루스(Thomas Morus)와 같은 그 시대의 유명한 인문주의자들과 만남으로써 기독교적인 인문주의 사상에 주춧돌을 마련하는 기회를 가지게 되었다. 1500년에서 1521년 사이에 영국과 조국 그리고 이탈리아를 학문적인 연구를 위해서 돌아다니다가 이탈리아의 튜린(Turin)에서 1506년에 신학박사학위를 받았다.

아동교육을 위해서 연구하고 집필한 것은 1529년에 『어린이들의 교양에 관해서』(*Declamatio de pueris statim ac liberaliter insttiuendis*), 1530년에 『아동의 교재교육에 관해서』(*De civilitate morum puerilium*), 『담화문』(*Colloguia*) 등이 주 저서로 알려졌다. 근대 최초의 평화학 또는 평화론의 기초가 되는 『평화의 호소』(1517), 남녀 양성의 사랑과 합의에 의한 세속의 결혼생활에 적극적 가치를 인정한 그리스도교적 결혼교육』(1526), 어린이의 자발성과 개성을 존중한 『어린이의 교육에 대해서』(1529), 『보다 실제적인 어린이의 예의작법에 대해서』(1530) 등은 동시대와 유아, 아동교육에 많은 영향을 미쳤다.

4. 에라스뮈스의 아동관

에라스뮈스는 "인간은 어떻게 도야해야 하는가? 인간을 어떻게 이해해야 하는가?"라는 두 가지에 관심을 가졌다. 그는 인간 도야의 교육을 다음과 같이 말했다.

- 인간의 본성과 동물의 본성은 다르기 때문에 유아기부터 교육을 필요로 한다. 무능력하게 태어난 인간은 교육자의 안내와 지도 그리고 교육이 필요하다. 인간 도야에 있어서 에라스뮈스는 인간이 도야해야 하는 이유는 동물과 인간의 차이점에서 자연 자체가 동물의 생존에 필요한 모든 것을

포함하고 있기 때문에 동물을 본능적으로 타고난 육체적·정신적 유산으로 교육 없이도 충분히 살아갈 수 있는 능력을 가지고 있지만 반대로 인간은 생존과 인지발달을 위해서 교육을 필요로 한다. 인간은 본능적으로 미완성된 것을 보완하기 위해 인지를 발달시켜 인간다운 삶을 살아가기 위한 교육이 필요한 것이다.

- 인간 도야의 의무는 우선적으로 부모에게 양도되는 것이다. 인간 삶은 배움의 과정과 도야의 과정에서 지식이 인간을 인간다움으로 도야하는 데 우선적인 의무를 부모들에게 양도하여 자식의 기본적인 생활습관이 가정에서 이루어져야 하고, 자식의 지적 능력을 개발해 주고, 자녀를 탁월한 지식인으로 양육해 줄 것을 권고했다.
- 어린이들의 인격형성은 만들어가는 것, 이루어가는 것, 조형(造形) 가능한 자로서 도야를 이끌어 갈 수 있는 사람을 필요로 한다. 즉, 어린이들이 올바른 인성을 형성하기 위해서는 정신적인 조형자가 필요하다.

- 도야는 모든 사람에게 부여된다는 범교육론이다. 도야는 특정인에게 기회를 제공하는 것이 아니라 모든 사람에게 개방되어야 하고 우선적으로 부모의 책임이지만 교사와 사회 전체의 과제라는 신념은 교육은 일반화되어야 하고 공교육화되어야 한다는 것을 의미한다.

- 아동을 위한 조기교육을 중요시하였다. 영아기는 인간화, 특징화하는 감수성을 지닌 시기이다. 유아기의 특성으로 연약하고 세밀함, 밀랍이 굳지 않았을 때 형태를 만들고, 점토가 아직 마르지 않았을 때 모양을 자유롭게 조작할 수 있듯이 어린이 교육도 발달 초기에 이루어져야 한다고 강조했다.

- 도야는 특수계층과 해박한 지식 전달을 위한 교육이 아니라 인간이 생활하는 데 적극적으로 도움을 줄 수 있는 일상적인 삶을 지혜롭게 살아가도록 도야하는 것이다. 어린이들의 조기교육은 그들의 일상생활과 직접 연결

되어 사회화 과정에서 필요한 사회적 규범을 훈련하는 시기로서 중요성을 가진다.

사람들과 만날 때 갖추어야 할 예의범절, 놀이할 때 규칙과 질서의 개념, 교회나 가정에서 가져야 할 모범적인 태도, 때와 장소에 따라서 갖추어야 할 태도를 도야하는 것이다.

5. 에라스뮈스의 유아교육사상

에라스뮈스의 교육사상을 연구하기 위해서 그의 사상 전반에 걸쳐 있는 인문주의 사상에 근거하여 모든 교육사상으로 인문주의 측면에서 단순하게 인간의 존엄성에 근거하는 태도가 아니라 인간이 일생 동안 성취하여야 할 인간성을 통해 개선해야 할 자기에게 부여된 과제를 완성하는 것이다. 에라스뮈스의 성서에 대한 자유로운 이해와 해설이 허용되어야 하고, 그리스 철학과 성서를 아우르는 교육적 태도를 보였다. 에라스뮈스의 유아교육사상을 살펴보면 다음과 같다.

- 인간의 성향은 성악설에 근거한다. 인간은 악한 성향을 가지고 태어났기 때문에 명예욕, 탐욕, 분노, 시기, 탐닉, 쾌락의 요소를 가지고 있는데 이러한 요소를 도야하지 않으면 야만스럽고 무지한 인간이 될 뿐만 아니라 동물과 흡사하기 때문에 도야(bildung)의 필요성을 강조한다. 에라스뮈스의 인문주의 사상은 도야와 경건(frörmmigkeit)을 포함한다. 다시 말해서 악한 성향을 도야하지 않으면 오히려 동물과 같은 존재가 될 수 있으므로 교육을 통해서 도야하여야 한다.
- 인간은 회의적인 성향을 가지고 있다. 인간본능인 가능성에는 지식과 덕의 씨앗이 있는데 이것은 우연히 또는 자연적으로 이루어지고 개발되는 것

이 아니라 도야와 교육을 통해서 이루어진다고 하였다.
에라스뮈스는 도야의 방법으로 평화의 애도에서 "철학은 인간을 초인으로 만들고 신학은 인간을 성자로 만든다."라는 유명한 금언을 남겼다. 즉, 도야는 고전적인 훌륭한 문학작품과 언어교육을 통해서 이루어져야 한다는 것이다.

에라스뮈스는 언어교육이 중요한 이유를 인간이 사유하는 것을 무엇으로든 표현하여야 하기 때문에 사유를 언어기능으로 보았다. 즉, 올바르게 교육받지 못한 사람은 올바른 사유를 할 수 없기 때문에 올바르게 생각하는 것은 적절하게 언어로 표현할 수 없다는 것이다. 사유가 언어에 선행하는 것이 아니라 사유한 것을 언어로 표현하는 것이다. 에라스뮈스는 인간을 인간답게 만드는 것은 도야뿐만이 아니라 인간 상호 간의 호의적인 결실 즉, "인간의 모든 사유가 행위적인 차원과 관계를 맺음으로써 완성된다."고 하였다.

6. 자질, 수업, 연습으로서 인간교육

에라스뮈스는 아동교육의 필요성으로 자연적인 자질(Naturanlage), 수업(Lehre), 훈련(Übung)을 고려해야 한다고 말하면서 교육의 3가지 의미를 강조하였다.

- 자연적인 자질로서 어린이들이 가지고 있는 본능은 사유적 본능, 언어능력, 각 개인의 소질과 성향으로 선천성을 의미한다.
  교육자들은 어린이들의 이러한 개별적인 특성을 고려하고 관찰하여 개인의 발달에 적절한 교육방법을 선택하고 유아기의 조기교육을 강조한다. 어린이들의 특성과 본성을 깊이 있고 정확하게 본능적 요소를 밖으로 드러내어 인도하는 본능적인 자질을 개발하는 교수방법이다.

- 교육자들은 본능적인 자질의 차이점을 인정하고 수용하면서 각자 개인에게 개별적인 교육방법을 적용하는 교수방법이다.
  개인은 선천적으로 타고난 특징적 자질이 있는데, 이것을 개발하는 것이 교육자의 의무이다. 인간은 모두 동일한 자질과 동일한 능력을 본능적으로 가지고 있는 것이 아니라 각자 타고난 재능, 환경, 유전적 요인을 최대한으로 개발하여 스스로 독립적인 삶을 살아가도록 협력하고 안내해 주어야 한다. 교사는 어린이들의 내면에 잠재해 있는 재능을 발견하여 개발하고 밖으로 드러내는 교육, 즉 개별화 교육을 중요시하여야 한다.

- 자질, 성향, 수업 방법이 아무리 특별하다 할지라도 지속적인 훈련 없이는 학습효과를 얻을 수 없다. 어린이들은 반복적인 훈련을 통해서 무엇이든 자기 것으로 만드는 학습과정을 진행한다. 자질과 수업 그리고 훈련은 상호연관성이 있다. 즉, 수업은 어린이들의 본성을 개발하도록 자연스럽게 방향을 잡아주고, 훈련은 알아가는 과정에서 확실한 자기 지식, 자기 앎이 되도록 훈련시키는 과정이다. 어린이들을 위한 수업은 반복적 학습과 훈련에 의해서 완성되어간다.
  결과적으로 에라스뮈스에 의하면 인간의 본능은 아직 정화된 것이 아니기 때문에 교육을 요구하고, 수업은 교육 기간과 과정 동안 방법을 배워 방향을 잡아주는 것이며, 반복은 확실하게 알기 위해서 감각작용을 훈련하고 실행하는 것이다. 개인의 성향을 개발하고, 개별화 교수방법을 적용하여야 하고, 훈련을 통해서 인간이 진화하도록 돕는 것이다.

7. 아동의 존엄성으로서 인간교육

에라스뮈스는『어린이들의 교양 교육에 관해서』라는 자기 저서에서 인간의 존중성에 관한 이론과 사상을 강조하였다. 인간존중사상은 아동의 존엄성을 인정하는 것이지만 결국은 인간사랑에서 출발한다.

- 어린이들이 교사의 사랑을 스스로 알아가는 학문의 첫 걸음을 시작한다. 어린이들은 교사의 사랑을 통해서 자기들이 배우는 학문을 사랑하게 되고 또한 교사를 통해서 학습에 대한 매력과 올바른 인간관계의 방법을 터득하는 것이다.

- 어린이들은 교사를 통해서 상호협력방법과 존경심을 배우고 교사의 관대함을 통해서 너그러운 마음으로 성숙하게 된다. 어린이들은 이러한 두 가지 요소로부터 사회적 관계와 협력방법에 대처할 수 있고 돕는 생활과 능력을 가질 뿐만 아니라 자율적인 행동과 책임성을 훈련하게 된다.

- 에라스뮈스는 아동을 존중하는 의미에서 체벌 교육을 엄격하게 금지하였다. 그는 어린이들이 체벌에 익숙해진다는 것은 마치 교육을 포기하는 행위와 같은 것으로 보았다. 어린이들은 길들여져야 하는 동물이 아니기 때문에 교사의 관찰과 사랑을 필요로 하고 마음으로 훈육하여야 한다.

- 인간의 존엄성을 방해하는 것은 교육의 본질을 벗어나는 것이다. 모든 인간교육은 인간의 존엄성에서 출발하여야 하고 지식전달보다는 어린이 스스로 자율적으로 학습을 이끌어가는 자기주도적 학습 원리에 근거하여 교사와 어린이 사이에 사랑과 존경심에 근거한 인간관계 형성을 강조하였다.

에라스뮈스의 인간존중사상에 근거한 교육관은 어린이들의 개인적인 특성을 고려하면서 그들을 진심으로 사랑하고 존중하는 것이다. 에라스뮈스는 『아동교재교육』(*De civilitate rerum puerilium*)을 출판한 다음 1530년에서 1546년 사이에 현대어로 모두 번역될 만큼 그 시대의 아동교육교과서와 같은 지침서 내지 교육 안내서로 인정받게 되었다. 『아동교재교육』(*De civilitate rerum puerilium*) 저서는 아동의 기초교육을 위한 유명한 저서로서, 아동들의 식탁 예법, 사람과 사람을 만나서 관계를 맺을 때 대인관계, 놀이과정에서 규칙과 질서에 대한 의식, 교회에서 몸가짐, 침실의 자세에 대해서 자세히 설명하였다. 어린이들에게 일상생활에 필요한 기초교육을 중요시하는 이유는 모든 교육은 실제적인 삶에서 출발해야 된다는 그의 신념을 읽을 수 있다.

에라스뮈스의 교육목적은 4가지로 구분된다(이상욱, 1996).

- 아직 발아되지 않은 씨앗을 파종해 주는 것이다.
- 어린이들에게 실제 생활에 필요한 기본적인 생활습관에 관계되는 교양 과목을 만들어 수업을 실제 생활과 연결하여 훈련하는 것이다.
- 어린이가 학습하는 것이 책임과 의무감으로 느끼도록 의식화하는 것이다.
- 유아기부터 예의범절을 실천적으로 훈련하는 방법이다.

8. 에라스뮈스의 아동 자유교육론

에라스뮈스는 아동의 자유교육론에서 조기교육의 중요성, 필요성, 가능성에 대해서 언급하고 있다. 유아교육의 목적은 어린이들을 도덕적인 인간으로 양육하는 것, 훌륭한 습관 들이기, 3'R 익히기, 일상생활에서 언어를 올바르게 사용하는 방법을 가르쳤다. 그의 아동 자유교육론의 특성은 신생아를 탄생 직후부터 자유인으로 성장할 수 있도록 자유교육 방법으로 덕과 학문을 연구한 것이다. 그는 조기교육의 필요성과 가능성에 대해서 언급한다.

특히 체벌교육 폐지를 강조하였고, 교육기관을 운영할 것을 주장하고, 공교육의 중요성을 일반화하려고 노력하였다. 공교육을 실시하려면 어린이들을 인격적으로 가르치기 위해서 인격적인 교사가 필요하기 때문에 유능한 교사양성 과정을 설립하였다. 에라스뮈스의 아동을 위한 자유교육론 사상은 다음과 같다(팽영일, 2004).

- 유아기는 도덕교육, 훌륭한 습관 들이기, 올바른 언어 사용법을 가르치는 중요한 시기이다.
- 아동들에게 체벌교육을 금지하고 자유로운 교육방법을 실시해야 한다. 인간은 몸과 마음이 가장 자유로울 때 참된 자아를 발견하므로 자유교육만이 참교육이 될 수 있다. 체벌은 자유인의 교육에 장애요인이라고 지적하였다.
- 모든 어린이는 자기 개별성, 특성에 맞는 교육을 실시해야 한다.
- 아동을 위한 모든 교육은 그들의 발달단계에 맞도록 교육하고, 적절한 양과 적절한 시간으로 이루어져야 한다.
- 서두르지 않고 인내심을 가지고 어린이들의 발달단계를 기다려 주어야 하고, 그들의 흥미와 관심을 최대한 활용하고 이끌어 내야 한다.
- 놀이와 이야기를 통해서 학습을 즐거운 마음으로 실행하고 배움에 대한 열정을 가지도록 안내하여야 한다.
- 아동들의 자발성과 흥미를 존중하는 교육이어야 한다.
- 위협적인 태도와 명령적인 교육 방법보다 동기유발의 온정적 방법을 중요시하였다.
- 에라스뮈스는 적게 알고 많이 사랑하는 것이, 많이 알고 사랑하지 않는 것보다 더 가치 있다고 하였다.

에라스뮈스의 자유교육은 중세 이전의 기독교 중심의 신중심교육과 체벌교육에 반대하여 인간에게 자유가 얼마나 중요한가를 새롭게 인식시키려는 인간중심교육으로 전환하는 기회를 제공한 학자라 할 수 있다.

- 즐거운 학습방법, 유희 활동, 회화방법을 중요시하였다.
- 교육방법으로는 모든 학습을 단순화하여 본질적인 내용으로 제한하고, 정확하게 설명하고, 수업을 놀이 형태로 진행할 것을 요구하였다.
- 에라스뮈스의 교육목적은 어린이들에게 지식 세계, 정직한 태도, 자율적으로 판단할 수 있는 길로 안내하는 것이다. 그러므로 어린이들을 행복의 길로 안내하는 것은 오로지 교육을 통해서만 가능하다고 생각하였다.
- 에라스뮈스는 어린이들을 위해서 공교육의 중요성을 강조하였다.

Ⅱ 마르틴 루터의 유아교육 사상

르네상스 운동과 종교개혁의 공통점은 인간의 현실적인 삶을 중요시하였고, 르네상스 운동은 기독교의 권력에 대항하는 운동이었기 때문에 인문학적 교양을 중요시하였지만 종교개혁은 대중을 중심으로 하는 신앙운동이기 때문에 도덕성과 종교에 주목하여 사회적, 종교적 개혁으로 신앙적 해방을 요구하였다. 중세의 르네상스 운동과 종교개혁은 근대 교육사에 가장 큰 영향력을 미쳤다고 할 수 있다. 이 두 가지 운동을 비교해보면 다음과 같다.

르네상스 운동의 중심사상	종교개혁의 중심사상
인간을 새롭게 태어나게 만듦.	신앙해방운동
정신적 부패로 인한 새로운 인간형성요구	교권에 대항하여 가톨릭적 양심과 회복하는 운동
그리스, 로마의 고전 문예를 부활시켜 새로운 인간을 탄생시키려는 운동임.	현세 생활에 가치를 부여함.
개인, 자기중심적 상업주의에 주목하였음.	성서의 말씀을 존중할 것. 그리스도의 영성을 따를 것을 요구함
사회적, 심리적으로 계층 간의 갈등에 대한 운동이었음.	서민운동으로부터 시작됨 : 농업, 광업, 목축업, 임업 등과 같은 서민으로부터 시작됨.
도덕성 회복, 그리스도의 속박에서 해방	루터는 95항목을 교황청에 요구함.
르네상스는 재생, 부활의 의미로서 고대 그리스와 로마 문화의 부활을 통해 인간중심의 새로운 문화를 재창조하려는 움직임.	면죄부에 대한 반항운동, 인간 평등, 인간의 자유
고등교육 발달에 중점을 두었음.	일반 교육의 이념을 발달시킴.

1. 마르틴 루터의 생애

루터는 1483년 독일의 아이스레벤이라는 도시에서 광부였던 부친 한스(Hans)와 모친 마가레트(Margarete) 사이에서 태어났다. 그는 유년기를 주로 만스펠트(Mansfeld)에서 지내면서 초등학교 과정을 마쳤다. 그 후 그는 아이제나흐(Eisenach)와 에어푸르트(Erfurt)대학에서 교육을 받게 되었다. 그는 1505년 에어푸르트에 있는 성 아우구스투스 수도원에 입회하여 1507년 신부 서품을 받고 곧 신학을 공부하였다. 젊은 루터는 1510년부터 1511년까지 여러 번 로마를 여행하면서 정통 가톨릭 교회의 타락상을 목격하고 영적인 회의를 느끼기 시작하였다. 1508년부터 비텐베르그(Wittenberg) 대학에서 문학부 강사로 취직되었고 1512년 그 대학에서 신학 박사학위를 받았다.

루터는 1517년 비텐베르그의 교회 문에 95개에 달하는 면죄부에 대항하고 반박하는 문서를 붙여 놓고 정통 로마교회에 정면으로 도전한 결과로 종교재판에 회부되었고, 1520년 6월 15일 교황은 루터에게 교서를 준비하였지만 그는 받아들이지 않았다. 1521년 5월 8일 가톨릭교회로부터 추방당하였다. 그 당시에 반역과 같은 종교개혁을 한 다음 신약성서를 모두 독일어로 번역하여 배움을 원하는 모든 어린이가 쉽게 읽을 수 있고 배울 수 있는 공교육의 틀을 마련하였다.

루터는 종교개혁을 한 다음 종교와 교육에 관한 저술 활동을 활발하게 진행하였으며, 그의 대표적인 글은 학교문서(Schulschriften)로 알려졌다. 특히 어린이 교육을 위해서 1530년에 쓴 아동을 취학시킬 의무에 대한 설교, 결혼생활에 관한 설교에 관한 저서는 독일 시장 및 시의회 의원들에게 기독교 학교를 설립하고 유지해야 할 것을 호소하는 글이 되었다. 루터의 종교개혁은 종교의 진의를 올바르게 이해하고 올바르게 실천해야 한다는 의미에서 시작한 정신운동이다. 매트 폭스는 루터와 같은 종교개혁이 현대에도 필요하다고 주장하였다. 그는 루터처럼 95개 항목의 반박문을 내걸고 단순한 종교교육이 아니라 새로운 밀레니엄 시대를 위한 변혁이라고 말하였다(Matthew Fox 지음, 2006, 김영민, 문춘희 역, 2010). 폭스의 이론은 종교와 영성을 구분하면서 종교는 불필요하지만 영성은 필요하다고 강조한다.

2. 루터의 종교개혁이 아동교육에 미친 영향력

루터의 종교개혁은 유럽 전체의 교육에 큰 영향을 미쳤는데, 그 당시 귀족들에게만 교육 기회를 제공하였던 것을 모든 사람이 평등하게 교육을 받을 권리를 인정하고, 공교육화하여 교육개혁의 시작이 되었으며, 크게 5가지로 요약할 수 있다.

첫째, 교육의 범위를 특수계층에서 일반 계층으로 확산시켰다.

루터로서는 그 당시 교재가 모두 고전어로 쓰여 특수계층에만 일반화되어 있는 성서와 성가 책을 모두 현대어로 번역하여 어린이들이 쉽게 종교교육을 접할 수 있도록 기회를 제공하였다. 모든 어린이의 교육을 일반화할 수 있는 계기를 마련하였다.

둘째, 신앙의 자유를 인정하고, 어린이들이 즐거운 마음으로 교육을 받을 수 있도록 교육의 일반화에 기여하였다. 그동안 교육이 귀족중심, 상위층 중심으로 이루어졌기 때문에 모든 교육이 일반화되지 않았으나, 종교개혁 이후 어린이들이 직접 경험하고 실생활에 필요한 교육을 받을 수 있는 제도를 마련하였다. 어린이들과 아동들이 즐거운 마음으로 접근할 수 있는 교육방법을 제시하였다.

셋째, 교사는 남자의 전용물이었던 것을 여자에게도 기회를 주어 남녀 모두 교사가 될 수 있다는 사회적 인식을 변화시켰다. 종교개혁 이후에 여자들이 교사로서 사회에서 새로운 직업을 가지게 되었다. 독일 교육사에서 여자가 교직에 종사할 수 있었던 시간은 그리 오래된 역사가 아니다.

넷째, 초등교육기관에 직접 영향력을 주어 민중교육과 귀족교육의 공존시대를 열어갔다. 초등교육의 일반화로 모든 대중의 어린이들에게 교육받을 기회를 제공함으로써 초등교육에 기여하였다.

다섯 번째, 다양한 교육과정으로 구성하여 조화로운 인간생활을 실현시키고자 노력하였다. 교육과정에서 루터는 어린이들의 건강, 음악을 포함한 예술교육, 훌륭한 신앙교육을 다루었다.

여섯째, 루터의 종교개혁을 지지하는 측면에서 강조한 고타교육령은 고타의 영주 에른스트가 주장한 또 다른 교육개혁이라 할 수 있다. 고타교육령은 어린이들의 초등교육 의무화, 학급편성, 학교관리 교과과정 교수방법 등을 체계적으로 규정하고 운영하는 중앙집권적이며 전제적 성격을 띠고 있다. 1642년에 독일의 고타 공화국의 교육제도의 입법화하가 이루어졌다.

고타교육령은 어린이들의 초등교육을 의무화하면서 다음과 같은 내용을 규칙으로 내세웠다.

- 모든 어린이는 남녀 차별 없이 1년간 의무적으로 교육받을 것
- 현재의 유치원 과정 연령인 5세에 초등학교에 입학할 것
- 어린이들의 입학을 정규적으로 정할 것, 즉 매년 9월에 입학하여 신학기를 시작하는 기간으로 정한다.
- 어린이들의 입학을 부모의 책임으로 규정하였다.

일곱째, 루터의 종교개혁은 매사추세츠 교육령을 만드는 데 동기부여를 하였다.

매사추세츠에 이민 온 청교도들은 캘빈파의 이론을 수용하면서 교육을 통해 구원의 길로 갈 수 있다고 주장한다. 매사추세츠 교육령은 다음과 같은 내용을 포함하고 있다.

- 모든 어린이에게 공교육화를 의무화한다.
- 부모와 고용주 사이에 공교육화를 의무화하여야 한다.
- 지자체에 초등학교 설립을 의무화하고 교육 감독권을 부여하였다.
- 지자체의 세금으로 어린이들을 위한 초등교육을 의무화하였다.

루터는 종교개혁을 통해서 가장 먼저 귀족중심 교육을 민중대상으로 확산하여 모든 어린이가 교육받을 수 있는 기회를 제공하였고, 고전어를 현대어로 번역하여 쉽게 학습할 수 있게 하였고, 학습방법을 쉽게 만들었고 누구나 쓰기와 읽기에 쉽게 접할 수 있는 기회를 제공하는 데 기여하였다. 고타교육령과 매사추세츠교육령은 인문주의 사상가인 독일의 라트케와 코메니우스의 학문적 근거로 작성되었다.

3. 루터의 아동 교육사상

루터는 처음부터 교육에 관심을 가진 것이 아니라 신학자이며 목사로서 종교개혁 과정에서 교육의 중요성을 실감하였기 때문에 교육에 관한 글을 쓰기 시작했다. 그의 유아교육사상은 제도적 교육으로서 학교교육, 인간교육이 처음 시작하고 발아하는 가정교육 그리고 이 두 교육기관을 총괄할 수 있는 교회교육을 중요시하였다.

1) 어린이를 위한 공교육인 학교교육의 중요성

중세 교육은 귀족 중심과 수도원 중심으로 교육이 이루어졌지만 루터는 사회적인 개혁을 위해서 모든 어린이가 공교육의 혜택을 받을 수 있도록 학교교육이 제도적으로 제공되어야 한다고 주장하고, 학교교육의 필요성을 다음과 같이 역설하였다.

- 루터는 학교문서에서 모든 도시에 학교를 설립하고 그곳에서 기독교적 교육을 실시할 것을 주장하였다. 그 당시에 아직 교육이 일반화되지 않았고 특수계층에만 제한되어 있던 상황에서 공교육화의 선구자 역할을 하였다.

- 모든 어린이는 의무적으로 학교교육을 받을 권리가 있다고 주장하고, 이러한 설교문을 모든 교회와 의회에 전달하였다.

- 수도원 교육으로는 성공적인 교육을 수행할 수 없으므로 학교교육의 활성화를 주장하였고 교육의 중심을 교회에서 국가로 옮겨 모든 재정적인 운영이나 교육의 내실을 국가가 책임져야 한다.

- 루터 시대는 모든 교육이 수도원을 중심으로 성직자를 양성하는 기관이었지만, 모든 어린이가 후에 성직자가 되는 것이 아니므로 세상에서 일반적 지식인 평화와 정의 그리고 도덕적인 훈련이 학교교육에서 이루어져야 한다는 것이다. 이러한 측면에서 볼 때 루터는 공교육의 창시자라고 할 수 있다.

- 루터는 교육이란 국가와 사회가 반영하는 것으로 간주하고 어린이들과 아동들의 재능을 최대한 발달시켜 사회화에 도움이 되도록 하여야 한다고 주장하였다.

- 루터가 라틴어 성서를 현대어인 독일어로 번역하여 신앙을 일반화하려고 하였다. 어린이들의 교과서인 성서, 신체의 유연성을 위한 체육, 즐거움을 줄 수 있는 음악교육을 중요시하였다.

- 학교교육의 내용으로, 어린이들에게 언어, 7 자유과목, 역사, 교리문답, 성서를 가르쳐 세상에서 필요로 하는 교육을 우선적으로 실시하여야 한다. 유아기 종교교육의 중요성을 모든 분야에서 전문인이 되기 이전에 우선 훌륭한 그리스도적인 인격을 소유하여야 하기 때문에 모든 어린이에게 교리문답을 가르칠 것을 호소하였다. 이러한 내용은 모든 기독교인이 기본적으

로 알아야 할 필수 과목으로 선정하였다.

- 루터는 남녀평등에 관한 교육론을 주장하였다. 코메니우스의 범교육론과 일치되는 부분이다. 그리스 철학과 로마 역사를 가르치는 공교육기관이 반드시 있어야 한다고 주장하면서 남녀 모두 학교교육을 받아야 한다고 주장하였다.

- 학교에서 어린이들은 놀이와 흥미를 통해서 동기유발을 할 수 있도록 하였다. 또한 그는 놀이를 통해서 즐거움과 기쁨으로 배우는 학습을 강조하였다. 루터는 학교교육을 공교육하기 위해서 국가와 지역 시의회에 서한을 보내어 많은 사람을 설득하기도 하였다.

- 루터는 국민교육은 세속적인 교육이 되어야 한다고 주장하였다. 루터는 가정교육의 중요성은 물론 학교교육은 종교개혁과 인문주의 사상을 중요시하여 인문학에 대한 지식을 강조하였다.

- 루터는 공교육을 통해서 풍부한 교육내용의 부활과 그리스 교육 사상을 도입하였다.

- 루터는 성서를 현대어인 독일어로 번역하여 교육의 범위를 공교육으로 확산하는 데 많은 기여를 하였다.

- 루터는 국가 발전은 부모보다 국민의 대중교육에 근거한다고 주장하였기 때문에 일반적인 교육제도, 의무교육의 일반화, 도시에 도서관 건립, 전문직으로서 교사 직업의 중요성을 강조하였다. 독일에서 지금도 교사를 존중하는 인식은 루터의 교사론에 영향을 받았다고 할 수 있다.

- 루터의 의무교육에 대한 이념은 독일 어린이들의 교육을 일반화하는 데 기여하였고, 모든 어린이를 1년간 의무교육을 받아야 한다는 세계 최초의 의무교육령인 고타교육령이 선포되었다. 의무교육이 실시됨으로써 자연적으

로 교사의 의무와 책임감을 엄격하게 부여하였고, 그 당시 문헌들이 대부분 독일어로 번역되지 않아 고전 원서를 읽고 가르쳐야 하기 때문에 교사들에게 그리스어, 라틴어, 히브리어를 강요하기도 하였다.

- 루터의 교육관은 아래로부터 위로의 개혁을 시도했으므로 대중교육 운동의 선구자라고 할 수 있다. 종교개혁은 모든 사람에게 신앙의 자유, 인간 존중사상, 교육의 일반화에 의미를 부여하였다. 이러한 결과는 유아교육, 아동교육을 일반화하는 데 중요한 동기부여가 되었다.
- 종교개혁 이후 모든 지역에 공교육기관이 건립되었고 교육의 권위와 존엄성이 교회에서 국가로 전환되어 공교육의 르네상스를 이루어냈다.

2) 어린이를 위한 가정교육

루터는 어린이를 위해서 가정교육과 부모교육의 중요성을 강조하였다. 어린이를 위한 가정교육의 내용을 살펴보면 다음과 같다.

- 자녀에 대한 최고의 교육적 권위와 책임은 부모에게 양도하고 하느님의 교육적 대리자로서 부모 역할과 책임감의 중요함을 강조하였다.
- 부모의 자녀교육은 하느님의 명이며 동시에 자녀가 부모를 존중할 수 있는 것은 부모가 자녀를 올바르게 교육할 때 비로소 가능한 것이다.
- 루터는 가정을 '가정의 나라'라는 특별한 단어를 사용하여 아버지의 권위로 가정교육이 이루어져야 한다고 강조하였다. 아버지는 하느님으로부터 가정과 자녀 양육의 의무가 주어져 자녀교육의 중심 역할임을 강조하였다.
- 부모는 하느님의 대리자 역할을 하여야 한다.
- 대리자라는 것은 하느님과의 협력적 존재로서 하느님 말씀을 전하고 말씀

을 받아들여 내면화하고, 말씀을 삶의 과정에서 생활화하여 자녀의 모델이 되어야 한다. 부모는 자녀의 구원까지도 책임져야 하는 의무감을 가진다고 하였다.

- 루터의 남녀 교육평등론에서 교육받은 여자는 자녀교육과 가사노동을 담당하여야 하고 교육받은 남자는 나라를 다스릴 수 있어야 한다고 주장하였다.

3) 어린이를 위한 교리교육

어린이를 위한 교육적 관점은 기독교적 교육의 중요성을 강조하였다.

- 루터는 어린이들에게 하느님 말씀 없이는 교육이 불가능할 정도로 종교교육을 중요시한다. 그는 하늘나라에서 하느님 말씀 없이 사는 것보다 지옥에서 하느님 말씀과 더불어 사는 것이 더 즐겁다고 언급하였다. 하느님은 어린이들에게 희망을 주고 하느님 말씀을 통해서 인격형성이 이루어지기 때문에 성경은 어린이들을 위한 가장 훌륭한 교과서이다.
- 루터는 교회를 일컬어 말씀의 교회라고 명하면서 하느님의 말씀을 바르게 선포하고 바르게 이해하는 것이 교육의 본질이다. 다시 말해서 복음의 말씀을 어린이들이 삶으로 실천하도록 교육하는 것이다.
- 하느님 말씀을 올바르게 이해하기 위해서 교회의 모든 책을 라틴어에서 현대어인 독일어로 번역하여 교리문답서를 만들어 교회학교에서 어린이들이 쉽게 교육받을 수 있도록 기회를 제공하였다.
  부모로서 자녀를 위한 교육은 당연한 의무이고 교사의 의무를 대신해서 수행하는 것과 마찬가지이다. 가정에서 가장 근본적인 인격을 형성하기 때문에 가정에서 이루어지는 기초교육을 중요시하였다.
- 어린이들을 위한 신앙교육을 중요시했다.

루터의 교리문답은 성서를 올바르게 전달함으로써 교리와 성경을 통해서 배우고, 신앙고백, 십계명, 주기도문을 중요시하였고, 실제로 생활 속에서 이루어질 것, 신앙 안에서 성장할 수 있도록 어린이들을 이끌어주는 것이다. 이러한 목표를 통해서 기독교적인 삶의 표현을 하면서 살아가도록 교육하는 것이다(Buchwald, 1947).

- 어린이들이 성서를 읽고 배우기 위해서 언어교육의 필요성을 강조하였다.

  루터는 민중을 이해시키려고 노력하였다. 루터는 집에 있는 어머니, 골목길에 있는 어린이들, 시장에 있는 평범한 남자에게 그들이 어떻게 말을 하는지 그들의 입 모양을 보고, 입 모양에 따라서 고전어를 현대어로 번역하였다고 한다. 루터는 신비주의적인 종교적 언어와 인문주의자의 문체의 운율법에 정통한 학자로도 알려졌다.

- 공교육 측면에서 교육 가치의 중요성을 강조한다.
  루터는 교육의 주체는 교회가 아니라 국가임을 분명히 밝혔다.

- 어린이들에게 감각교육을 중요시하였기 때문에 실물교육과 경험을 중요시하였다.

루터는 어린이들의 미래를 위해서 조기교육은 절대적이고, 조기교육이 국가가 책임지고 의무화하여야 한다고 주장하였다.

Ⅲ 코메니우스의 유아교육 사상

1. 코메니우스의 생애

코메니우스(Johan Amos Comenius)는 Omnes, Omnia, Omnino, 즉 모든 사람에게… 모든 것을… 모든 방법으로… 라는 명제에서 보여주는 것처럼 범교육론이고, 휴머니즘 측면에서 어린이들을 연구한 신학자이고, 교육학자이고, 철학자이다. 그는 태어나서 죽음을 맞이할 때까지 수많은 연구와 저서를 서술하였다. 그러던 어느 날 60세에 별안간 화재로 인해서 일생 동안 저술한 모든 연구재료를 불태워 버리고 인생의 허무함을 느꼈지만 실망하지 않고 사라져버린 모든 학문적 재료를 다시 정리하면서 오히려 화재를 계기로 열정적으로 학문에 도전할 수 있게 되었고, 겸손하게 학자의 길을 걸으면서 남은 생을 학문에 전념하였다. 코메니우스를 일컬어 근대 유아교육의 시조라고 일컫는다. 코메니우스는 1529년 현재 체코슬로바키아의 동부에 위치한 조그마한 도시인 니브니쯔에서 농장을 경영하는 부유한 지주의 외아들로 태어났다. 코메니우스가 학문을 시작한 시기는 어려운 사춘기를 넘기면서 코메니우스는 형제단 공동체가 운영하는 학교에 입학하여 자유학 과목은 물론 기초 과목인 읽기, 쓰기, 수학, 종교, 음악, 변증법에 심취되었다.

코메니우스는 1608년부터 3년 동안 모라비아에서 가장 우수한 프레로프 학교에 진학하여 그 시대의 가장 고급언어이자 일반화된 학문적 언어인 라틴어를 배웠다. 프레로프 학교는 지금의 신학교와 같은 제도로 학생들과 교수 사이에 영성 지도를 받으면서 교수와 개인적으로 친분을 유지하는 제도였다.

코메니우스는 다시 헬보른 대학에(1611~1613) 입학하여 17세기 형제단 신자들에게 소개되었던 에라스뮈스(Erasmus)와 루터(Luter), 캘빈(Calvin) 특히 스페인 학자인 비베스(Vives)와 이탈리아 학자인 캄파넬라(Campanella)와 같은 실학주의 학자들에게서 영향을 받았다.

1913년 네덜란드로 가서 그곳에서 새로운 문명의 세계에 눈을 뜨게 되지만 학문을 연구하기 위해서 독일의 하이델베르그(Heidelberg)대학에서 데이비드 파류스(David Pareus)를 만나서 교회 일체 운동과 독일의 학문세계에 대해 감명을 받는다. 코메니우스는 오랫동안 독일에 머무르지 않고 조국으로 돌아왔다.

1918년, 30년 전쟁의 발발은 신교와 구교 사이에 일어난 종교전쟁으로 사회적인 갈등을 해결하지 못한 채 체코와 모라비아의 관계를 완전히 갈라놓은 결과를 초래하였다. 종교전쟁의 결과로 코메니우스는 1921년 모라비아에서 추방당하였다.

1916년 성직자가 되어 모라비아(Morivia)의 북쪽에 있는 플레크(Fulnek)교회의 목사 교장을 겸임한다. 그곳에서 살았던 시기가 생애에서 인간적으로 가장 행복했던 시간이었다고 하였다.

코메니우스는 개신교와 가톨릭교 사이에 종교적 분쟁이 계속되던 시기에 태어났다. 종교전쟁이 발발하던 중 그는 형제를 잃어버리는 비극적인 운명을 맞이하였다. 1922년 플레크에서 부인과 두 아들을 그 당시에 유럽을 강타했던 페스트 전염병으로 세상을 떠나보내는 개인적인 비극을 맞이하였다.

1923년 코메니우스는 서재에서 일어난 화재로 인해서 그동안의 모든 연구물이 잿더미가 되버리는 또 하나의 학문적인 비극을 맞이하였다. 그때까지 연구한 업적들이 하루아침에 모두 잿더미로 변해버린 것이다. 1924년 Marie Dorota 형제단 감독의 딸과 재혼하였고, 1628년 합스부르크가의 탄압으로 폴란드의 리사(Lissa) 도시로 망명을 가서 그곳에서 교육학에 대한 연구를 집중적으로 할 수 있는 조용한 기회를 가졌다.

2. 코메니우스의 유아교육에 대한 공헌

1928~1932년 사이에 드디어 코메니우스는 『교수법』(*Didaktika*)을 출판하여 언어중심이었던 그 당시의 교육방법에 그림을 삽입하여 실물교육 혹은 사물교육방법을 처음으로 세상에 알린 학자이다. 교수방법은 현대 유아교육에서 활용하는 실물교육과 유아교육개론과 같은 저서로 최초의 유아교육개론 서적이 되었다.

대교 수학의 일부분을 교구와 재료를 활용할 수 있는 내용을 저술한 '어머니 무릎학교' 혹은 '유아학교'로 알려졌다. 코메니우스의 학문적인 성숙기는 1633년과 1638년 사이에 저술된 것으로 기록된 『대교 수학』(*Didactica magna*)이 출판된 이후라고 할 수 있다. 대교 수학은 현재 세계 현대어로 완역되었고 우리나라에서도 '대교 수학'이 완역되어 그동안 코메니우스에 대한 연구가 부진하고 소극적이었던 상황에서 훌륭한 길잡이가 되고 있다. 대교 수학은 현대의 유아교육개론으로서 최초의 유아교육 교재라 할 수 있다. 유아교육은 물론 교육학을 연구하는 사람들에게 많은 도움과 길잡이가 되는 고전적 명서이다.

『최신 언어 교수법』(*Linguarum methodus novissima*)은 1649년 폴란드에서 출판되었다. 다른 한편 『분석 교수법』(*Didactica analitic*)은 최신언어 교수법의 10장 내용을 확장·수정·보완하여 분석적 방법과 귀납적 방법으로 엮은 저서이다. 이 저서는 초등학교 어린이들 중에서 특히 1, 2, 3년인 저학년을 위한 교제로서 1학년을 위한 언어의 현관, 2학년을 위한 언어의 문, 3학년을 위한 언어의 궁전으로 구분하여 서술하고 있다. 언어의 현관 내용으로 간단한 낱말과 간단한 구문과 규칙 그리고 어원변화를 내용으로 하고 있다.

언어의 현관을 서술한 목적은 언어를 학습하는 어린이들에게 가장 중요한 대상들을 자연적인 순서대로 제시하고, 언어의 기본적인 낱말을 이해하도록 하고, 규칙적인 격변화와 동사변화를 가르치는 것이었다(이숙종:211).

『언어의 문』(*Janua Linguarum novissima*)은 학습자인 어린이들이 흥미와 즐거움으로 학습할 수 있도록 사물의 실제와 삽화를 삽입하여 감각작용을 실제로 경험하여 인지발달에 영향을 줄 수 있도록 개발·활용된 교재이다.

1652년 『언어의 궁전』(*Parlatium Linguarum*)이 출판되었는데 이 저서는 고전문학을 읽은 다음 쉽게 이해할 수 있는 능력을 기르기 위한 은유적인 언어 능력과 수사적 언어 변화를 활용하고 있다. 어린이들이 사물의 실제를 이해할 수 없을 때 상징적인 다른 은유법과 비유법을 상용하는 방법이다(이숙종, 1998). 『언어의 보고』(*Thesaurua Linguarum*)는 초등학교 마지막 단계의 교과서 역할을 했던 저서였다.

1957년 『세계도해』(*Orbis Sensualis Pictus*)를 출판하였다. 이 저서는 어린이들을 위해서 삽화 독판으로 서술하였기 때문에 초등학교 교재로 널리 알려졌다. 세계 도해는 어린이들의 감각기관을 최대한으로 활용해서 실제적인 경험을 근거로 어린이들의 발달단계에 따라서 학습할 수 있는 교재였다.

위에서 언급한 것처럼 코메니우스의 저서들은 대부분 현대어로 완역되어 유아교육철학에 기여했고, 그는 유년기를 제외하고는 평생 학문을 연구하며 주옥같은 많은 저서를 남겼다.

코메니우스의 학문을 전승하는 학자들이 독일의 보쿰(Bochum)대학에 세계적인 연구소를 가지고 코메니우스에 대한 연구를 끊임없이 진행하고 있다.

3. 코메니우스 교육철학의 근본 사상

과학적 실학주의 학자로서 인간의 궁극적 목적은 신과 더불어 영원한 행복을 공유하는 것이기 때문에 내세를 위한 준비를 위해 교육의 필요성을 강조한다. 내세를 위한 준비로서 지식, 경건, 덕성이 필요하다. 교육은 어린이들의 내적 잠재능력을 개발하는 것으로서 생명이 선함을 향해서 진화할 수 있도록 도울 것을 강조한다.

코메니우스 교육사상의 근본적인 이해는 학교교육론, 교육내용, 인간의 인식작용과 지능발달, 교수방법론으로 구분된다(이숙종, 1998).

1) 제도적인 측면에서 학교교육의 중요성

코메니우스의 『인간교육』은 주 저서라 할 수 있는데, 교수학 1장에 다음과 같은 말이 쓰여 있다. “Der Mensch ist Das hochste, vollkommenste und vortrefflichste der Geschöpfe.” 즉, 인간은 창조물 중에서 가장 높으며, 가장 절대적이며, 가장 탁월하다(Comenius, 1985). 창조된 모든 사물과 생명체 중에서 인간의 탁월함을 강조한다. 아직 생물학적으로 발달되지 않은 무지의 상태에서 태어났다 할지라도 누구를 막론하고 모든 사람에게… 모든 방법으로… 모든 것을… 배워야 한다는 교육론을 주장하는 범교육론자이다. 코메니우스는 학교교육의 중요성에 대해서 다음과 같이 설명하고 있다.

- 전인적 인격형성을 위해서 제도화된 학교교육의 필요성을 강조한다.

학교교육은 하나의 공동집단 교육의 목적을 가진다. 라틴어에서 Schola는 학교를 의미하는 단어로서 여섯 단어의 첫 글자를 인용한 합성어로 구성되었다. Sapienter(현명하게), Cogitare(생각하는 것), Honeste(정직하게), Operari(행동하는 것), Loqui(말하는 것), Argute(영리해지는 것)의 알파벳 첫 자를 합성하여 현대어의 학교, 즉 Scuola라는 상징적인 단어가 탄생하였다.

이러한 의미에서 학교는 참된 인간으로 도야되기 위해서 현명하게 가르치고, 생각하는 방법과 능력을 가르치고, 정직하게 살아가는 방법을 가르치고, 모든 것을 행동으로 실천하도록 가르치고, 언어적 표현 능력과 언어를 구사하는 방법을 가르치고, 나날이 지혜롭고 영리하게 성장하도록 돕는 목적을 가지고, 인간의 이성과 언어 그리고 행위에 대한 기본적인 능력을 개발하는 집단이므로 인격형성을 위한 작업장으로 정의한다. 코메니우스는 학교를 작업장 혹은 놀이와 드라마를 위한 공연장으로 비유하고 표현하였다.

- 학교는 전문지식을 가르치기 위한 제도이다.

  전문화된 사회는 전문적 지식을 필요로 한다. 전문지식을 개별적으로 교육할 수 없기 때문에 제도적인 공기관을 통해서 전문가의 지도와 안내를 받으면서 학습하는 것을 원칙으로 한다.

- 코메니우스는 대교 수학에서 어린이들에게 인간의 사회화 과정에 필요한 조건을 제공해주기 위해서 학교를 필요로 한다고 주장하였다.

  어린이들은 가정을 떠나 유아교육기관과 학교에서 사회생활, 공동생활, 공존의 의미를 터득하고 또래 집단과의 관계를 긍정적으로 형성할 수 있는 사회화 과정을 위해서 학교의 공교육을 필요로 한다. 모든 사람과 더불어 살아가고, 모든 사람과 함께 상호관계를 형성하고, 모든 사람과 나누기 위해서 학교 공동체의 힘을 필요로 한다.

- 학교교육은 학문의 능률화와 지식 전문화를 위해서 필수적인 교육제도이다.

  인간이 가지고 태어난 모든 잠재능력을 개발하기 위해서 제도화된 교육기관에서 발달단계에 맞는 교육과정에 의한 교육이 필요하다.

2) 코메니우스의 학교교육의 필요성

인간의 모든 잠재능력을 개발하기 위해서 어린이들은 교육되어야 하고 교육을 위해서 학교교육이 필요함을 강조한다(Comenius, 1985).

- 기독교 교의적인 가르침을 중요시하면서 인간은 자연스럽게 잡초와 같이 야생적인 기질을 인간화로 도야된 모습으로 이끌어 주기 위해서 유아교육의 중요성을 강조한다. 즉, 부모의 자녀에 대한 교육적 책임과 의무는 하느님이 주신 생명을 유아기부터 교육하여 가장 도덕적이고 이성적인 존재로 살아가도록 가르치는 책임감이다.

- 어린이들은 지식과 덕망이 뛰어난 전문 지식인에게 교육받기 위해서 교육 전문가인 교사의 가르침을 받을 수 있는 초등교육기관, 중등, 고등학교 그리고 대학교육을 필요로 하는 공교육기관의 중요성을 강조하였다. 학교교육은 학문적 전문인을 양성하는 기관이다.
- 소규모의 학교제도는 오래전 구약시대에 근거하여 회당의 지도자급들이 읽기, 셈하기, 쓰기를 가르침으로써 전문지식을 확장할 수 있는 길을 열어 주었고, 이후 전문지식을 가진 학자들은 많은 학교를 건립하기에 이르렀다.
- 하느님의 교의와 행동을 따르기 위해서 대도시, 소도시, 지방에 학교를 건립하기 시작하였다. 이러한 운동이 구약시대 기독교 교육방법을 활용한 것으로 교육의 기본적인 틀을 마련하는 기회가 되었다.
- 신앙교육을 위해서 필요한 것이 교회라면 어린이 교육을 위해서 학교교육이 필요하기 때문에 공교육의 필요성을 제시하였다.
- 자녀교육을 위해서 충분한 시간과 여유 있는 시간이 없기 때문에 어린이 교육만을 전문으로 담당하는 사람이 필요하고, 이러한 공교육이 지역사회 발전에 기여하기 때문에 학교교육이 필요한 것이다.
- 어린이들의 사회화 과정, 상호 간의 의사소통, 사물과 인간의 관계, 상호작용을 형성할 수 있는 자극을 주고받기 위해서 학교라는 공동체가 필요하고 유아기는 특히 모방의 시기이므로 환경과 어린이, 어린이와 교사, 어린이와 어린이들의 상호작용이 필요한 시기로써 학교교육이 필요한 것이다.
- 모든 사회구성원은 각자의 사명감이나 역할이 있다. 예를 들면, 산업체 공장이 생산품을, 교회는 신앙심을, 가정은 인간의 가장 기본적인 생활습관을 양육하는 곳이라면, 학교는 지혜의 빛을 비추고, 정의와 용기를 배우고 확산하여 인류의 행복과 번영 그리고 평화를 보급하는 곳임을 강조하였다.

- 모든 어린이가 교육을 받아 올바르게 양육되기 위해서는 제도화된 제도적인 교육제도가 필요한 것이다. 예를 들면, 과일나무를 위해서 과수원이 필요하고, 물고기들을 위해서 바다의 물이 필요한 것처럼 어린이들을 위해서 학교가 필요한 것이다.

4. 코메니우스의 교육제도

코메니우스의 교육제도는 유아기 인격형성에 필요한 것을 다음과 같이 4단계로 구분하였다. 영유아기를 포함하는 1~6세의 어머니 무릎 학교, 아동기를 포함하는 7~12세의 모국어 학교, 13~18세의 청년기인 라틴어 학교, 19~25세까지의 청년기로서 대학시기다.

1) 어머니 무릎 학교

코메니우스의 어머니 무릎 학교는 초기교육단계로써 다음과 같은 교육내용으로 구성되어 있다.

- 모든 삶의 씨앗을 파종하는 곳인 가정의 어머니 무릎에서 이루어져야 한다. 가정은 어린이들의 지성을 파종하고 싹을 발아시킬 수 있는 교육적, 애정적 환경을 제공해야 한다.
- 어머니 무릎 학교의 모든 교육은 형이상학에서 출발하여야 한다. 형이상학의 기초개념으로서 전체와 통일의 개념으로서 존재와 존재하지 않는 것, 가치 있는 것과 무가치한 것들, 언제, 어디서, 어떻게와 같이 교육방법론을 가르친다.

- 자연과학의 기초로서 소위 우주교육에 관계되는 천문학과 동물학 그리고 식물학에 대한 개념을 가르친다. 생명체와 무생명체에 대한 개념과 서로 밀접한 관계를 유지하고 있는 우주론의 원리를 가르친다.
- 광물학과 물리학의 기초와 색상에 관한 기초개념을 가르친다.
- 천문학에 대한 기초개념으로 달과 태양 그리고 은하계의 별에 대한 지식을 가르친다.
- 문화영역으로 어린이들이 살아가고 있는 지역에 대한 지식을 가르친다.
- 일주일의 개념, 시간·공간개념을 가르친다.
- 인간 역사, 생명체의 기원, 우주의 기원을 어린이들의 일상생활과 연결하여 가르친다.
- 양과 수의 개념, 기하학의 개념과 높이 두께의 개념을 가르친다.
- 통계학 개념을 가르친다.
- 기계학의 기초로서 손의 조작능력을 가르친다.
- 사고능력과 변증법 그리고 대화법을 가르친다.
- 언어와 수사학을 가르친다.
- 도덕적인 가르침과 문학의 기초로서 전래동화와 시를 가르친다.
- 예술의 기초로서 음악과 미술을 가르친다.
- 가정예법을 가르친다.
- 기초적인 정치적 용어를 가르침으로서 어린이들의 사회성을 발달시킨다.
- 도덕교육의 기초로서 절제, 경건함, 청결, 정의, 사랑, 진실, 인내심 등을

가르친다.

- 종교와 신앙 그리고 성경을 가르친다.
- 어머니 무릎 학교의 교육목표와 과제를 그림책으로 가르친다.
- 무릎 학교에서 가르칠 수 있는 안내서를 만든다.
- 어린이 교육을 위해서 모든 것을 그림책을 활용하여 가르친다.
- 사물의 모양을 마음에 새기도록 하고, 책을 흥미롭게 구성하여야 하고, 읽기 학습에 도움을 주어야 한다.

2) 코메니우스의 모국어 학교

모국어 학교는 어린이들이 일생 동안 필요로 하는 모든 것을 학습하는 단계로서 코메니우스가 Onnes, Omnia, Onnino에서 말하는 것처럼 남녀노소를 막론하고 모든 것을, 모든 방법으로, 모든 사람에게 교육하여야 한다는 범교육론을 주장한다. 고등교육의 전 단계로서 교육내용을 다음과 같이 구성한다(Comenius, 1985).

- 모국어 학교의 교육목표는 어린이들에게 인쇄체든 필기체든 모국어를 읽을 수 있는 능력을 가르쳐야 한다.
- 모국어를 바르게 쓰고, 빠르게 쓰고, 자신 있게 쓸 수 있도록 가르쳐야 한다.
- 일상생활에서 사용할 수 있는 수학능력을 가르쳐야 한다.
- 길이와 넓이 그리고 공간을 측정할 수 있는 수학과 기하학을 가르쳐야 한다.

- 어린이들이 알고 있는 일상적인 학습능력과 노래 그리고 특별히 개인의 특성에 준하여 다음 단계의 선행학습을 시작하도록 가르쳐야 한다.
- 자국의 언어로 시편과 찬송가를 교육과정으로 학습시켜야 한다.
- 교리문답과 성경을 일반 교육과정처럼 가르쳐야 한다.
- 도덕적인 습관을 일상화하고 이해하도록 교육하여야 한다.
- 일상적인 생활에서 필요한 경제적인 개념을 생활화할 수 있도록 가르쳐야 한다.
- 어린이들의 세계관을 위해서 세계사, 인간학, 인문학, 하느님의 구원사를 가르쳐야 한다.
- 우주론과 우주 속에서 생성된 모든 사물이 독립적으로 살아가면서 서로 관계성을 유지하고 생명체들끼리 공존한다는 것을 이해하도록 가르쳐야 한다.
- 가정에서, 학교에서 필요한 수공업의 원리를 가르쳐야 한다.

위에서 언급한 교육내용을 근거로 코메니우스는 교육목표를 효과적으로 달성하기 위한 방법을 다음과 같이 제시하였다.

- 모국어 학교는 전체적으로 6년제로 제도화하고, 학년마다 다른 교실에서 수업이 진행되어야 한다.
- 학년마다 전용 학과목을 제시하되, 그 학과목에는 반드시 지성, 덕성, 신앙 내용을 포함하여야 한다.
- 생명은 단계와 원칙을 향해서 발달하기 때문에 자연의 원리를 따라서 작은 것에서 큰 것으로, 낮은 곳에서 높은 곳으로 발달하도록 돕는 교육이

다. 모든 사람이 생명을 사랑한다는 것은 특별한 것이 아니라 모든 사람의 일상적인 사명감, 책임감, 과제이다. 모든 생명체는 사랑을 통해서 새로운 생명을 잉태하고 본능적으로 다시 사랑을 가르친다.

- 어린이들을 자연의 순리대로 양육하는 것이 목적이다. 인간이 자연을 거슬러 올라가는 본성을 파괴하고, 자연의 순리를 따를 때 본성은 성스러움으로 양육될 수 있을 것이다.

3) 코메니우스의 유아교육 내용

코메니우스는 인간학을 신학적인 차원에서 이해하였다. 그는 "인간학을 이해하기 위해서는 자연 질서와 사물을 이해할 수 있는 이성적 사고가 필요하고, 모든 창조물 중에 가장 탁월한 존재로 하느님의 모상대로 창조된 인간을 이해할 수 있어야 한다."라고 주장하였다(이숙종, 1998).

인간학을 구성하고 있는 이러한 3가지 근본적인 요소를 위해서 코메니우스는 지성과 덕성 그리고 신앙을 유아기의 교육내용을 중요시하였다.

- 유아기의 교육 내용으로 중요시한 것은 지성(Eruditio)이다.

  인간은 태어나면서부터 지성과 덕성 그리고 경건심을 본능적으로 가지고 태어났다(정정실, 1987). 3가지 덕목 중에서 지성은 인간이 살아가는 방법을 터득하는 것으로서 학문, 언어기술, 언어와 문화를 통해서 지성을 개발하는 교육적 사명감을 가진다. 지성이란 인간의 모든 지혜 자체가 인간 내면의 세계에 모든 근원이 되고 기초가 된다.

  진정한 지성은 감성적이고, 아름다워야 하고, 배움의 풍성함을 요구한다. 한 인간이 지혜를 터득할 수 있는 능력을 가지고 태어났다는 것은 하느님이 당신 모상대로 창조하셨기 때문에 우리 인간에게도 지혜를 주셨다. 이러한 인간의 지혜 또는 학문적 지식은 전 생애를 통해서 학습되어야 할 인간 자신의 과제로 남아 있다. 인간의 경이로운 몸속에 경이로운 지혜를 교육을 통해서 양육해 나아갈 때 참다운 신앙인이 될 수 있음을 강조한다.

코메니우스는 지식은 사물을 통해서 터득되고, 이러한 지식을 터득하도록 만드는 사물은 곧 하느님의 창조물이기 때문에 하느님의 지혜가 반영되는 것이다. 사물은 감각기관을 통해서 사물을 정확하게 뇌에 전달하는 지각작용을 하고 있기 때문에 인간의 지혜를 발달시키려면 사물과 상호작용이 필요하다.

코메니우스는 지식 분야를 자연과학과 인문과학으로 구분하면서 모든 대상의 지식을 3가지 영역으로 구분하였다. 학문의 대상인 모든 사물이 생성되는 역사과정과 학문의 원리이며, 근본적인 진리인 본질 그리고 모든 학문의 기준점이 되는 학문의 종류와 모체이다. 인간의 지적이고 도덕적인 가치를 중요시하면서 자연과학이 인간에게 미치는 영향력을 강조하였다.

과학적 지식을 위해서 물리학, 천문학, 지리학, 기하학, 수학과 같은 학문은 인간과 우주와의 관계에서 논리적인 것으로 삶의 기본적인 원리를 이해 방법으로 제시한다.

지식은 인간의 3가지 실천기능을 통해서 학습되어진다. 어떤 것을 알도록 하고, 어떤 일을 행하도록 돕고, 어떤 것을 말하도록 하는 능력을 가르치는 것이다. 즉, 인간의 특별한 기능으로서 생각하는 일, 말하는 일, 행하는 일이지만 이러한 기능들은 교육을 통해서 인간이 필요로 하는 것을 사고하여 창조할 수 있는 이성과 상호작용에 필요한 언어, 생각과 언어를 통해서, 학습한 것을 실천하는 행동을 통해서 인간이 습득하여야 할 전반적인 지식을 통해서 터득된다.

- 코메니우스는 인간의 정신 속에 도덕적(Virtus) 씨앗이 숨겨져 있다고 하였다.

덕은 신앙을 위해서 생성되는 덕과 신앙의 상호관계성을 주장하면서 인간 내면에 존재해 있는 덕의 씨앗은 도덕적 인간으로 양육되도록 안내하고 인간을 내적, 외적인 조화를 이루어가는 존재로 양육하는 요소이다. 인간은 합리적인 사고에 의해서 인간 본래 모습인 선과 진실이 조화로움을 이루어 가고, 이러한 본성에 의해서 자기 내면의 세계에서 기쁨과 평화를 얻게 될 때 선함을 느끼고 안정감을 가지게 된다.

인간은 교육을 통해서 인간 내면에 잠재해 있는 덕성을 계발하여 도덕적 인간으로 성장할 수 있도록 교육이 안내해 주어야 하고 인간의 한계에서 인간으로 성장하는 것이다. 인간성은 지적으로 성장하여야 하는 신중성, 외적인 환경을 극복할 수 있는 힘으로서 절제, 내면을 통제하는 강한 존재로서 타인을 존경하고 사회적인 정의로움에 영향력을 미친다.

- 코메니우스의 도덕교육 방법은 다음과 같다.

첫째는 유아기는 특히 모방할 수 있는 모방의 시기를 중요시했고, 둘째로 덕은 유아기에 교육될 수 있고, 덕은 유아기의 유연한 시기에 가르치고 실천하는 것이 가장 바람직하다. 마음속에 무질서함이 자리 잡기 쉬운 유아기 초기에 덕을 가르치는 이유는 풍부한 상상력과 강렬한 욕구 그리고 사고력의 변화가 일어나기 쉬운 시기이기 때문이다. 덕의 교훈은 행위를 통해서 훌륭한 습관을 들이도록 가르치는 것이 좋다. 가장 훌륭한 습관은 가장 훌륭한 교육방법이 된다. 셋째로는 덕은 훈육을 통해서 가르치는 것이다. 훈육이란 인간의 인간성과 도덕성을 위한 교육의 가장 효과적인 방법이다. 인간에게 훈육은 인간화의 훈련이기 때문에 훈육을 받아야 할 존재임을 강조하였다.

- 코메니우스는 경건심(Pietas)의 기원을 성서에 두고 있다.

성서는 첫째로 하느님의 말씀을 전하는 것이므로 말씀을 통해서 말씀을 실천하는 것이고, 말씀은 창조 작업을 완성하는 것이며, 어린이들에게 말씀은 삶의 에너지를 충족시키는 영적 에너지 또는 영적 힘이라고 강조하였다.

모든 경건심은 하느님의 말씀을 전하고, 말씀을 전하고 실천하는 예수 그리스도의 탄생과 하느님의 영원한 지혜를 예수님과 더불어 따르도록 가르치는 방법을 성서에 근거하여 일상생활을 실천하도록 가르치는 철학적인 지침서가 되기 때문이다. 세상에서 가장 훌륭한 교육자는 예수 그리스도이며 가장 훌륭한 교과서 역시 성서라고 말한다. 경건을 도야하기 위한 교육 목적으로 하느님을 경외하고 사랑할 수 있도록 가르치고, 젊은이들의 삶 속에서 신선한 것과 세속적인 것을 구별할 수 있는 판단력을 가르치고, 현세의 생활뿐만이 아니라 내세의 삶을 준비하도록 인도하는 것이다.

코메니우스의 교육내용의 진정한 의미는 인간의 영적인 문제, 도덕적인 문제 그리고 지적인 성장과 변화에 두고 있다.

5. 코메니우스의 범교육 사상과 유아교육

코메니우스의 범교육(Pampaedia) 사상은 인간교육의 중심사상으로서 인간의 변화와 개선을 위한 인간중심사상과 자연의 질서가 교육의 원리와 재료로서 역할을 하여야 한다는 우주적인 교육방법론을 주장한다(이숙종, 1998). 범교육론은 '모든 것을, 모든 사람에게, 모든 방법으로'라는 인간교육을 실천하는 교육방법론이다.

1) 모든 사람들에게(Omnnes)

코메니우스는 하느님의 형상대로 태어난 모든 사람을 모든 종교, 모든 국가, 모든 민족을 초월하여 그 누구를 막론하고 교육받을 권리가 있음을 주장하는 범교육이론자이다. 인종과 종족, 성별, 연령, 사회적 지위를 막론하고 교육받을 권리를 강조한 것은 그 시대에 훌륭한 범평화교육자라고 할 수 있다. 모든 사람이 교육받을 수 있는 권리에 대해서 코메니우스는 다음과 같이 언급하였다.

- 인간은 누구나 평등하고 일반적인 인간성을 내재하고 있기 때문에 모든 남성, 여성, 어린이, 노인들도 교육을 받아야 한다.

  코메니우스의 생존 시기에 여성교육은 사회적으로 배제된 상태였지만, 여성도 남성과 동등한 위치에서 교육을 받아야 하고 사회적인 평등권을 주장하였다. 여성도 정치적이고 사회적이고 종교적으로 지위를 얻으려면 교육을 받아야 하고, 여성은 자녀교육의 책임자이기 때문에 교육을 받아야 하고, 여성이 가정의 복지와 안정에 기여하는 역할이 크기 때문에 교육을 받아야 한다고 주장하였다.

- 교육을 받을 모든 사람 속에 가난한 사람을 포함한다.

  가난한 사람들은 교육적인 측면, 경제적인 측면, 사회적인 측면에서 소외당하였기 때문에 교육적인 균형을 유지하기 위해서 특정한 계층을 대상으로 제한하지 않고 소외당하는 가난한 사람들을 교육하기 위해서 모든 도시와 시골에도 학교를 건립하여 교육받을 수 있는 기회를 제공할 것을 주장하였다.

- 모든 장애인도 교육을 받아야 한다.

  정신적이고 육체적으로 소외당한 사람들을 위해서 코메니우스는 특별한 관심을 가졌다. 그는 장애우들이 가지는 정신적이고 육체적인 장애를 다른 측면에서 보상받도록 배려하였다.

  장애인 교육을 위한 제반적인 시설을 확충하고 준비할 것과 그들의 발달과정이 늦은 감이 있을지라도, 잠재능력이 약할지라도, 발달에 장애가 있을지라도 최대한의 생물학적 능력을 개발하여 최소한 정상적인 생활을 할 수 있는 사람으로 성장할 수 있도록 교육적, 경제적, 정신적으로 배려할 것을 요구하였다.

2) 모든 것을(Omnia)

모든 것의 의미는 자연 속에 존재하는 생명체와 무생명체의 존재에 관한 모든 피조물을 의미한다. 모든 사람이 공통적으로 느끼는 가장 보편적이고 우주적인 것이다. 인간을 위해서 창조된 모든 피조물로서 자연 속에 존재하는 사물을 인간들이 보편적으로 공유할 수 있는 모든 것이다(이숙종, 1998).

코메니우스는 인간이 지혜롭게 살아갈 수 있고, 선하고 착하게 살아갈 수 있고, 누구나 보편적으로 행복하게 살아갈 수 있고, 경건한 자세를 갖기 위해서 다음과 같은 솔로몬의 지혜를 예로 들었다.

- 잠언서에서 말하는 개미와 같이 부지런히 일하여 미래를 준비하는 사람
- 토끼와 같이 현재를 신중하게 생각하면서 안전한 방법으로 일하는 사람
- 서로 돕고 일치하는 자세로 일하는 사람, 모든 사람이 언행일치를 할 수 있도록 배워가는 사람

인간으로서 모든 것을 배워야 한다는 의미는 다음과 같다.

- 인간의 모든 것은 미래생활을 위해 지식을 준비하는 것이다.
- 자연은 생태계의 질서를 유지하고, 운동을 지속하고, 모든 창조물에 공평성을 유지하고, 똑같은 광선을 발휘하기 때문에 교육도 자연의 원리와 질서에서 도입하여야 한다고 말하였다(김동수 외, 2011). 자연은 인간을 위한 지식과 원리를 포함하고 있기 때문에 자연 속에 포함된 모든 진리와 질서 그리고 운동의 원리를 터득하여야 한다. 자연은 일반성에서 특수성으로, 쉬운 것에서 어려운 것으로, 자연은 모든 것을 통합하는 위력을 가지고 있다.
- 모든 사람을 위해서 모든 것이 존재하기 때문에 인간은 모든 것을 지배할 능력과 보존할 의무를 가졌다.

- 모든 사람은 하느님과 인간 그리고 사물에 전 관계성을 이해하여 무엇이든 모두 배울 수 있어야 한다.
- 창조된 모든 것은 인간을 위해서 존재하기 때문에 인간이 자유롭게 공존하면서 서로 사랑하고 관계를 가지면서 유용하게 활용할 수 있다.
- 인간은 모든 것을 바르게 활용하기 위해서 지혜로움이 필요하다. 우주에 존재하는 모든 것과 더불어 공존하고 보호하기 위해서, 모든 것, 모든 존재 자체를 자아(自我)와 연결하여야 한다.

코메니우스는 범교육론에서 언급하는 모든 것을 하느님 나라와 같은 지혜의 학교에서 찾으려고 노력하였다. 즉, 하느님의 학교는 자연, 성서, 인간의 이성을 포함하고 있기 때문에 3가지 개념을 통해서 터득할 수 있다고 한다.

하느님이 창조한 자연의 책과 자연 현상계에 존재하는 하느님의 말씀을 드러내고 인간의 내면세계를 풍요롭고 자유롭게 하는 하느님을 계시하는 말씀의 책인 성서와 항상 사물의 욕망과 충동을 들어내는 이성적인 책인 인간의 이성을 의미한다. 우주에 존재하는 모든 것은 이 세 가지 진리 속에 모두 존재한다. 어린이들에게 교육을 통해서 모든 생명체의 사랑을 강조하고, 생명체의 진정한 사랑을 인간의 위대한 과업 또는 사명감이라고 하였다.

3) 모든 방법으로(Omnino)

모든 방법으로의 의미는 모든 사람이 모든 사물을 정확하게 파악하여 인식하고 그것을 정확하게 활용하는 방법을 의미한다. 사물을 정확하게 파악하고 인식함으로써 인간의 내적인 변화를 가져와 자신을 도야하는 단계까지 이르는 것을 의미한다. 모든 방법으로의 의미는 다음과 같은 것을 포함한다.

모든 사람이 모든 것을 배워서 어디서든지 정확하고 확실하게 사용할 수 있어야 하고, 체계적이고 과학적인 방법이어야 하고, 신속하고, 즐겁게, 철저하게 가르치는 방법론이고, 모든 방법은 인간의 지성과 덕성 그리고 신앙을 계발하는 데 목적을 가진다. 범교육에서 모든 방법론을 살펴보면 다음과 같다(이숙종, 1998).

- **모든 사물을 전체적이고 완전한 방법에 의해서 통합적, 융합적 원리에 의해서 가르쳐야 한다.**

  즉, 단편적이고 부분적인 것이 아니라 전체적이고, 통합적이고, 완전한 방법으로 가르치는 것을 의미한다. 사물은 사물의 존재양식이 한 부분만이 아니라 한 부분이 다른 부분과 연결되어 완성체로서 존재하게 된다. 사물이 생성되는 시기, 사물의 존재 방식에 대해서 철저하게 가르쳐야 한다.

  사물은 다른 사물과 상호연관성을 가지고 있기 때문에 사물에 대한 완전하고 전체적인 이해를 하기 위해서는 사물의 존재원인과 방법 그리고 목적을 추구하는 범교육론이 필요하다. 모든 사물은 배움을 추구하는 어린이들에게 위대한 정신으로 작용한다. 어린이들은 사물을 통해서 인지를 정확하게 발달시키기 때문에 사물 자체에 대한 경이로움과 인간과 서로 관계성을 맺으며 공존하는 방식을 가르쳐야 한다.

- **범교육론의 방법은 진실되고 철저하게 가르쳐야 한다.**

  코메니우스는 무엇을 가르치든 복잡하게 가르칠 것이 아니라, 솔직하고, 정직하고, 진실하게 가르쳐야 한다. 단순한 것에서 복잡한 것으로 구체적인 것에서 추상적인 것으로 가르쳐야 한다. 어린이들은 단순하고 구체적인 것에 감동하고, 즐거워하고, 신기해한다.

- **온화하고 즐거운 마음으로 가르쳐야 한다.**

  온화함과 즐거운 마음으로 교육하는 방법은 어린이들의 덕과 경건함을 도야하기 위해서 필요한 것이다. 온화함과 선함을 통해 교육하고, 어린이들은 놀이와 작업을 통해서 즐거운 마음으로 교육받도록 배려해야 하고, 학교 공동체를 통해서 즐거운 마음을 가지도록 환경을 구성해 주어야 한다. 학교가 어린이들의 놀이터인 동시에 그들의 지, 덕, 체를 양육할 수 있는 지식 작업장이어야 한다.

결과적으로 범교육론의 의미는 모든 사람을 교육할 수 있는 범학교(Universal School), 모든 것을 교육할 수 있는 내용을 담은 범교재(Universal Book), 모든 방법으로 가르치고 수용할 수 있는 범교사(Universal Teacher)의 삼위일체가 융합된 교육철학이라 할 수 있다. 어린이들의 교육을 위해서 제도화된 학교, 발달 단계에 맞는 교육을 위한 교재와 교구 그리고 존경받고 훌륭한 교사가 있어야 한다.

6. 코메니우스의 범교육 목적

모든 사물은 인간교육을 통해서 계속하여 새롭게 창조된다. 창조의 목적에 따라서 인간은 모든 사물을 통해서 나날이 지혜롭게 될 의무를 가지는 것이다. 인간은 하느님의 모상대로 지혜롭게 창조되었기 때문에 그분을 닮도록 노력하는 것이 궁극적인 목적이 된다. 범교육의 목적을 보면 다음과 같다.

- 인간이 지혜롭게 거듭 발전한다는 것은 자신의 목적의식과 그 목적에 도달하는 방법을 정확하고 가치 있게 가르치는 것이다. 인간의 자연적인 본성을 개발하는 것이다.
- 인간의 본능적인 도덕성을 계발하는 것이다. 하느님이 인간에게 부여한 도덕성의 씨앗을 개발하여 자율적이고 합리적이고 비판적인 능력을 가질 수 있는 인간으로 양육하는 것이다. 비판적 능력이란 다양한 정보를 다양하게 분석하고 평가해 나아가는 정신적 과정이라고 할 수 있기 때문에 비판

적 사고의 중심에는 진실함, 정직함, 정의로움, 도덕적 열망, 다른 사람 사이에서 얻어내는 공감대, 서로서로에게 올바르다고 공감하는 능력, 발생하는 사건의 원인을 정확하게 파악하는 원인 분석력, 객관성을 주장하는 사고능력을 의미한다.

- 인간이 다른 인간 사이에서 선한 존재로 인식되는 것은 하느님의 말씀대로 진실하게 살아가는 것과 관계된다. 다른 사람들과의 관계, 자연과의 관계 그리고 하느님과의 경건성과 관계를 영원히 지속하는 것이 목적이다. 이러한 3가지 관계망을 통해서 인간을 사회적 관계, 선한 존재, 도덕적 관계로 발전시킬 수 있도록 교육하여야 한다.

인간은 다음과 같은 궁극적인 목적을 위해서 인간성을 완성하려고 노력한다. 인간의 생존을 위해서, 가치 있는 존재가 되기 위해서, 모든 사물을 관찰하기 위해서, 진리에 의해서 살고, 알고 있는 것을 이해하기 위해서, 자유롭게 살기 위해서, 적극적인 삶을 위해서, 소유하기 위해서, 자신의 지식과 의지를 전달하기 위해서, 행복과 편안한 삶을 위해서, 하느님 안에서 행복과 기쁨을 얻기 위해서다(이숙종, 1996).

- 새로운 인간성 회복, 사회개혁, 구원사업을 위한 목적을 가진다.
  인류 공동체의 조화로움과 평화 그리고 복지안전에 기여하기 위해서 목적을 가진다. 코메니우스는 폭력, 전쟁, 미움, 갈등이 없는 새로운 사회의 도래로 말미암아 새로운 이상사회가 실현될 것이라고 믿었다. 코메니우스의 범교육론은 우주에 생존하는 모든 사람에게 적용할 수 있는 보편적이고 우주적인 교육이라고 할 수 있다.

Ⅳ 존 로크의 유아교육사상

1. 존 로크의 생애

로크(John Locke)는 1632년 8월 영국 남부 지역인 펜스포드(Pensford)에서 태어났다. 그의 조부는 모직물을 경영하는 부유층이었고, 아버지가 변호사인 엘리트 가정에서 태어나 전형적인 귀족적 분위기에서 성장하였다.

로크는 10살이 되었을 때 영국에서 청교도 혁명이 일어났고, 그의 아버지는 의회군에 참가하여 가정적으로 안정된 생활을 할 수 없었다. 부친의 참전으로 인해서 귀족 학교인 웨스트민스터 학교(Westminster Public School)에 입학하는 영광을 얻었다. 그는 계속해서 Oxford University와 Christ Church College에서 철학과 종교 그리고 정치학을 연구하였다. 로크는 1693년 교육론인 『교육에 관한 고찰』(*Some Thoughts Concerning Education*)과 1690년에 출판한 인간 『오성론』(*An Essay Concering Human Understanding*)을 출판하여 자기의 교육철학을 정립하였다. 또한 로크는 의학과 자연과학을 연구하여 인지발달 연구인 인식론과 사회학 연구에도 많은 기여를 하였다.

로크는 신인본주의 사상가로서 인식론은 경험론에 근거한 백지설(Tabula Rasa)을 주장하였다. 모든 인식은 감각과 경험에 의해서 인지발달이 이루어진다고 주장하였다. 그는 인간 오성론에서 데카르트(Decart)와 라이프니츠(Leibnitz)의 선험적 지식론인 생득개념을 거부하고 인간은 선험적으로 아무런 지식을 가지고 태어나지 않은 백지상태의 본성을 가지고 있지만 경험과 감각작용을 통해서 인지발달이 단계적으로 환경과 상호작용을 하면서 이루어진다고 주장하였다.

로크의 백지설(Tabula Rasa)은 라틴어로 흰 책상을 의미한다. 백지에 그림을 하나하나 그려가면서 백지를 채운다는 의미이다. 인간은 태어날 때 깨끗한 백지처럼 아무것도 각인되지 않은 인지구조를 가지고 태어났지만, 후천적으로 감각기능이 환경과 상호작용하여 채워가면서 인지발달을 이끌어 간다는 이론이다.

록크의 교육사상에서 중요시하는 아동의 자유로운 신체 활동과 가정교육 그리고 신사교육은 핵심 사상이라고 할 수 있다(임채식, 강진영, 1993).

록크는 아동교육론에서 아동의 자유로운 신체 활동과 자연스러운 발달 성향 그리고 아동개성을 존중하고, 발달단계에 맞는 발달과제를 수행하는 것을 교육의 기본자세라고 하였다. 즉, 아동이 자유와 자연을 존중하고, 그들이 존엄한 인격적 존재임을 강조하였다. 긍정적인 상호작용과 격려의 의미에서 칭찬을 강조하였다.

2. 록크의 아동교육 사상론

록크의 아동교육론은 신체교육과 도덕교육 그리고 지식교육으로 구분할 수 있다.

1) 록크의 신체교육론

록크의 교육론 서두에서 '건전한 정신에 건전한 육체'라는 말을 언급한 것은 교육목적은 건강한 육체를 우선으로 훈련하는 것임을 보여주는 것이라고 할 수 있다. 신체교육은 자연원리에 의해서 자연적인 방법으로 조화롭게 균형을 이루어 건전한 육체를 만드는 것이다.

- 록크는 인격형성의 기초로서 건강교육을 중요시하였다. 건강한 신체에 건전한 정신(Man sana in corpo sano)을 중요시한 것은 인간은 육체적으로 건강할 때 정신적으로 행복한 상태를 유지할 수 있다는 것을 의미한다. 어

린이의 작업과 행복을 위해서 우선적으로 건강을 유지하여야 하며, 강인한 육체를 통해서 정신적 안정감을 얻을 수 있어야 한다고 말한다. 유아기에는 인지발달을 위해서 많은 활동을 요구하는데, 건강이 그 활동의 조건이라고 하였다.

- 록크는 어린이들의 신체교육의 방법으로 어린이들과 개인의 차이점을 인정하고, 기질, 습관, 생활양식이 서로 다른 사람들과 사회적 관계를 맺으면서 항상 대화하면서 지식과 사리 판단을 향상시켜 자신감을 가질 때 건강한 육체와 정신을 유지할 수 있다고 보았다.

- 신체교육으로 여행을 하면서 신체 훈련, 언어 훈련, 세계에 대한 열린 마음, 사물을 조심성 있게 보고 관찰하는 습관을 들이고, 주변 사람들과 예의 바르고 겸손하게 대할 것을 강조하였다.

- 신체교육은 영아기, 유아기에 주로 훈련되어야 하고, 음악과 더불어 하는 신체운동을 강조하였다.

- 건강은 자연의 리듬을 따라야 한다. 어린이들의 몸을 가급적 차갑게 입히고 자연과 더불어 자연을 즐기는 활동을 제공하고 자연의 질서에 따라야 한다고 말한다. 자연 친화적 생태에서 신체를 훈련하고 자연에 적응할 수 있도록 습관을 강조하였다.

- 어린이들의 과학적인 영양공급을 중요시하였다(임채식, 강진영, 1993). 규칙적인 식사 시간과 일정한 식사량 그리고 규칙적인 대소변 가리기 훈련을 건강교육에서 강조하였다. 신선한 빵과 우유를 권장하고, 약은 가능한 한 적게 복용할 것을 권고하였다. 어린이들에게 머리와 손을 차갑게 하고, 옷을 가볍고 얇게 입힐 것을 강조하였다. 육류보다는 야채를 즐기는 식사를 권장하였다.

- 충분한 수면시간을 중요시하였다. 수면에 필요한 환경과 위생시설은 물론이고 어린이들의 편리한 잠자리를 중요시하였다. 어린이들에게 수면과 영양은 기초 건강교육에 중요한 역할을 하기 때문에 건강한 식습관과 수면습관을 중요시한 것이다. 건강교육으로 어린이들에게 일찍 일어나는 습관을 들이는 것이 중요하다고 강조하였다.

2) 습관 교육론

록크는 습관에 대해서 다음과 같이 단호하게 언급하였다. 교육에서 주의하여야 할 중요한 사항은 어떠한 습관을 들이는 훈련을 하느냐에 달렸다고 말한다(김규성, 73). 성공적인 사람들은 훌륭한 습관을 많이 가지고 있다. 어린이들의 질서 생활과 규칙적인 생활 습관은 그들을 정상적으로 발달하도록 촉진하고, 어린이들의 일상생활습관은 그들의 미래에 성공적인 삶과 깊은 관계가 있다고 보았기 때문이다. 습관 교육론은 다음과 같은 내용을 포함하고 있다.

- 어린이들은 삶에 영향을 주는 정신적 형성, 정신적 의지력, 정신적 생활력과 초기단련을 통해서 습관으로 연결된다는 것이다. 선행과 나쁜 행동을 구별할 수 있는 능력, 규칙과 질서를 지키는 생활 습관, 시간과 약속을 지키고 유지하는 습관에 길들이기 위해서는 이성적인 판단을 필요로 한다.
- 모든 어려움을 극복할 수 있는 정신력을 길러야 한다. 어려움을 회피하는 것은 자신의 의지력을 잠금 장치하는 것이므로 욕망을 억제할 수 있는 자제력과 이성을 따를 수 있는 현명한 판단력을 습관 들여야 한다.
- 어린이들이 자기 통제력을 훈련하고 작업에 몰입하고, 집중할 수 있는 정신력을 강화하는 능력을 습관 들여야 한다.
- 어린이들이 하루 일과 중에서 작업 시간, 놀이 시간, 휴식 시간을 조화롭

게 분배하는 관리 습관을 중요시한다. 하루 일과를 관리하는 방법을 습관들이는 것이다.

- 어린이들을 부모의 의지에 따르도록 습관을 들이고 아버지의 권위를 인정하도록 습관을 들여야 한다. 록크는 부모들의 권위는 절대적인 것으로 생각하였기 때문에 비판을 받기도 하였지만 가정의 질서를 위해서 수직적 질서의 필요성을 강조하였다.
- 부모의 말씀을 듣고, 사랑하고, 존경하고, 존중하는 습관을 들여야 한다. 자식이 진심으로 부모를 존경하는 것은 후에 많은 문제가 발생하였을 때 유익하게 해결할 수 있는 유일한 방법이다. 서로 존중하고, 함께 공존하고, 협력관계를 유지한다는 것은 서로에게 강한 영향력을 미친다.

3) 상벌에 관한 교육론

록크는 어린이의 상벌교육에 대해서 꾸지람과 체벌과 보상문제에 관한 교육, 예의에 관한 교육의 3가지 관점에서 논의하였다(김규성, 1986). 우선적으로 꾸지람과 체벌에 관한 교육방법에 대해서 다음과 같이 묘사하고 있다.

- 어린이들에게 힘을 강화하기 위해서 보상행위를 적용하는 교육방법은 어린이들의 인격형성에 부정적인 요인이 된다.
- 어린이들에게 체벌을 강화할 때 정신적으로 구속력을 가지게 되고 의지가 약해지므로 힘과 근면성이 상실될 위험한 상황이 발생할 수 있다. 체벌교육방법은 체벌이 가해지지 않으면 교육결과를 가져올 수 없다. 체벌은 단지 순간적인 응급치료제일 뿐이다.
- 체벌교육은 교육자와 피교육자 사이에 감정적인 정서가 개입되기 때문에 결과적으로 교육적인 방법이 될 수 없다. 서로 부정적이거나 보복적 감정

관계를 유지하게 된다.

- 체벌교육은 노예적인 훈련이기 때문에 어린이들을 노예적인 기질, 대항하는 방법, 부정적 감성을 길러줄 수 있다.
- 체벌교육은 단기적인 훈육과 치료방법이 될 수 있지만 치유적 방법은 될 수 없다. 어린이들의 가치관이나 자존심에 상처를 줄 수 있고, 부정적 인간관계를 형성하게 된다.
- 어린이들에게 보상과 체벌을 행할 때는 합법적인 정당성이 있어야 함은 물론이고 그들이 납득할 만한 이유가 있어야 한다.
- 어린이들은 정신적, 육체적으로 수치심과 혐오감을 느끼기 때문에 가능한 한 체벌을 피하는 것이 가장 바람직하다.
- 부모는 자녀교육방법으로 질책하고 칭찬하는 방법에 일관성을 가지고 있어야 한다. 객관적인 방법으로 항상 자녀와 대화를 통해서 이해할 수 있는 방법을 제안하여야 한다.
- 교육자 자신이 체벌과 보상보다는 덕 있는 행동을 모범으로 보여줌으로써 어린이 스스로가 덕을 실천하는 법을 배우는 것이 우선적인 방법이다.

4) 록크의 도덕 교육론

록크는 어린이를 위한 예의범절 교육은 도덕으로 교육론을 주장했다. 그는 어린이들의 지적 교육보다 도덕 교육을 더 중요시하였다. 록크는 도덕 교육을 습관들이기 위해서 다음과 같은 내용을 강조하였다.

- 어린이를 부드럽게 사랑으로 타이르기, 작은 것으로 시작한 다음 한 가지를 완성하고 다음 것을 새로 시작할 것, 어린이들에게 부적합한 것을 강요

하지 않고 자율성, 독립성을 길러줄 것을 강조하였다.

- 어린이의 모든 도덕적 습관은 반성과 변별력 그리고 이유에 의해서 인위적으로 행하는 것보다 자연스럽게 일상생활 속에서 양육되는 것을 중요시하였다.
- 도덕교육에서 사회적 규칙은 대단히 중요하지만 어린이들이 지킬 수 있는 정도의 규칙을 부여하여 자기 스스로 책임의식을 가지고 준수할 것을 강조하였다. 단 한 번에 많은 습관과 규칙을 요구하는 것은 어린이들에게 책임감을 약화시키는 행위라고 한다.
- 교육자는 인간의 성격과 기질의 차이점을 인식하여야 하고 기질은 변할 수 없지만 성격은 교육을 통해서 수정 가능하기 때문에 성격과 기질을 변별하여 수정할 수 있는 적절한 방법을 제시하여 자기의 능력을 최대한으로 개발하는 것이 중요하다.
- 도덕교육은 인간의 자유를 인정하고, 자아통제 능력을 촉진하고, 인간의 존엄성을 인정하고, 교만하지 않고, 불행을 극복할 수 있는 능력을 개발하여야 한다.
- 모든 도덕교육은 규칙을 근거로 하여 실천행위를 강조한다. 자존감을 강화하고, 어른과 타인을 존경하는 선한 마음을 도야하여야 하고, 훌륭한 친구와 친화적 관계를 유지하는 것이다.
- 성실함과 독립심은 어린이들의 미덕을 보호할 수 있는 근거가 된다고 주장하였다. 선은 순종할 수 있는 실질적이고 본질적인 근거이므로 어린이들에게 선은 인격형성을 위한 중요한 요소일 뿐만이 아니라 행위를 드러내는 것이다.
- 어린이는 어린이다운 순수성을 상실하지 않고 성장할 수 있도록 양육과 교육을 하여야 하고, 자연스럽게 자기를 표출할 수 있도록 도와주어야 한다.

- 도덕교육은 신과 인간의 관계에서 경건함과 사랑을 근거로 실천적인 행동으로 연결될 때 의미가 있다고 하였다.
- 어린이들에게 체벌 교육은 노예적 기질을 발달시키고, 개인의 흥미를 억압하고, 모든 부정적 행동과 규칙적인 생활을 방해하기 때문에 도덕성을 상실하는 교육이라고 말한다.

5) 록크의 어린이를 위한 가정교육

록크는 가정교육의 여러 가지 문제로서 가정교사의 권위에 대해서 다음과 같이 언급하고 있다.

- 가족들 즉, 아버지와 어머니 자신이 가정교사의 권위를 인정하여야만 어린이가 교사를 존중한다는 것이다. 가정교사 자신이 자기감정을 통제할 수 있는 능력이 있어야 하고, 자기 자신의 모순된 논리와 무례한 행동은 어린이들에게 악영향을 준다고 하였다.
  부모가 교사를 존중하여야 하고, 인간적인 관계를 유지할 때 자녀도 그대로 모방할 수 있다.
- 어린이들이 부모를 존중하고, 부모의 말씀에 복종하는 자세, 덕망 있는 사람으로 성장하기 위해서 가급적 욕망을 절제할 것을 강조하였다.
- 어린이들을 감싸고 있는 환경을 중요시하였다. 가정교사의 자질은 성실성, 절제력, 근면성, 어린이들을 사랑할 수 있는 휴머니즘으로 사랑스러운 마음과 신중성을 갖추어야 한다.
- 가장 훌륭한 가정교사가 가장 훌륭한 어린이로 교육할 수 있다. 교사의 능력에 따라서 어린이들은 학습과정과 학습효과를 성취할 수 있기 때문에 훌륭한 가정교사를 모시기 위해서 경제적인 부담이 될지라도 교육을 위해

서 투자하는 것은 바람직한 일이라고 하였다.

- 가정교사는 학자의 자질이 있어야 하고, 예의범절을 갖추어야 한다. 어린이들에게 학문의 길을 열어줄 수 있고, 학문의 길을 갈 수 있도록 안내하는 등대지기와 같은 역할을 하여야 한다. 가정교사의 사명감은 성숙한 정신력과 훌륭한 습관, 덕, 지혜로 기본적인 가르침을 위해 자기 훈련을 하여야 하고, 자신의 자세에서 인간미가 보여야 한다.

- 가정교사는 어린이의 능력을 훈련시키고, 나태해지지 않도록 지도하여야 하고, 시간을 적절하게 사용하는 방법을 습득하도록 돕고, 모든 일의 시작과 끝맺음을 중요시하는 방법을 가르쳐야 한다. 또한 사회적으로 허용되는 질서와 규칙을 지킬 수 있어야 한다.

V 루소의 유아교육사상

1. 루소의 생애

루소(Jean Jacques Roussau)는 1712년 6월 28일 스위스의 제네바에서 태어났다. 그의 부친은 시계공업에 종사하였다. 비교적 가난한 집에서 태어나 유아기부터 인생의 불행을 체험하였다. 루소는 자기 자신의 인생에서 가장 불행했던 시절은 유아기였다고 말한다. 이 세상에 태어난 지 겨우 9일째 되던 날 어머니를 세상에서 떠나보내고 10살이 되던 해 아버지와 결별하였다. 자연적으로 일어난 불행한 운명을 경험한 루소의 유년기와 아동기는 불행했다. 루소는 16세부터 방랑생활을 하면서 신교에서 가톨릭 교회로 개종하였다.

루소는 1731년 샹베리의 와랑 부인을 만나면서 인생의 큰 전환점을 맞이하였다. 루소는 1735년 어린 시절부터 가졌던 요폐증 질환이 악화되어 그동안의 모든 방랑생활을 끝내고 인생의 마지막 정리라고 생각하여 교육을 위해서 남은 인생을 보내기로 결심하였다.

루소는 1742년 음악의 신기 보법을 발명하였지만 큰 성과를 거두지 못하였다. 음악 세계에서 그 당시 파리의 저명인사들과 접촉함으로써 자기의 사회적인 지위를 구축하는 데 일보 전진하였다. 1749년 디종 아카데미의 학술논문 현상을 출품한 논문이 당선되어 프랑스에서 새로운 문인으로서 위치를 다지게 되었다. 1752년 학문예술론의 대상결과로 가극인 〈시골 겁쟁이〉를 상영하여 다시 한 번 파리에서 명성을 얻고 세상에 알려지기 시작하였다. 1753년 디종 아카데미에 다른 논문을 제출한 것이 이미 전 세계에 알려진 '인간 불평등 이론'이며 인간사회에서 사유재산이 불평등에 원인이 된다고 신랄하게 비판하였다. 1756년 루소는 문화 세계의 본산지인 파리를 떠나 전원 마을인 에즈미타즈로 옮겨 마지막까지 집필 활동을 하면서 여생을 보냈다.

1761년 『신 에로이즈』를 출판하였고, 1년 후인 1762년에 『사회계약론』과 『에밀』(*Emile*)을 출판하였다. 이 두 가지 저서는 프랑스뿐만 아니라 그 당시에 베스트셀러처럼 아동교육 교과서로서 유아, 아동교육에 대단한 영향력을 끼친 걸작이었지만 루소 자신에게는 인생의 극적인 불행을 안겨준 작품들이었다.

1762년에 루소는 정부로부터 에밀의 위험한 사상론이라는 오명을 가지고 추방당하기도 하였고 그때부터 그의 인생은 다시 불행해지기 시작했고 방랑생활을 하기에 이르렀다. 1782~1789년 사이에 저술한 『고백론』은 인간의 진실성을 탐구한 걸작으로서 근대소설의 길잡이가 되고 있다.

1772~1776년 사이에 고백론의 속편이라 할 수 있는 『대화와 루소를 판단하여라』라는 작품을 마지막으로 66세의 일기로 한때는 학문 세계에서 명성을 얻고 파란만장했던 인생을 마감하였다.

2. 루소의 유아교육사상

오늘날까지 유아, 아동교육에 관심을 가졌던 많은 사람이 읽었던 『에밀』은 새로운 시각에서 어린이들을 바라볼 수 있는 틀을 만들어 주고 어린이를 위한 복음서처럼 오늘날까지 많은 교육자가 교과서로 애독하는 명서이다. 그의 아동관은 에밀의 작품을 통해서 알 수 있다. 코메니우스는 대교 수학을 통해서, 록크는 백지설을 통해서, 루소는 에밀을 통해서 자기 교육철학을 전개하였다.

루소는 진정한 인간성 회복을 위해서 어린이들이 자연으로 돌아갈 것을 강조하였다. 인간의 본성인 자연성을 회복할 때 인간은 다시 행복감과 가치를 가질 수 있다고 하였다. 루소는 어린이들의 본성인 자발성, 흥미, 학습의 내재적 동기를 중요시하였다. 『에밀』을 통해서 자기의 교육 철학과 인간관을 다음과 같이 이야기하고 있다.

◦ 루소의 인간관은 성선설에 기초하고 있다.

『에밀』의 첫 장에서 "만물의 창조주의 손에서 나올 때 선하다."라고 서술하고 있다. 에밀에서 제시하는 것처럼 이상적인 인간관은 인간이 본성에 의해서 주어진 자연성을 지닌 자연인이다. 루소의 자연개념은 생득적인 관점에서 인간 본성의 본질을 의미하는 것으로 사물과 사람 그리고 외부세계와 접촉하지 않은 순수한 상태이므로 성선설을 주장하였다. 선한 인간을 사회규범과 제도가 타락시킨다는 것을 의미한다.

자연인에게 발생하는 모든 감성적이고 감정적인 자아 사랑인 자기애에 기원을 둔 것으로 자기애는 자신의 확신감과 자기 존재에 대한 절대적 가치를 인정하려는 본능이다(안인희, 1990). 타락한 사회와 자기와 함께 공존하는 사람들에 의해서 오염되지 않은 순수한 자연성이라는 잠재적 본능을 소유하고 있으며, 순수한 자연인의 자연 상태를 교육의 초기단계로 설정하였다.

◦ 루소의 인간관은 인간은 사회적 존재로서 사회적 인간관이다.

루소는 인간은 본래 선하게 태어났지만 사회가 인간을 타락시켰기 때문에 교육의 대상은 역시 인간이 아니라 사회 제도를 개혁하고 정화시키는 것이다. 사회제도는 인간을 불평등 이론에 적응시키는 역할을 하였기 때문에 제도적으로 개인의 사유 재산권을 폐지하여야 한다고 주장한다. 사회 속에서 가진 자와 못 가진 자들 사이에 불평등을 없애기 위해서 공동분배의 이론을 제기하였다.

◦ 루소는 인간관에서 인간의 궁극적인 행복으로 자유의 중요성을 강조하였다.

개인의 기본적인 욕구를 충족시키기 위해 자유가 필요하며, 인간이 자유로운 존재로 태어난 이상 자기 주변의 모든 얽매임으로부터 해방되어야 함을 강조하였다.

루소는 인간의 모든 의지에서 자유의지를 빼앗아버리는 것은 인간행복론의 극치인 도덕성을 파괴하는 것이다. 그는 인간이 소유하고 있는 본능 중에서 가장 탁월한 것이 자유이며, 인간은 오로지 자유를 통해서만 인간화의 길을 걸어간다고 하였다.

- 인간관은 미개상태의 자연인을 도덕적인 자유인으로 이끌어 내는 것이다.

루소의 이상적 인간상은 자연인으로 되돌아가도록 안내하는 것이며, 자연인은 인간의 선한 본성을 의미하는 것이지 인간을 무지의 상태, 미개의 상태로 되돌리려는 것은 아니다. 그러므로 자연인의 의미는 인간의 선함을 교육을 통해서, 건전한 사회를 통해서 유지하도록 노력하는 것이다. 이상적인 자유인은 자율적이고 합리적이고 도덕적인 자유를 지닌 자유인을 의미하며, 자기 노력에 의한 선한 이성적 자유인을 의미한다.

- 루소의 아동관은 자연관에 기초하고 다른 한 편으로 자연은 모든 사상의 기초가 된다.

루소의 자연 개념은 그의 총체적인 철학적 개념이라 할 수 있다. 본성을 선하게 유지하는 자연관은 순수한 인간성을 보존하는 것, 즉 자연인이 되는 것, 이상사회를 구성하는 것이다. 인간의 능력과 자연적 본성을 드러내는 것으로써 우주의 궁극적인 원리를 의미한다.

인간이 자연을 순수하게 보고 받아들이면서 관찰함으로써 자연의 의미를 터득할 수 있다. 자연은 고유한 법칙과 질서에 의해서 존재하기 때문에 인간은 이러한 자연 질서와 규칙에 복종하여야 할 의무가 있다. 인간의 모든 행위는 자연이 지배하고 있다. 이러한 의미에서 루소의 자연은 인간 본성의 원시적 성향인 주관적 자연을 포함하고 있다. 루소의 자연관은 사회에서 타락하지 않은 순수한 자연 상태와 인간이 자연 질서의 법칙을 따르면서 발달하는 발달원리 그리고 인간을 에워싸고 있는 자연현상을 의미한다. 루소의 자연관은 우주적 질서에 참여하는 것이다.

인간은 우주질서에 참여하려는 본능적인 경향을 가지고 있기 때문에 인위적이거나 허위적인 인간사회 문화가 우주질서를 역행시키고 오염시킨다고 하였다. 순수하고 선한 마음으로 우주질서에 참여하도록 만드는 것이 바로 자연 질서에 순응하는 것이다.

루소가 사회를 바라보는 관점은 자연인인 인간의 인간성을 파괴하고, 장애요인이 되는 것을 서로의 협력관계에 의해서 극복할 수 있는 힘은 오로지 사회와 계약이라고 생각하였다. 사회가 가지고 있는 훌륭한 기능을 방해하지 않는다면 건강한 사회로 발전할 수 있지만 사회부패로 인해 인간의 순수한 본성이 파괴된다고 생각하였다.

루소는 인간이 사회적 동물임을 강조한다. 사회는 개인을 통해서 개인은 사회를 통해서 발달하는 동시에 성장하고 연구되어야 한다는 논리에서 보는 것처럼 인간과 사회의 관계를 중요시하는 것이다.

루소는 인간 불평등 이론에서 언급했듯이 재산소유에 관한 불평등과 사회악에 대한 비판을 서슴지 않고 토론하였다. 도덕적으로 정당한 재산만을 인정하였고 보호하여야 한다고 언급하였다.

루소의 사회계약은 모든 인간이 자연인으로서 사회의 질서와 계약 그리고 법률에 의해서 살아가기를 원할 때 다시 말해서 자기가 속한 사회에서 의지에 따라서 살아가는 방식을 의미한다. 루소는 사회의 이상적인 자연인은 자유와 평등 이론과 박애정신을 가진 덕인으로서 이상적인 사회를 구현하는 것이다.

루소의 불평등 이론은 두 가지로 요약된다.

하나는 자연적이고 신체적인 불평등 이론으로서 어린이들의 건강한 체력과 정신 그리고 영적인 차이를 의미하고, 다른 하나는 도덕적이고 정치적인 불평등 이론으로서 모든 사회 현상이 남성의 힘으로 이루어져 있으므로 사회가 조화롭지 못한 상황을 의미한다. 루소는 어린이들의 건강한 몸은 신비와 경이로움으로 가득 찬 성스러운 징표이므로 정신적, 육체적 건강을 강조하였다.

3. 루소의 종교관

루소는 『에밀』의 4부에서 언급하고 있는 사보야 신부와의 고백에서 종교의 이해와 중요성에 대해서 언급하고 있다. 루소는 신앙에 대한 3가지 원리를 다음과 같이 언급했다.

- 제1원리 : 우주를 움직이고 있는 절대 의지의 존재토록 만드는 존재자와 자연에 생명을 불어넣어 활동하도록 하는 활동자, 우주를 운동하고 질서를 유지하도록 하는 절대자를 신이라고 한다. 만물 속에 신이 존재하는 만유재신론, 우주가 거대한 질서 속에서 정확하게 움직이고 있는 운동자의 원리이다.

- 제2원리 : 일정한 법칙에 의해서 운동이 일어나도록 하는 물질은 인간에게 하나의 지성으로 표출된다. 능동적이고 생각할 수 있는 지성을 부여한 것이 바로 신이 존재하기 때문이다. 지혜는 삶의 근원 생명을 사랑하도록 만들어 주며, 진심으로 삶을 사랑하는 것이 바로 지혜라고 할 수 있다.

- 제3원리 : 인간의 자유와 만물 중에 가장 고귀한 생명을 부여한 것이 신의 존재이다. 신은 인간에게 선을 행하고 악을 피할 수 있는 능력을 부여하여 자유로운 존재로 만들었다. 모든 인간은 신비롭게 태어났고, 신은 사물과 인간이 서로 연결되어 있다는 것을 경험하도록 절대적으로 증명해주고 돕는 자이다.

루소는 인간다움의 아름다움을 지닌 사람이나, 도덕성을 지닌 사람이나, 숭고한 마음을 가진 사람들은 모두 신앙생활을 하는 사람이라고 말한다.

4. 『에밀』에 나타난 교육사상

『에밀』의 교육사상은 유아기, 아동기, 소년기, 청년기 그리고 여성교육단계의 5단계로 나누어진다.

1) 유아기의 교육사상

『에밀』에는 유아기 교육사상으로 교육의 기본적인 원리, 자연교육의 목적, 부모, 아동, 교사와 자연교육의 원리에 대해서 언급하고 있다(안인희, 1990).

교육의 기본적인 원리는 다음과 같다.

- 모든 인간은 본성에 순종하여야 한다. 루소는 창조자의 손에서 나올 때는 성선설의 본질을 가지고 태어나지만 인간의 손, 타락한 사회가 인간 본성을 타락시킨다고 하였다. 그러므로 교육대상은 인간을 교육하는 것이 아니라 사회를 정화하고, 사회개혁, 사회의 불평등을 합법적으로 개혁하여야 한다는 이론이다. 오염된 사회는 인간 본성을 다시 오염시켜 본성을 그대로를 보존하지 못하고 망가트린다. 자연의 섭리에 따라서 살아가도록 돕는 교육을 의미한다.
- 어린이의 교육은 총명하고 부드러운 어머니들이 책임져야 하고, 여성이 가정교육에 종사하는 것은 창조주의 뜻이라고 말한다. 유아기는 모든 사물을 직접적으로 흡수하고, 기본적인 생활습관은 가정에서 어머니에 의해서 이루어져야 한다는 것이다.
- 인간은 교육에 의해서 인간답게 성장한다. 유아기는 무능력 상태로 동물과 흡사한 상태를 유지하기 때문에 모든 교육이 이루어지는 시기다. 이 시기는 아직 자연인의 상태에서 벗어나지 않았기 때문에 자연인으로 선한 본능을 유지하여 본성이 발달할 수 있도록 건강한 사회를 만들어가야 한

다는 주장이다.

어린이들을 인간화, 육화로 진화할 수 있도록 도울 수 있도록 하는 가정교육이 절대적으로 필요한 시기이고, 가정교육은 온화한 어머니에 의해서 이루어져야 한다는 것이다.

- 인간교육은 인간과 사물의 관계 그리고 자연과의 관계를 통해서 서로 조화를 이루면서 자연교육에 일치할 때만이 목적을 성취할 수 있다. 인간과 모든 생명체와 사물은 상호관계를 유지하면서 위대한 협력관계를 유지한다는 것이다. 인간과 연관된 모든 창조물이 서로 협력하면서 균형을 이루어 통합적으로 진화해갈 때 인간 본성을 바르게 양육해 갈 수 있다.

루소의 유아기에 자연교육은 자연과 하나 되어 소통하는 훌륭하고 관습적인 습관을 의미하며, 그 목표를 다음과 같이 설정하였다(안인희, 1990).

- 루소의 인간교육은 자연을 따르는 인간교육이다. 루소는 인간과 사물 그리고 자연이 서로 상호적으로 일치하여야 하지만, 만약에 대립상태에 있다면 자연교육을 중심으로 모두 재구조화하여야 한다.
- 인간답게 교육된다는 것은 인간이 처한 상황과 조건 속에서 자기 극복을 할 수 있도록 훈련하여 자연인으로 도야하는 방법을 훈련하는 것이다.
- 인간교육은 자연을 정확하게 관찰하고, 자연의 섭리를 따르면서 자연이 어린이에게 지속적으로 훈련하는 것을 수용하여야 한다.
- 루소는 어머니의 책임의식을 중요시하였다. 결혼하여 자녀를 원치 않는 여성은 부모로서 책임과 의무를 포기하는 부도덕한 행위라고 하였다. 신생아에게 모유를 수유하는 것은 신체적인 접촉뿐만 아니라 심리적인 측면에서 정서적 안정감, 애정적 교감, 서로 사랑을 주고받는 가장 깊은 모성적

관계이기 때문에 자녀에게 모유를 공급할 것을 권장하였다.

이 시기는 단지 발달할 수 있는 본능적인 힘만을 소유했기 때문에 감각적인 훈련과 환경이 주어지면 자연적으로 성장할 수 있다고 말한다. 그러므로 유아기의 교육원리는 다음과 같다.

- 욕망과 습관을 가급적 억제하여야 한다.
- 어린이의 선한 측면을 사회가 타락시키지 않도록 하여야 한다.
- 언어학습을 준비하여야 한다. 자연적인 발달단계를 따르도록 인위적으로 강요하지 말아야 한다.
- 유아기에는 어린이들의 도덕성에 관심을 가져야 한다. 선과 악의 개념은 이성이 발달하는 시기까지는 무능력 상태이고 악은 악한 마음에서 발생하는 것이므로 강하고 선한 어린이로 양육할 것을 권장하였다.
- 유아기는 신체적인 활동을 통해서 신체적인 건강을 중요시하였다.
- 교육적인 배려로써 움직이기에 편리한 옷을 입히고 가급적이면 찬물로 목욕시킬 것을 권고하고, 모유로 양육할 것을 권장하였다.

2) 아동기의 교육사상

루소는 아동기의 특성을 고려하여 자연교육방법을 제시하였다(안인희, 1990).

- 모든 어려움과 고통을 극복하는 훈련을 중요시하였다. 체력을 발달시키고, 과보호를 경고하였으며, 자신이 확신감을 가지고 살아갈 수 있도록 교육하여야 한다. 자신에 대한 도전 정신과 자아 정체성에 관한 훈련을 중요시하였다.
- 예측할 수 없는 미래를 위한 준비보다는 현재에 만족하고 즐거워할 수 있는 행복한 어린이로 인간답게 살아가는 방법으로 아동기의 좋은 추억과

사랑의 본능을 사랑하는 방법을 가르칠 것을 강조하였다.

- 아동기는 상상력이 발달하는 시기이므로 자기능력을 확대하여 스스로 확대할 수 있는 능력을 길러주는 것이다. 인간의 부질없는 욕망으로 인해서 불행해질 수 있지만, 풍요로운 상상력을 단계적으로 현실화함으로써 행복한 삶을 살아갈 수 있는 훈련이 필요하다고 하였다.
- 루소는 아동기는 사회정의 차원에서 자유와 평등개념을 심어주는 것이 중요하다고 말한다. 아동기부터 자유와 평등 원리를 스스로 경험하는 것은 어려서부터 사회정의에 대한 개념을 훈련하는 것과 같다.
- 아동기는 이성이 발달하는 시기이므로 이성적인 대화, 이성적인 판단력, 이성적인 태도를 발달시켜야 한다. 루소는 경쟁심, 질투, 선망, 허영심, 탐욕심, 공포심 등은 이성적인 행동을 실천하는 데 장애요인이 된다.

루소는 아동기인 6세에서 12세까지로 야만인의 시기라고 하였다. 이 시기의 교육원리는 다음과 같다.

- 이 시기는 감성에 따라서 행동하기 때문에 인간 본성에 대한 신념을 가지도록 하여야 한다.
- 신체 훈련의 중요성을 강조하였다. 감각이 존재하는 시기에서 행동이 존재하는 시기로 변화하므로 사고의 기능을 발달시켜야 한다.
- 감각훈련을 통해서 사물을 학습할 수 있는 환경조건을 제시하여야 한다.
- 아동에 대한 놀이의 중요성을 강조하고 놀이를 통해서 건전한 인성을 발달시킬 수 있어야 한다.

- 교육내용으로 아동기는 신체적인 훈련을 위해서 식물재배와 노동을 중요시하였다.
- 자연교육 방법으로 어려움을 극복하는 훈련, 행복한 삶을 살아가는 방법, 상상력을 발달시키는 시기, 자애심과 이기심을 길러주는 시기이므로 이에 따른 교육적인 배려를 중요시하였다.

3) 에밀에 나타난 소년기의 교육사상

루소에 의하면 소년기는 13세에서 15세까지를 말한다. 소년기의 학문적 특성을 살펴보면 다음과 같다.

- 소년기는 이성이 극도로 발달하는 이성적 시기이다.

  어린이들의 잠재능력을 최대한으로 개발하여 이성을 진실하게 활용하고 판단할 수 있는 시기로서 이성적인 활동이 시작되는 동시에 지적인 호기심이 나타나는 학문적 시기이기도 하다. 그러므로 자연현상에 관계되는 지리학과 천문학 그리고 물리학과 기호학에 관심을 가지도록 어린이들을 지도해야 한다.

- 학문을 다룰 수 있는 능력을 훈련하는 시기다.

  루소는 소년기의 교육적인 방법으로 어린이들에게 학문을 직접 가르치기보다는 직접적인 훈련방법으로 학문을 사랑할 수 있는 능력을 길러주는 간접적인 방법을 선택하였다.

  자기주도적 학습훈련, 자율성, 독립성을 발달시키고 직관원리를 사용하는 직관주의 교육방법 그리고 어린이들 스스로 경험하도록 권장하는 경험주의 교육방법을 중요시하였다.

  루소는 사회가 인간을 악하게 만든다는 관념에서 벗어나지 못했다. 가급적 사회와 관계를 맺지 않는 방법을 택하였으며 자기 스스로 학문을 터득하고 훈련할 수 있는 능력을 요구하였다. 이러한 이론은 현대 교육자들에 의해서 많은 비판을 받았다. 교육은 사회를 절대적으로 배제할 수 없기 때문이다.

- 이 시기에 학문은 실제생활에 적용할 수 있는 유용성이 보장되어야 한다.

모든 학문이 실제생활과 관계되지 않는다면 학문으로서 가치가 없다고 하였다. 이 시기의 소년들에게 이론에 근거한 자연친화적 활동을 할 수 있는 자연현상에 관한 관찰, 우주교육, 물리학, 박물관 견학, 해양의 신비에 관한 지식, 식물에 관한 지식을 우선적으로 가르칠 것을 권장하였다. 즉, 자연과 인간의 관계를 접목시킬 수 있는 과목을 중요시하였다. 인간이 자연을 떠나서 생존할 수 없고, 자연이 인간을 껴안지 못한다면 무엇이, 누가 자연과 소통하면서 서로 협력관계를 유지할 수 있을까?

- 소년기에 직업교육의 중요성을 강조하였다.

직업은 인간이 살아가는 데 절대적으로 필요한 정신적이고 육체적인 발달의 근거를 제공하는 매체다. 인간의 손과 머리를 지혜롭게 사용할 수 있는 기술을 배우는 것은 정신과 육체를 조화롭게 발달시키는 중요한 요소가 된다. 인간의 몸이 거룩하고 위대한 성전이라면, 이러한 성전을 유지할 수 있는 것은 정신력이고, 창조 작업을 정교하게 만드는 것은 손 기능, 숙련된 창조 작업과 손 기능은 자기 직업을 통해서 더욱 훌륭한 장인이 되도록 안내한다. 직업은 인간의 가장 기본적인 희로애락의 욕구를 충족시키는 원동력을 이끌어 간다.

4) 에밀에 나타난 청년기의 교육사상

루소는 인간 존재와 인간의 삶이라는 두 가지 측면으로 구분하는데, 전자는 인간존재로서 탄생을 의미하고, 다른 하나는 서로 다른 특성으로 탄생함을 의미한다(안인희, 1990). 이러한 의미에서 청소년기는 이 두 가지 측면에서 서로 영향력을 주고받는다.

- 청소년기는 자애심과 이기심이 공존하는 시기이다.

그가 말하는 자애심은 인간 본성의 내재적인 기본원리 중 하나를 의미하고, 원초적이고 근본적인 열정으로서 자기애는 항상 선한 의지를 가진다. 이 시기는 항상 선하면서 질서와 일치하려는 성향이 있는 자애심을 길러주어야 하는데, 이는 자기애와 자기 보존개념이 강할 때 자기 사랑이 타인 사랑으로 옮겨지는 것이다.

반대로 이기심은 항상 다른 사람과 비교하고, 불만족하고, 소유욕이 강하고, 모든 인간관계에서 자기중심적이다. 이러한 이기심을 극복하기 위해서 맹목적인 사랑이 아니라 선을 근거로 한 사랑을 실천하도록 교육하여야 한다.

- 청년기는 성교육을 필요로 하는 시기다.

성교육은 자연스러운 상황에서 자연스러운 방법으로 인간의 순진성을 보존할 수 있도록 주변의 사람들이 도와주어야 한다. 생리적인 현상으로 신생아의 탄생은 지극히 자연스러운 것이므로 자연스러운 상황에서 성교육을 시작하여야 한다.

- 청년기는 사회적인 감각을 발달시킬 수 있는 교육이 이루어져야 하는 시기다.

도덕적인 행동은 인간이 사회와 관계를 맺어감으로써 시작된다. 사회공동체의 일원으로서 사회적인 동정심, 질투심, 연민, 증오와 같은 부도덕한 정념을 피하고 인류애를 위한 사회적 도덕률, 공동체 의식, 협력관계의 성공적인 관계에 시선을 돌려야 한다.

루소는 청소년들은 자기의 경험으로 인해서 자신의 고통을 인지하지만 타인의 고통은 인지하지 못한다. 상상력과 더불어 단계적으로 타인의 고통과 불행에 대한 감정을 이해하게 된다. 그는 잔인한 정념을 회피하기 위해서 3가지 원칙을 제시한다. 첫째는 항상 자기보다 불행한 사람과 비교할 것, 둘째로 타인의 불행과 나의 불행은 항상 시간성을 두고 나에게도 공존할 수 있다는 것, 셋째로 타인의 불행을 측정하는 공감 정도에 따라서 감정이 달라질 수 있다는 것이다.

- 청소년기는 진실한 우정관계, 사회와 인간에 대해 연구하고, 역사를 통해서 인간을 연구하고, 허영심에 대한 경고, 실천적인 관점에서 도덕교육을 중요시하는 시기다.

『에밀』은 이러한 과정을 거쳐서 훌륭한 인간으로 성장할 수 있는 능력을 가지고 자기 삶을 행복하게 살아갈 수 있도록 도와주는 아동교육의 지침이 되는 책이다.

제6장

유아교육학자로서 신인문주의 교육사상

제6장 유아교육학자로서 신인문주의 교육사상

신인문주의는 독일을 중심으로 일어난 교육사상으로, 대표적인 유아교육자로서는 페스탈로치와 프뢰벨을 들 수 있다. 18세기 유럽의 정신 사조를 변화시켰던 계몽주의 사상을 근거로, 인간의 전인적 조화로움, 균형적 발달을 인간의 정서 발달을 중요시한 인문학적 사상이다. 그렇기 때문에 인간의 본질을 감성, 심미적인 진선미, 지식과 편안한 삶, 개인 차이, 인간존중, 사랑을 갈망하는 정신 운동이다.

I 페스탈로치의 유아교육사상

1. 페스탈로치의 생애

페스탈로치(Pestalozzi)는 교육자이자 교육실천자로, '고아들의 아버지'라 불릴 정도로 범인류애적인 교육을 몸소 실천하였다. 그는 1746년 취리히(Zürich)에서 태어나 1827년 노이호프(Neuhof)에서 세상을 떠날 때까지 어린이들과 더불어 파란만장한 생을 살아가면서 29권의 페스탈로치 전집과 13권의 서간 전집을 남겼다(Krecker, 1971).

페스탈로치는 소통능력과 감화력을 지닌 민중을 위한 설교자이며, 고아들의 아버지이며, 가난한 사람들에게 완전히 내어 준, 어린이들을 위한 인류애적, 범평화교육 학자이다.

페스탈로치는 3가지 역사적인 상황에 의해서 교육의 필요성을 강조하였으며,

이에 교육의 길을 선택하였다(김정환, 이재준, 1991).

첫째, 연방체제인 스위스 국적으로 태어난 페스탈로치는 산업혁명과 프랑스 혁명을 통해 소유자와 비소유자의 정신적인 고통을 직접 경험하면서 스스로 교육자가 되겠다고 결심하였다. 그는 인간의 지배와 인권존중을 경시하는 풍조를 교육을 통한 의식적인 변화를 가져와야 한다고 생각하여 교육자가 되기를 결심하였다.

둘째, 교육은 제도적인 측면의 개선만으로 이루어질 수 있는 것이 아니라 그는 프랑스 혁명을 직접 체험하면서 하나의 제도가 완전한 교육을 이끌어갈 수 없음을 확신하였다. 환경적 존재임을 직시하고 준비된 학습 환경에서 자기 활동을 자율적으로 전개해야 한다는 것이다.

셋째, 페스탈로치는 교육은 민중과 만남으로써 이루어질 수 있다고 확신하였다. 그는 민중교육을 통해서 민중을 자각시키는 것을 교육 목적으로 삼았다. 이러한 그의 교육철학을 근거로 한 아동교육에 관계된 저서로는 『게르트루트는 자기 자녀를 어떻게 교육하였는가?』(*Wie Gertrud lehrt ihre Kinder?*)(1801), 『은자의 황혼』 등이 있다.

2. 페스탈로치의 교육철학과 방법

페스탈로치는 자연 질서를 따르는 자연주의와 모든 사물을 관찰하여 그 내용을 교육방법과 원리에 적용하는 직관주의에 영향을 받았다. 그는 도덕성의 기본 원리인 사랑, 신뢰, 믿음, 감사, 책임감과 의무감 훈련이 교육의 기초라고 생각하였기 때문에 이러한 기초 교육이 가정에서 이루어져야 한다고 주장하였다.

페스탈로치는 인간의 발달단계를 세 단계로 구분하였다. 유아기는 질서와 규칙을 모르는 자연 상태인 시기로, 아직 무지함, 미완성, 잔인함, 죄의식이 없는 상태이다. 청소년기는 사회화 과정이 이루어지는 타율적인 시기로, 자신의 소유물을 중요시하고 가지려는 욕구와 보호하려는 욕구를 동시에 지닌 시기,

성인기는 규율에 사로잡히지 않고 모든 사건과 상황을 자율적으로 판단하고 생각하는 자율성이 발달하는 도덕 상태에 이르는 시기로 구분하였다(김수동 외, 2011).

페스탈로치는 심정력, 정신력, 신체력을 인간의 본능으로 보았다. 교육은 이 세 가지 본능을 조화롭게 발달시키는 데 목적이 있다. 또한 교육은 인간의 모든 능력을 자연의 순리에 의해서, 발달단계에 맞는 발달과업을 이루는 것, 정신과 육체가 조화롭게 전인적으로 발달할 수 있도록 돕고 안내하는 것이라고 하였다.

페스탈로치는 교육을 도덕교육, 정신교육, 기술교육으로 구분하였다. 도덕교육은 인간 삶에 필요한 기초교육으로서, 유아기부터 가정에서 이루어져야 하고, 정신교육은 어린이들의 생활공동체인 학교에서 훈련과 학습을 통해서 이루어져야 하고, 젊은이들의 사회생활에 필요한 기술교육은 사회교육기관에서 이루어져야 한다고 주장하였다.

또한 페스탈로치는 인간의 행복을 위한 앎의 욕구인 지식, 생활과 직업에 필요한 기술, 사회적 관계를 맺고 살아가는 데 가장 필수적인 경제개념, 인간의 정신적인 욕구를 충족시키는 종교에 대한 믿음은 인간의 우주적 사랑에 기초한다고 주장하였다.

페스탈로치의 교육관은 특별한 계층을 대상으로 하는 것이 아니라 중산층을 대상으로 하는 민중교육으로서, 가정, 학교, 사회가 적극적으로 교육에 참여할 것을 강조하였다. 그의 교육사상에는 항상 민중과 민족이 중심이 되었다. 민중들의 가난에 아픔을 공유하면서 민중과 더불어 발전적인 삶을 살 수 있도록 민중을 의식화시키는 교육이었다.

페스탈로치는 『게르트루트는 자기 자녀를 어떻게 교육하였는가?』라는 저서에서 신의 교육철학을 하나의 가옥과 비유하여 전개해 나가고 있다. 3층 구조의 집에 비유한 것으로, 1층은 빈민들이 사는 창문도 없는 낙후된 환경의 집이고, 2층은 많은 사람이 모여 사는 다세대 주택과 같은 구조로서 역시 가난한 사람들의 주거 공동체이고, 3층은 귀족들이 살고 있는 채광이 잘 들고 신선한 공기가 환풍되는 고급주택과 같은 형태이다. 그는 교육을 통해 인간의 평등원리를 적용하려고 노력하였다. 1, 2. 3층에 살고 있는 모든 사람은 기본적으로 행복과 평등을 공유할 권리가 있다고 주장하였다.

페스탈로치는 교육을 통해서 어린이 교육과 아동교육을 개혁하려고 노력한 어린이들을 위한 개혁 교육자로서 민중 교육을 주장하였다. 그는 어린이들을 위한 환경·문화적 조건, 불합리적인 사회구조를 개혁하기를 원하였다. 그는 민중교육의 개념은 단지 학교교육으로 제한하는 것이 아니라 가정, 사회, 직업, 종교교육장으로 확산하여 교육개혁을 이끌어 낸 실천적 교육자이다.

페스탈로치는 다음과 같은 교육방법 원리를 어린이들에게 적용하면서 실천적 교육을 중요시하였다(김정환, 이재준, 1991).

- 모든 인간교육의 기초는 직관에 의해서 이루어진다. 직관주의는 어린이들을 직접 관찰하고, 관찰한 내용을 교육방법에 적용하는 것이다.
- 유아기의 언어교육 역시 직관원리와 관계를 가져야 한다.
- 유아기의 기초교육 시기는 판단과 비판을 하는 시기가 아니다.
- 모든 교육은 교육 전반을 통해서 가장 단순한 논리에서 시작하면서 어린이들의 발달단계를 고려하여야 한다. 발달단계와 발달과업이 존중되어야 한다.
- 교사는 어린이들이 완전하게 학습할 때까지 충분한 시간을 제공하여야 한다.
- 수업방법은 개인의 능력과 차이를 고려하여 개별화 학습이론을 따라야 한다. 개인의 능력과 창의적인 관점을 고려하여야 한다.
- 교사는 학생, 즉 어린이들의 인격적인 존중은 물론, 그들의 개성을 최대한으로 존중하여야 한다.

- 유아교육, 즉 기초 교육의 목표는 지식과 기능을 습득하는 것이 아니라 전인적으로 정신적 능력을 발전시키는 것이다.
- 지적 교육은 삶의 지혜로운 방식과 지식을 실제적이고 일상적인 삶과 연결시켜서 제공한다.
- 학교교육은 우선적으로 사랑을 전제로 하여야 하고 사랑에서 출발하여 사랑으로 이루어져 사랑으로 마쳐야 한다. 학교교육은 어린이들과 교사의 관계에서 가장 우선적인 관계인 사랑을 전제로 한다고 주장한다.
- 교수방법, 교수목적은 교육목적을 성취해 내야 한다.

페스탈로치(Pestalozzi, 1991)는 위와 같은 교육방법 원리를 근거로 민중의 자녀로 교육되기를 원했다. 전인적 기초 교육의 원리는 다음과 같다. .

① 합 자연(Naturgemässigkeit)의 원리이다.

그 당시 하나의 사회적 현상은 소유자와 비소유자 사이의 불평등으로 자행되는 비인간화 현상이다. 그에 대한 원인이 바로 인간성에 대한 불신으로 생각하였기 때문에 인간성 회복에 대한 갈망을 원하였다. 인간의 정신과 손, 그리고 문화로 인하여 타락한 인간성을 회복하여 인간의 원래 선한 모습으로 되돌아가자는 것이다. 다시 말해서 하늘이 명하는 자연 질서에 순응하여야 하며, 자연법칙에 의한 순차성, 상관성, 전인성, 법칙성, 개별성, 관계성, 연관성을 존중하고 순종하여야 한다는 것이다.

② 수(Zahl)와 형태(Form), 그리고 단어(Wort)에 대한 교육방법론이다.

모든 사물에 대한 인식은 직관적 인식에서 출발한다는 페스탈로치의 인식론은 사물이 지니는 특성을 근거로 가장 단순한 것에서부터 시작하여야 하고,

개념에 대한 정의를 정확하게 인식하여야 하며, 개념과 개념의 연관성을 철저하게 학습하고, 심리학적인 순차성과 계열성을 존중하고, 직관력을 권장하는데 세 가지 기초적인 요소들은 필연적인 것이다. 어린이들에게 수는 논리적 사고를, 형태는 지구상에 존재하는 기본적인 모양과 기하학을, 단어는 어린이들 언어교육의 기초로써 문장 만들기, 연결하기를 가르치는 기초적인 요소들이다.

③ 직관력 도야의 원리이다.

인간은 다섯 가지 감각기관을 통해서 직관력을 발달시킬 때 사물을 정확하게 인식할 수 있다. 직관력으로 사물의 대상과 만나서 사물의 본질을 확실하게 이해하고 직관함으로써 새로운 지식을 형성하게 된다. 유아기에는 사물이 없이는 정확한 지식을 형성할 수 없다.

④ 도덕교육과 종교교육의 원리이다.

페스탈로치는 어린이들의 기초 교육은 어머니의 무릎 위에서 그리고 안방에서 이루어지면서 인격을 형성한다고 하였다.

- 어머니-자녀 사이에서 이루어지는 사랑, 신뢰, 감사, 순종, 믿음, 의무감에 의해서 어린이들의 종교심이 발달한다.
- 어린이들은 감성적이고, 감각적이고, 사랑을 갈망하기 때문에 가정에서 어머니와 더불어 정서적으로 경험하는 모든 것이 그들의 도덕성을 발달시킨다.
- 이유기에 독립심이 발달하는데, 이러한 독립심을 어머니와 자신을 분리하는 기초적인 행동으로, 자립심과 자율적 행동을 훈련하는 것이다.
- 어린이들의 도덕성 발달은 자기완성과 인류애에 대한 완성이다. 자기완성은 미완성된 인간에서 인간화 또는 육화의 방법을 통해서 자기를 완성하는 과정이

고, 인류애는 인간이 성장하면서 이웃과 공동체를 형성하여 사랑을 나누고, 서로 협력하고, 인류의 평화를 위해 기여하고자 하는 노력이다.

- 인간은 절대자와 더불어 자기완성과 인류애의 완성, 그리고 우주의 완성을 추구하는 것이 목적이므로 인간에게 자기 초월의 개념을 부여한다. 인간은 사랑을 통해서 자기 초월을 실천해야 한다.

⑤ 인간화의 원리이다.

페스탈로치는 모든 교육이 인간의 삶을 지각시키고 인간의 참된 모습으로 변화하지 않는 한 아무런 의미를 가지지 못한다고 말하였다. 어린이들이 신체 발달이 곧 전인적 발달을 지향하는 기초이므로 기능보다는 기초훈련 교육을 중요시하였다.

3. 페스탈로치의 전인적 자녀교육론

페스탈로치는 자녀가 집에서 옷을 만들고 가사 일을 할 수 있도록 기본적인 일상생활을 가르쳐야 한다고 주장하였다. 그는 모성이 온화하면서도 가장 큰 위력을 지니고 있다고 강조하였다. 자녀에게 어머니는 가장 탁월하고 훌륭한 교사인 동시에 가장 무서운 지도자임을 강조하면서 모성애가 교사의 가장 중요한 조건이며 교육의 원동력이라고 말하였다. 자녀는 가정에서 부모의 삶 자체를 보고 배움으로써 사랑과 도덕성을 발달시킨다. 그는 어린이들의 도덕성은 가정에서의 순종적 태도, 사랑, 신뢰, 감사, 순종하는 태도에 근거한다고 주장하였다. 그는 모성의 위력을 강조하고 모성이 자녀의 인격형성과 사회화의 기본적인 역할을 한다고 말하였다(Pestalozzi, 1991).

페스탈로치는 가정의 수직적·수평적 질서를 강조하였다. 그는 민중의 가난의 원인을 무질서에서 찾았다. 가난과 무질서의 순환이라는 것이다. 어머니들은 말로 자녀를 가르칠 것이 아니라 실천으로 보여주면서 모델링 역할을 해야 한다고 강조하였다. 어머니는 자녀에게 뜨개질을 가르치면서 노래를 부르고, 직업의식을 가르치고, 덧셈과 뺄셈을 가르치면서 모국어를 가르쳐야 한다고 말하였다. 물론 가정에서도 정신력, 심정력, 기술력을 훈련할 것을 강조하였다. 페스탈로치는 어머니들에게 어린 자녀에게 감각을 활용하는 방법을 가르치고, 자녀와 환경을 항상 청결하게 유지할 것을 강조하였다.

페스탈로치의 『게르트루트는 자기 자녀를 어떻게 교육하였는가?』라는 저서는 어린이들의 전인 교육의 원리와 방법을 제시한 교육 전서이다. 이 저서를 통하여 아동교육론에 많은 영향력을 주었다. 자신의 친구들에게 보낸 서간문 형식으로 서술한 것이다.

첫 번째 서간은 민중을 교화하는 교육은 환상이 아니라는 내용이다.

자신의 친구인 게스너(Gessner)와 다른 친구들에게 보낸 글로, 민중교육의 필요성을 강조한 내용이다. 그는 어린이들에게 실제로 필요한 교육은 이상적인 것이 아니라 정신세계를 발전시킬 수 있는 것이라며, 교육방법으로 다음과 같은 것을 제안하였다.

- 어린이들이 직관할 수 있는 영역을 가능한 한 확장시켜 인식 세계를 확장시켜야 한다.
- 어린이들의 의식을 통해서 직관한 사실을 확실하고 정확하게 인식시키기 위해서 모든 물리적 환경과 인적 환경을 고려하여야 한다.
- 자연적 과학적 교육방법에 의해서 학습하도록 도와주어야 한다.

페스탈로치는 이러한 제안을 근거로, 아동교육은 어린이들에게 직관능력을 길러 줄 것, 교재에 대한 확실하고 분명한 설명법이 필요하므로 그림과 사물의 실제가 있으면 더욱 효과적이라는 것, 3'R을 학습하기 이전에 사물의 명칭과 언어에 대한 지식 획득이 필요함을 강조하였다.

첫 번째 서간에서 학교교육의 부족한 측면에 대해서 페스탈로치는 다음과 같이 설명하고 있다.

- 정신력을 내적으로 심화하려 할 뿐 외적으로 자신을 드러내는 표상 활동을 금지하고 있다는 점이다.
- 학교교육의 방법을 언어에 결속시키는 것은 올바른 방법이 아니다. 유아기에는 어린이 스스로 자연과 사물을 직접 만남으로써 인지를 발달시켜 지식을 형성하게 된다. 어린이는 대상과 환경 속에서 인식매체를 직접 직관함으로써 정확한 지식을 획득하기 때문에 언어를 통한 교육방법보다는 직접 관찰하고 감각적으로 접근하는 방법을 중요시하였다
- 어린이들의 정신작용은 개별화 재료와 표제, 그리고 구체적인 사물의 개념들을 학습하여야 함에도 불구하고 열린 학습을 할 수 있는 교육 기제들이 준비되어 있지 않다.
- 교육매체의 사용을 단순화하려는 경향이다. 어린이들을 위한 교육매체는 다양성이 요구된다.
- 학문을 대중화하는 민중교육을 통해 교육개혁을 이끌어 간다.

두 번째 서간은 크뤼지(Krüsi)와 함께 지내면서 서신을 주고받았던 내용이다. 페스탈로치가 교육적으로 확실한 신념을 얻은 것은 다음과 같다.

- 완전한 기억을 위한 단어집을 통해 모든 기초적인 지식을 형성하는 틀을 마련할 수 있다.
- 형태를 눈으로 직접 파악하고 학습함으로써 사물을 직관할 수 있는 힘과 기술을 습득할 수 있다.
- 선, 각, 원은 기하학의 기초이며 인간 기술의 기초적 형태이다. 수학교육으로서 계산 방법의 기초 학습을 터득하고 수학능력을 발전시킨다. 수학학

습을 통해서 사물을 분류하는 방법을 터득한다.

- 걷고, 서고, 눕고, 앉는 것, 즉 기초적인 근육 운동을 통해서 신체적 능력인 소근육, 대근육 발달과 정신적 능력이 발달된다.
- 사물의 직관과 실제적 경험에 의해서 얻어지는 지식만이 참지식이다.
- 자연을 직접 관찰하고 수집하여 파악하는 교육이 참교육이다.

세 번째 서간은 인간은 단지 자기 힘으로 삶을 살아간다는 원리를 담고 있다.

- 인간은 결국 자기 노력과 자기 계발로 자기가 살아가는 환경과 상호작용을 하면서 자기 삶의 주체자 역할을 하여야 한다.
- 교육의 효과는 이성적인 언어와 이성적인 책이 아니라 이성적인 인간상에서 출발하여야 한다. 즉, 미성숙한 인간을 이성적인 인간으로 교육하였을 때 교육적 발전을 적극적으로 이끌어 갈 수 있다.

네 번째 서간은 인간이 자연적 행위를 모방할 것을 권고하고 있다. 인간의 모든 것이 자연법칙을 따라서 본성을 계발해야 함을 의미한다.

다섯 번째 서간은 사물 자체가 복잡성, 연관성, 관계성으로 이루어져 있기 때문에 자세히 관찰해 보면 협력관계를 유지하면서 개별적 발달을 이루어 가고 있다는 내용이다.

여섯 번째 서간은 인간이 진리를 인식하는 것은 자기 자신에 대한 인식에서 출발하여야 한다. 모든 인식은 자기로부터 시작하고 상호관계에 따라서 인식이 변화될 수 있다.

일곱 번째 서간은 페스탈로치의 교육이론과 철학은 경험에 의한 직관원리의 결과임을 나타낸다. 어린이들의 인지발달은 사물과 환경과의 상호작용에 의해서 발달·확장되기 때문에 어린이들에게 발달단계에 맞도록 준비된 환경을 제공해 주는 것이 중요하다.

여덟 번째 서간은 수학 이론이 가장 정확한 직관의 결과이며, 논리적이고 정확한 것을 통해서 진리로 이끌어 준다는 내용이다. 페스탈로치는 수학을 논리성의 근거로 보고 생활 속에서 흔히 볼 수 있는 기하형태를 활용하여 기하도형을 가르쳤다.

아홉 번째 서간은 모든 인식의 기초적인 요소는 직관이라는 내용이다. 다섯 가지 감각기관을 통해서 지각되는 사물의 인상들을 받아들여 지식을 형성해 간다.

열 번째 서간은 어린이가 언어 습득 이전에 말할 수 있다는 전제가 단 한 문장이라도 들어 있는 교과서는 단호히 없애야 한다는 내용이다.

열한 번째 서간은 페스탈로치는 어떠한 오류와 진리도 가르치지 않았다는 내용이다. 가르침보다는 스스로 경험과 학습을 통해서 터득할 때까지 기다림이 필요하다고 하였다.

열두 번째 서간은 무엇인가 할 수 있기 위해서는 반드시 실천이 필요하다는 내용이다.

열세 번째 서간은 우선적으로 인간을 사랑하고 신뢰하고 따르고 인간에게 감사드려야 한다. 인간은 사랑하는 행위로부터 시작하는 존재이다. 특히 인간은 몸과 마음을 조화롭게 발달시키면서 사랑으로 소통하는 존재이다.

열네 번째 서간은 자신이 재판관이며 바로 이 때문에 다른 자연물보다 더 고귀한 존재임을 인식하여야 한다는 내용이다. 자아존중감, 자아인식을 강조하였다.

이와 같이 페스탈로치는 인간을 조화롭게 발달시키고 민중의 입장에 서서 민중교육을 이끌어 냈고, 민중과 더불어 하는 교육에 앞장선 민중교육학자, 교육개혁자이다.

Ⅱ 헤르바르트의 유아교육사상

독일의 철학자이자 교육학자인 헤르바르트(Johann Friedrich Herbart, 1776~1842)는 페스탈로치와 인연이 깊다. 오랫동안 연구한 관념론에서 벗어나 19세기에 새로운 과학적 철학개념을 가지고 등장하여 사실주의를 주도하면서 근대의 과학적 교육학의 창시자로 세상에 알려졌다. 그는 예나 대학교에서 피히테의 지도로 연구생활을 시작하였고, 연구를 마친 다음 스위스의 인터라켄 대학으로 자리를 옮겨 강사 생활을 시작으로 교수직에 입문하였다. 그는 스위스에 머물면서 페스탈로치와 절친한 관계로 친교를 맺었다. 그는 성실하게 연구 생활을 지속하면서 1802년에 괴팅겐대학교의 강사 생활을 거쳐, 1805년에 부교수에 임용되었다. 1808년 칸트의 후임으로 쾨니히스베르크대학교 교수로 임명되는 행운을 얻었다. 쾨니히스베르크대학에서 1833년까지 교육학을 강의하였고 이후 괴팅겐대학교 철학교수로 다시 취임하고 평생을 재직하였다.

헤르바르트의 철학 사상은 정신철학 분야에서 중요한 역할과 위치를 차지하면서 과학적 교육학이라는 『경험·형이상학·수학에서 새롭게 발견된 지식으로서의 심리학』(*Psychologie als Wissenschaft neu gegrundet auf Erfahrung, Metaphysik, und Mathematik*, 2권)을 출판하였다.

헤르바르트는 그동안 칸트 철학의 지배적이었던 인식능력이라는 개념을 완전히 거부하고 인간 정신 활동의 기본적 감각단위를 표상(表象, Vorstellungen) 활동으로 이해하였다. 헤르바르트는 감각적 표상 활동을 로크의 경험론적 측면에서만 언급하는 단순히 관념(ideas)으로 해석한 것이 아니라, 정신적인 힘, 에너지로 파악하였다. 그는 교육목적은 윤리학에 기초하였고, 교육방법은 심리학에 기초하여 과학적 교육학을 잉태하였다.

1. 헤르바르트의 과학적 교육학

헤르바르트의 과학적 교육학은 그동안의 철학자들이 관념론적으로 철학을 연구한 것과는 달리 철학을 생물학적·심리학적 측면에서 실증적으로 다루려고 노력하였다. 감각작용들의 상호관계에 대한 연구는 뉴턴식의 역학과 비슷하게 수학공식으로 표현할 수 있는 정신의 정력학(靜力學)과 동력학(動力學)을 중요시하였다. 감각작용은 무의식적인 연합관념으로, '통각 덩어리(apperception mass)', 즉 새로운 지식을 해석하는 데 필요한 관념들의 체계를 과학적으로 형성한다고 말하고 있다. 이러한 체계는 새로운 표상을 받아들여 더욱 풍부한 의미를 부여하게 된다. 헤르바르트는 이러한 기초 위에 교육이론을 응용심리학의 한 부분으로 발전시켰다.

헤르바르트주의라고 알려진 교육이론은 그의 두 저서 『감각인지의 ABC에 관한 페스탈로치의 견해』(*Pestalozzis Idee eines ABC der Anschauung*)(1802)와 『일반 교육학』(*Allgemeine Pädagogik*, 1806)에서 상세하게 서술하고 있다. 그는 『일반 교육학』에서 교수방법은 5가지 단계를 거쳐야 한다고 제시하고 있다(김태오, 김병희 역, 2006).

- 교수학습을 준비하는 것은 새로운 학습 주제에 어린이와 학생의 흥미를 유발시키기 위해 새로운 교육 자료를 제시하여 이전에 학습한 개념을 기억하도록 연관시키는 과정이다. 어린이의 기억 저장소에 잠재해 있는 의식들을 사물과 경험, 그리고 가르침을 통해서 밖으로 이끌어 내어 지식화시키는 것이다. 새로운 인지형성을 위해서 교육 자료, 경험을 필요로 한다. 기존의 지식에 새로운 정보를 받아들여서 새로운 지식을 형성하는 방법이다.

- 어린이에게 무엇인가 교육적인 것을 제시한다는 것은 구체적인 대상, 사물 혹은 실제 경험을 통해서 새로운 교육 자료를 제시하는 과정이다. 어린이

와 아동은 사물, 대상, 경험을 통해서 확실하고 정확한 지식을 형성할 수 있다. 사물과 상호작용하는 과정은 지식을 형성하는 단계라고 말한다.

- 서로 연합하기, 서로 융합하기, 서로 관계 맺기는 새로운 관념을 심어 주기 위해 이전의 관념과 비교하여 유사점과 차이점, 차별화를 증명하여 새로운 관념, 지식으로 완전하게 동화시키는 것이다. 연합, 융합, 관계 맺기는 기존의 선험이 존재할 때 가능한 것이다. 그것에 다른 것을 알아가고 새로운 것을 창조하고 다시 재창조하는 과정이다.
- 어린이와 아동에게 일반화된 지식, 보편적 지식은 특히 초등 수준의 아동교육에서 중요한 단계로, 구체적인 것과 인식 수준을 넘어서 추상성, 상상력을 유출해 내고 정신능력을 발달시키는 중요한 과정이다.
- 응용하는 것은 이미 학습한 지식을 실용적인 방법으로 사용하는 것이 아니라 기존에 이미 알고 있는 지식을 활용할 수 있는 정신능력의 다른 일부분을 만들어 새로운 창조 작업을 즐기면서 기존 지식과 새로운 지식을 연결하는 것이다. 무한한 창조적 작업을 하면서 지식을 다양하고, 정확하게 근본적으로 해석할 수 있도록 만드는 단계로서, 어린이와 아동이 자신의 것으로 만든 새로운 지식을 필요할 때 즉시 적용할 때 가능하게 된다.

이러한 측면에서 헤르바르트는 과학적 교육학이 가능하다고 주장하였다. 헤르바르트의 주장은 1860년대 독일에서 과학적 교육학에 매력을 느낀 사람들에게 강력한 영향력을 미쳤다. 또한 그의 제자로 인해 미국으로 퍼져 나갔고 후에 그의 교육론은 존 듀이의 새로운 교육학과 만나 전 미국에 확산되었다.

2. 헤르바르트의 유아교육 목적

헤르바르트는 교육의 궁극적 목적을 어린이들의 도덕적 성품을 양육하여 도덕적으로 완전한 인격을 형성하는 데 있다고 보았다. 유아기부터 도덕성은 도야되어야 한다. 도덕성은 인간의 내적·외적 관리와 자기 훈련, 교수학습과정을 통해서 전인적 인격 형성의 도야를 중요시하였다.

헤르바르트는 완전한 도덕성 개념을 5가지로 요약하였다(김수동 외, 2011).

내재적 자유

완전한 자유는 작업과 활동을 통해서 습득할 수 있다는 것이다. 내재적 자유는 자기가 좋아하는 것을 선택하고, 자기가 최고의 것이라고 생각하는 것에 몰입하여 실천할 때 자유인이 된다. 자기 작업과 일에 몰입할 때 어린이는 자율적 단계, 독립적 단계에서 자기 삶을 스스로 책임지고 이끌어 간다. 성인에게 자유는 자기 해방이지만 어린이들에게 자유는 미래를 준비하는 작업이고 활동이다. 그들은 작업과 활동은 어린이를 정상적이고 사회적인 인간으로 성장할 수 있도록 도울 뿐만 아니라 인간화로 진화하도록 안내해 준다.

완전성

완전성은 숙련의 의미를 가진다. 어려움을 참고 견뎌내는 의지의 안내를 받으면서 활동하는 상태를 의미한다. 어린이가 작업에 몰입하는 것은 한순간에 일어나는 현상이지만 완전에 도달하기 위해서는 인내, 외로움, 극복, 시련과 같은 혹독한 훈련의 대가를 지불했을 때 가능한 결과이다. 숙련된 사람은 완성을 향해서 끊임없이 노력하고 헌신하는 사람들이다. 어린이는 완성을 위해 끊임없이 반복 활동을 한다. 인간의 강한 의지는 완전성을 만들어 가는 훌륭한 도구이다. 강한 의지가 강한 완전성을 만들어 간다.

선한 의지

선한 의지가 어린이의 환경과 사회를 지배할 때 모든 사람이 행복한 사회에서 살아갈 수 있다. 자신보다는 타인을, 자신의 행복보다는 타인의 행복을, 자신의 안녕보다는 타인의 안녕을 생각할 때 선함의 절정을 경험하게 된다. 어린이는 유아기에 공동체 생활을 통하여 서로 양보하고, 돕고, 이해하는 방식을 학습함으로써 선한 행동을 훈련하게 된다. 인간은 성선설이든 성악설이든 교육을 통해서 선한 의지를 훈련할 필요가 있다. 착한 어린이들은 더 착하게, 나쁜 점을 가지고 있는 어린이는 교육을 통해서 선한 행동으로 변화시켜 착한 어린이가 되도록 안내해 주어야 한다.

정의

어린이에게는 옳고 그름에 대한 판단, 용기 있는 행동, 바르게 행동하는 것, 다툼을 중재할 수 있는 힘, 갈등과 다툼을 피하는 것, 서로 존중하고 양보하는 것, 자기 환경을 정리·정돈하는 것, 공동체 생활에서 다른 사람을 위해서 규칙과 질서를 지키는 것이 정의로운 행동의 모델이다. 이러한 행동은 도덕적 요소들이기 때문에 윤리적, 도덕적인 측면에서 교육할 필요가 있다.

공정성

어린이들을 위한 공동체 안에서는 공정성이란 옳고 그름에 대한 판단력, 올바름을 지향하는 것, 어린이들로서 기본적인 건강과 교육을 받을 권리를 가져야 하고, 사회적 계층과 상관없이 동등한 대우를 받을 권리가 인정되어야 하고 선한 행동을 적극적으로 장려하고 나쁜 행동을 즉시 수정하는 개념들이다. 공정성은 선함을 격려하고, 감사하는 반면, 잘못한 행동에는 책임감을 부여한다. 특히 유아에게 공정성은 서로를 신뢰하는 마음을 가지게 만든다. 공정함이란 다른 한편으로 도덕적인 덕목으로, 누구에게나 공평함을 요구하는 것이 사회의 정의와 개인의 정직성을 양육하는 것이다.

3. 헤르바르트의 교육방법

헤르바르트는 자아를 최고의 주체로 생각하였기 때문에 교육방법 역시 최고의 인간상인 도덕적 인격을 형성할 수 있는 자아를 중요시하였다.

헤르바르트는 관리, 교수, 훈련 3가지 교육방법을 제시하였다(김수동 외, 2011).

관리

어린이들의 욕망을 억제하고 일상생활에서 필요한 질서와 규칙을 부여하면서 교육받을 기회를 제공하는 것이다. 헤르바르트는 관리를 적극적 관리와 소극적 관리로 구분하였다.

적극적 관리는 어린이들의 게으름에서 발생하는 나태함을 방지하기 위해 시간을 적절하게 관리·활용할 수 있도록 일정한 작업과 활동을 할 수 있는 환경과 과제를 제공하여 어린이의 활동을 격려하고 촉진하는 것이다. 어린이에게 너무 긴 휴식 시간은 곧 나태함으로 연결되기 때문에 시간과 작업, 활동의 양을 비례적으로 조정하여 자신의 일과를 관리하는 방법을 제공하는 것이다.

소극적 관리는 어린이에게 외재적으로 동기부여를 할 수 있는 위험상태, 감시활동, 통제기능, 명령, 처벌과 같은 외형적인 기제 수단을 활용하여 어린이의 욕망과 충동을 억제하는 교육방법이다.

교수학습

헤르바르트는 교수학습을 어린이의 사고를 형성하고 사고의 폭을 확장할 수 있는 감정의 의지를 촉진하여 도덕성을 도야하고 형성하는 활동이라고 하였다. 교수방법의 핵심은 도덕적 인성의 도야로, 단순한 지식과 기술을 전달하는 비교육적 교수방법이 아니라 교육의 목적이 항상 도덕성 발달과 함양에 기초하여야 하는 것이다. 헤르바르트는 어린이의 도덕성 발달을 위해서 감정통제 능력을 학습하여야 한다고 말하였다.

훈련

헤르바르트는 훈련을 유지적 훈련, 규정적 훈련, 결정적 훈련, 조성적 훈련으로 구분하였다. 예를 들면, 유지적 훈련은 일상생활을 훈련하는 것으로, 일상생활 방식 내지 규범 양식을 의지적이고 객관적으로 일정하게 유지하는 훈련이다. 규정적 훈련은 가정 규범, 사회적 규범을 준수하면서 지키는 도덕적·사회적 생활을 위한 정상적인 활동을 의미한다. 결정적 훈련은 올바른 자유선택을 하도록 도와서 자율적 단계로 발달하도록 돕는 훈련이다. 일상생활에서 선택의 중요성을 훈련하는 것이다. 조성적 훈련은 선행해 보는 훈련이다. 어린이가 선행해 봄으로써 어린이가 현재 생활의 중요성을 훈련하는 것이다.

헤르바르트의 교육 방법은 어린이의 흥미를 최대한으로 확장하여 준비된 사물과 환경에의 몰입과 상호작용을 도와서 사물과 통합하고 융합하여 새로운 사물에 흥미를 느끼면서 인지발달을 확장하는 방법이다. 헤르바르트는 이러한 교수방법이 사물의 본질을 정확하게 이해하고, 직관하고, 사물과의 상호작용을 통해서 새로운 지식을 창조하는 과정이라고 보았다.

헤르바르트는 유아를 위한 교수 단계를 이미 반복적 학습으로 익숙한 단계에서 또 다른 시작 단계인 예비 혹은 준비 단계를 거쳐서, 어린이에게 새로운 내용과 교구교재를 제시하여 어린이가 스스로 그전의 학습단계와 새로운 것을 통합·비교하고 관계를 맺고 연합하는 단계, 조직적인 학습단계, 총정리하여 종합하는 단계, 학습내용을 개괄적으로 볼 수 있는 단계, 그동안 학습방법과 내용을 실제 적용해 볼 수 있는 응용의 단계를 거쳐야 한다고 보았다. 어린이가 학습한 것을 일반화하여 활용한다는 것은 자기가 알고 있는 지식을 상황에 따라서 배열·정리하는 것을 의미하고, 응용한다는 것은 자신이 그동안 학습한 것을 실제로 확인하는 작업을 의미한다. 어린이가 배운 것과 지식을 적절하게 활용하고 실제로 적용하고 응용해 봄으로써 확실하게 자신의 지식으로 만들도록 안내하는 것이다.

헤르바르트는 어린이를 위한 완전한 학습은 그들의 마음속에 자리 잡고 있는 이미 친숙한 표상과 의식에 새로운 지식을 연결시킴으로써 또 다른 새로운 지식을 만들어갈 수 있다고 말한다. 이러한 이론은 경험과 반복학습을 통해 새로운 지식을 만들어 가는 것과 유사한 이론이라고 말할 수 있다.

III 프뢰벨의 유아교육사상

1. 프뢰벨의 생애

프뢰벨(Friedrich Wilhelm August, 1782~1852)이 유아교육에 남긴 가장 큰 업적은 어린이를 위한 심리의 운동장 혹은 자유롭고 평화로운 놀이터를 만들어 준 것이다. 그는 어린이가 놀이와 유희, 그리고 가베라고 불리는 은물과 더불어 자기 활동을 통해 자신의 마음을 밖으로 표상할 수 있도록 만드는 것이 교육 목적이었다.

프뢰벨은 기독교와 밀접한 관계를 가지고 유년시절을 보냈다. 프뢰벨의 아버지는 목사였기 때문에 자연스럽게 기독교 사상을 접할 수 있었고 경건하고 엄숙한 분위기에서 기독교 신자로 성장하였지만 어머니가 생후 9개월에 사망하여 계모와 함께 우울한 유아기를 보냈다.

프뢰벨은 신앙적인 기독교 교육을 바탕으로 성장하면서 부르크도르프(Burkdorf)에서 고아원을 운영하면서 유아교육에 관심을 가지게 되었다. 고아원에서 생활하면서 초등학교 전 단계인 취학 전 학교(Vorschule)로서 4~6세 어린이만을 교육할 수 있는 과정을 개설하였다. 부르크도르프에서 부인과 함께 유아교육의 중심은 가정이라는 확신을 가지고 가정 중심의 유아교육을 주장하였다.

1837년 프뢰벨은 부인과 함께 바드 불랑켄부르그(Bad Blankenburg)로 이사하여 자동교수시설(Autodidatische Anstalt)을 설립하였지만 이 기관은 얼마 안 되어 어린이와 청소년을 자율적으로 작업할 수 있도록 'Beschaftigungstriebes der Kinderheit und Jugend'로 개칭하여 어린이들을 위한 놀잇감과 교구를 제작·보급하는 등 교육과 실제를 포함한 교육기관이 되었다.

프뢰벨은 어린이가 창조적으로 활동하도록 배려하기 위해서 작업할 수 있는 교구와 놀잇감인 은물의 필요성을 인식하였다. 또한 인간의 선천적 본성은 놀이와 게임 그리고 동식물을 직접 사육하고 재배하는 활동을 통해서 자연과 조화를 이루면서 살아갈 수 있는 범우주적 교육의 필요성을 깨닫게 되었다(Fröbel, 1982).

프뢰벨은 1839년에 교구를 정확하게 사용할 수 있는 교사를 양성하기에 이른다. 'Bildungsanstalt für Kinderheitfuhrer', 즉 유아교육 지도자 양성과정을 설치하여 유아교육에 관심 있는 사람들을 양성하였다. 그는 어린이집 혹은 유치원(Kindergarten)이라는 명칭으로 유아교육을 실시하였다(Erning, 1987).

2. 프뢰벨의 인간교육 원리

프뢰벨 교육사상을 대표하는 저서는 바로 『인간교육』(*Die Menschenerziehung*)이다. 『인간교육』에서 "어린이들을 위해서 살자."고 언급함으로써 어린이에 대한 존중과 배려, 그리고 사랑을 엿볼 수 있다. 프뢰벨은 어린이를 성인과 사회의 위험에서 보호하고 본성에 따라서 선하고, 안전하고, 자연스럽게 성장하여 정원에 아름답게 피어 있는 꽃처럼 양육하기 위해서 어린이 동산(Kindergarten)을 만들었다(Fröbel, 1973).

프뢰벨의 '인간교육'은 바로 꽃밭에서 아름답게 자라는 꽃 자체를 의미한다. 인간교육은 어린이 내부에 있는 모든 본질을 밖으로 끌어내는 것에 주목한다. 그의 인간교육 원리는 다음과 같다.

1) 통일의 법칙

프뢰벨의 통일 법칙은 신과 인간 그리고 자연의 합일을 이끌어 내는 법칙이다. 신은 인간을 자기 모상대로 비슷한 존재로 창조하였기 때문에 신과 같이 끊임없이 창조하고, 작업하고, 활동하는 강한 힘을 가지고 태어났다. 그러므로 인간의 본질인 신성을 밖으로 드러나도록 안내해 주고 돕는 것이 바로 교육의 사명이다.

형이상학적인 측면에서 인간은 '나'라는 실존적인 측면에서 출발한다. 나는 타 존재와 함께하는 존재의 일부분으로서, 전체적으로 완전한 존재이며 인류 전체로는 한 부분을 의미한다(Fröbel, 1973).

통일의 법칙을 요약하면 다음과 같다.

만물에는 영원한 법칙이 깃들어 있는데, 이러한 영원한 법칙은 만물을 움직이고, 작용하고 지배한다. 인간 내부에 존재하는 정신을 자연의 힘에 의해서 외부로 이끌어 내고, 외부의 자연은 정신을 통해서 내부에서 작용하도록 만든다. 이 두 가지를 하나로 통일시키는 것이다.

이 영원한 법칙을 인식하고 의식하는 것, 즉 그 법칙의 근본과 본질, 통합과 관계성에 대한 통찰과 신적인 통합체로서의 생명에 대한 지식, 이것이 바로 과학이고 인간학이다. 다시 말해서 통일 원리는 단적으로 신성에 두고 있다. 그의 통일 법칙 이론은 역시 인간과 신의 통합을 이루어 가는 관계를 의미하는 것이다.

프뢰벨의 통일의 원리를 요약하면 다음과 같다.

- 신은 우주를 지배할 수 있는 영원한 법칙을 소유하고 있다.
- 신은 만물의 유일한 법칙이다.
- 영원한 법칙이 작용하고 만물을 지배하는 것은 신적 법칙(Gottheit)이다.
- 영원한 법칙은 모든 것은 운동하고(Motus), 모든 것을 명령하고, 모든 생명력을 지닌다.
- 우주의 모든 것 속에는 통일의 법칙이 깃들어 있다.
- 영원한 법칙은 공의 원리와 같은 것이다.

2) 프뢰벨의 만유재신론

프뢰벨의 사상에서 그가 범신론자임을 여러 곳에서 엿볼 수 있다. 그는 인간은 태어날 때 신에게 무한한 가능성을 부여받았고, 이 무한한 가능성이 바로 신성인 동시에 인간의 본성이라고 보았다. 만유재신론을 강조하는 매튜 폭스도 "만물이 하느님 안에 존재하고 하느님은 만물 안에 존재한다."라고 강조하였다. 모든 인간은 신비롭게 태어났기 때문에 이러한 신비로움으로 다시 살아나도록 하거나 생명과 삶을 사랑하여야 할 사명감을 가져야 한다는 것이다.

만유재신론을 주장하는 학자들의 의견을 총체적으로 해석해 보면, 모든 인간은 창조적으로 태어난 존재이고, 창조자의 형상을 닮았을 뿐만 아니라, 우리들이 살고 있는 우주 안에 존재한다. 그러므로 우주는 하느님의 거룩한 성전이고(Matthew Fox, 2006), 인간의 거룩한 가정'으로 비유한다. 우주 안에 존재하는 모든 존재물 특히 생명체들은 혼자서 생존이 불가능하며 서로 깊은 관계를 맺고 있기 때문에 서로 협력관계를 유지하여야 한다. 협력의 힘인 상호연관성은 자연현상에서만 불가분의 관계가 아니라 인간 공동체 안에서도 중요하다. 상호관계망을 좁혀 삶의 질을 높이고, 서로 이해하고 협력하고, 우주 생태에 대한 의식을 가지게 되고, 생명, 우주 사랑을 일상적인 사명감으로 가지게 될 때 연관성은 밀착될 것이다.

인간교육론에서 그는 모든 만물 속에 신이 존재한다는 만유재신론(萬有在神論)의 의미를 포함한다(Fröbel, 1973).

- 모든 것은 신적인 존재이고, 모든 것 안에 신이 존재하고, 신으로부터 창조되었고, 신에 의해서 통제되는 존재라는 것이다. 이것은 신이 바로 만물의 유일한 존재임을 의미한다.
- 신은 만물의 유일한 근원이고, 만물 중에 존재하고, 만물을 소생시키고, 만물을 지배한다.

- 신은 만물의 중심이며, 신은 생명을 창조하고, 생명 속에 종의 본질을 간직한다. 우주 자체가 하느님의 재료로 창조된 신성한 공동체임을 말하는 것이다(김준우 역, 2006).
- 모든 만물은 자기완성의 목표가 신성의 작용으로 자기 활동을 전개하면서 선을 지향한다.

만유재신론자들은 모든 창조물, 우리들이 살고 있는 세계 안에 신의 존재를 확신하기 때문에 우주와 인간의 연결이나 관계를 거룩하게 생각하여야 한다고 주장한다. 인간의 정신이 신이 존재하는 우주와 하나 되어 서로 보살피고 사랑할 때 우주와 인간이 건강하게 성장할 수 있는 힘을 얻게 된다고 보는 것이다.

3) 노작의 원리

프뢰벨의 노작 원리는 어린이의 생명은 노작을 통해서 발달한다고 주장하는 것이다. 그는 어린이들의 모든 활동과 작업 자체를 노작으로 보았기 때문에 노작을 통해서 자기 발전을 완성하므로 유아기의 생명에 관한 활동과 작업을 중요시하였다. 어린이에게 활동하도록 하는 것, 노작하도록 충동을 일으키기 위해서 그들을 놀이 운동장, 심리 운동장으로 이끌어 내야 한다. 프뢰벨은 어린이가 활동을 통해서 재창조 작업을 시도하고, 활동은 게으름, 나태한 습관을 예방할 수 있는 유일한 수단이라고 말하였다.

노작의 원리를 보면 다음과 같다(곽노의, 1989).

- 수작업과 놀이, 활동은 자기를 표현할 수 있는 유일한 수단인 동시에 자기들의 심상을 표상할 수 있는 수단이다.
- 어린이는 일과 작업을 통하여 학습하기 때문에 노작은 유아기에 중요한 행

동 중심 교육 방법이다.

- 어린이는 작업을 통하여 자기발전을 완성한다.
- 어린이는 노작 활동을 통해서 정신을 활동하게 만들고 움직이도록 만든다.
- 어린이는 노작을 통해서 신성을 표출한다.
- 노작 원리는 미래의 직업관을 위해서 필요하다.
- 어린이는 작업과 노작을 통해서 의식을 자유롭게 만든다.

프뢰벨은 정신을 활동하게 하는 것, 정신과 신체 사이에서 나타나는 신체적인 작업이나 생산으로 신체를 강화하는 노작욕(Arbeitsbad)만이 어린이의 본성을 계발할 수 있는 유일한 원동력으로 보았다.

3. 프뢰벨의 교육목적

프뢰벨의 교육목적은 다음과 같은 다섯 가지 목적을 가진다(Fröbel, 1973).

- 교육목적은 조화의 법칙을 실현하는 것이다. 통일의 법칙(Einheit)은 물리적인 측면에서는 두 개체에 물리적인 힘을 가함으로써 하나 됨, 통일됨, 일치됨을 의미한다. 또한, 두 물체 사이의 화학적인 힘의 결과에 의해서 전에 것은 전혀 찾아볼 수 없이 새로운 물질이 생성된 또 다른 하나 됨의 반응 즉, 화학적인 일치와 다양성 안에서 하나 됨을 의미한다. 다시 말해서 두 개체가 인격적인 일치로 하나의 인격을 나타내는 것과 같이 인격적인 조화로움을 이루기 위한 것이다.
  프뢰벨은 교육의 목적을 한 개인이 자신과 인류, 자연과 하느님의 가르침과 인간의 도덕성, 그리고 자연법칙에 따른 조화로움을 이루면서 자기 삶을 완성할 때 성취할 수 있도록 돕는 것이라고 하였다. 결과적으로 조화의 법칙에 의한 교육목적은 인간 자신에 대한 순수성과 자연과의 조화로움, 그리고 하느님과 하나 됨에 도달하는 것이다. 즉, 인간은 자연과 인간, 그리고 하느님과 조화를 이루도록 교육적으로 안내해 주고, 인간에게 조화로움을 이룰 수 있는 통찰력과 지혜를 부여함으로써 서로 상호관계를 이루도록 돕는 것이다.

- 무능력한 인간을 전인적 인간으로 변화시키기 위해서 하느님이 인간에게 부여한 모든 능력을 개발하여 밖으로 이끌어 내는 것이다.
  절대자이신 하느님은 완전한 존재이므로 그 분야에서 완전함을 찾으려 노력하고 지혜로움을 닮아가는 존재가 되도록 교육적으로 안내하여야 한다. 개인에 대한 교육목적은 인간의 능력과 본능적인 요소, 그리고 영혼이 조화롭게 개발되어 전인적 인간으로 성장하는 것이며, 하느님의 지혜를 닮으면서 성장하여야 하고, 완전하고 전지전능하신 하느님의 모습을 닮아가도록 교육되어야 한다.

- 인류에 관한 것으로서 자아를 초월하고 범인류애적인 사랑을 실천하고 범형제애의 사랑을 성취하고 실천하는 것이다.
  교육을 통해서 가족과 국가를 위해 헌신할 수 있는 개인의 능력을 도야하고 훈련하는 것이다. 인류애의 성취는 결과적으로 인간이 인간을 위해 사랑을 실현하는 것으로서 개인의 이기심과 자기 이익을 버리고 가족과 국가, 그리고 인류를 사랑하는 방법을 배우는 것이다.

- 인간은 자연을 떠나 살 수 없으므로 우선 자연과 조화를 이루고 자연의 법칙을 따르면서 자연의 섭리대로 살아갈 수 있는 능력을 기르는 것이다.

- 하느님의 순수한 본성을 닮아가도록 노력하여 우주 속에서 모든 생명체와 사물들과 관계를 맺고 우주와 인간이 건강한 상태를 유지하면서 더불어 살아가는 생활을 실현할 수 있도록 교육하는 것이다. 교육의 궁극적인

목적은 어린이들이 예수 그리스도의 삶을 따라가도록 노력하여 그분의 영성을 실천하고 그분의 삶에 동참하고 그분의 가르침을 따르면서 인간-하느님의 관계를 수직과 수평적으로 공유하고, 예수님의 지혜를 닮도록 교육하는 것이다(Fröbel, 1973).

4. 프뢰벨의 교육방법론

프뢰벨은 발달단계에 맞는 발달 순응적 교육방법을 적용하였다. 교사가 의도하는 교육이론을 효과적으로 학습자에게 전달할 수 있는 방법은 어린이의 발달단계와 그들의 잠재능력을 고려하면서 소극적인 방법을 선택하는 것이다.

- 교육은 하느님과 인간, 그리고 우주가 자연스럽게 접촉할 수 있는 방법을 가르치고 훈련하는 것이다.

정신세계인 내적·외적 세계를 연결시키는 것이다. 모든 사물과 모든 존재는 항상 대립하는 동시에 공존하기 때문에 대립자와 일치되고 조화롭고 함께 더불어 살아가는 공존을 중요시하였다.

- 놀이를 통해서 활동욕구와 학습욕구를 충족시키는 방법이다.

놀이는 생명을 발달시킬 수 있는 육체적, 심리적, 정신적, 사회적, 도덕적 힘과 잠재능력을 조화롭고 자연스럽게 발달시키는 학습도구이자 방법이다. 어린이는 놀이를 통해서 자기 몸과 정신을 통일시키고 주도적으로 발달해 간다.

- 가르침과 학습 원리를 중요시하였다.

개별적이고 구체적인 것을 일반적인 것으로, 일반적이고 구체적인 것을 개별적인 것으로, 외적인 것을 내적인 것으로, 내적인 것을 외적인 것으로 통합하는 교육방법으로써 생활 속에서 상호관계를 경험하고 조화를 이루는 것이다.

- 신체교육과 감각기능을 발달시키는 놀이 중심 교육방법이다.

프뢰벨의 교육방법은 지각작용과 감각작용을 이용하여 인지를 발달시키기 위한 교구인 은물을 개발하였다. 어린이들의 정신을 자유롭게 기능을 하고 작용할 수 있도록 유아기부터 감각과 신체, 특히 소·대근육 운동을 중요시하였다. 은물을 통한 감각교육을 어린이들의 영혼과 영성을 양육하는 방법으로 보았다(곽노의, 이명환 역, 2001).

- 감각과 정신교육을 중요시하였다.

프뢰벨은 어린이의 오관을 통해서 내부의 세계와 외부의 세계 그리고 정신세계를 연결하는 통합적 교육방법을 제시하였다. 어린이는 감각을 통해서 자기 영혼과 만나고, 변별력을 기르고, 형태를 지각하고, 시공간 개념을 형성하기 때문이다.

5. 프뢰벨의 유아교육과정

프뢰벨의 교육재료는 「인간교육」 제4장의 유아교육과정에서 상세하게 설명하고 있다. 즉, 교육과정의 기본적인 구조는 그리스도교 교육과 자연과학의 이해 그리고 언어교육과 예술교육을 근거로 하는 은물과 노래 그리고 실내와 실외 작업을 중요시하는 교육과정으로 구성되어 있다.

은물은 어원학적으로 'Gnaden', 즉 라틴어로 '은총'이라는 의미를 포함하고 있다. 하느님이 주신 특별한 은총을 선물로 주신 은물을 통해서 하느님의 본성을 드러내도록 어린이의 놀이 활동을 위한 교구를 제작하였다.

- 제1은물 : 운동과 일치 그리고 무한성을 상징하고 있다.

제1은물은 1~6번까지 서로 다른 형태로 구분되고 각기 다른 색상인 6개의 작은 공으로서 빨강, 노랑, 파랑, 주홍, 초록, 보라색으로 구성되었고 각 공의 모양으로 지름은 6cm로 되어 있다(Fröbel, 1982). 공은 모든 자연물 형태의 기본인 면과 선, 그리고 점을 포함하고 있기 때문에 모든 형태를 만들 수 있는 것으로 바로 공이 전체성의 원리를 포함하고 있다. 면, 선, 점은 모든 기하학의 기초 형태를 만들 수 있다.

- 제2은물 : 2은물은 모든 형태를 나타내는 것으로서 세 가지 종류로 구분된다.

하나는 나무로 만든 지름 6cm의 공 모양이고, 다른 것은 높이가 6cm인 원통 모양이고, 다른 하나는 한 변의 길이가 6cm인 정육면체이다. 공과 정육면체, 그리고 원통, 세 가지 요소들은 일반적으로 프뢰벨이 관심을 가지고 연구한 물리학의 원리와 건축술의 기초이다. 주춧돌을 상징하는 정육면체와 건물의 기둥을 의미하는 원통, 그리고 기둥머리 역할을 하는 공을 상징한다. 인간들이 살아가는 공간을 은물로 구성해 보는 개념으로 공간개념을 포함한다.

이 세 가지 요소들은 서로 독립된 상태에서 중요성을 가지고 있지만 하나의 건축이 완성되기 위해서 서로 연결을 이루고 있을 때 부분적인 전체가 완전한 전체로서 통일의 원리에 접근하는 것이다. 공과 원기둥, 그리고 정육면체, 즉 주사위(Würfel)를 의미한다. 정육면체는 평면과 각을 가지고 있으며 동시에 공의 요소도 포함하고 있다. 공은 움직임을 상징하고 정육면체는 침묵과 정지를 상징적으로 표현하는 동시에 각 사물의 통일성과 개별성, 그리고 다양성을 표현하려는 자연의 대법칙이고 자연의 최초 법칙이다(정인숙, 2002).

- 제3은물 : 3은물을 가지고 창조적, 응용적으로 작업을 시작할 수 있다.

3은물은 생활의 형식(Lebensformen)에서 미의 형식(Schönheitsformen)을 지나 인식의 형식(Erkenntnisformen)에 도달한다. 3은물은 한 변의 길이가 3cm인 8개의 정육면체로 구성되어 있어 어린이들의 발달단계에 맞도록 비례하여 구성한 것이다(Fröbel, 1982).

생활형식은 8개의 정육면체를 가지고 다양한 형태로 쌓아올리는 훈련을 한다. 어린이가 일상생활에서 흔히 사용하는 의자와 깔판과 같은 모양으로 쌓아서 생활에 직접 응용할 수 있도록 구성하였다. 미적 형식은 정육면체를 여러 가지 형태로 변형시켜서 미적 감각을 발달시킨다. 미적 감각을 활용한 형태와 모양들은 대부분 자연의 형태인 별 모양, 눈 모양, 기하학 모양 등 다양성을 가진다. 이를 통해 어린이는 자연과 물리학의 기초 이론에 접할 수 있고 모양을 변형시켜서 응용 활동을 할 수 있다. 수학적인 관계를 증명하고 분리와 집합의 원리 등을 논증하는 은물이다.

- 제4은물 : 나무로 구성된 각 변의 길이가 1.5cm, 3cm, 6cm인 8개의 직육면체로 구성되었다.

4은물을 자유롭게 구성하여 건축물을 만들 수 있다. 정육면체에서 직육면체를 만들고 입방체를 새로운 시각에서 경험하도록 만들고 아름다운 형태와 학습형태로서 집과 방, 그리고 의자와 책상 등과 같은 다양한 형태를 만든다.

- 제5은물 : 5은물은 9cm의 정육면체로서 가로와 세로, 그리고 높이를 각각 2번씩 잘라서 만든 작은 정육면체이다.

한 변의 길이가 3cm인 작은 정육면체 21개, 작은 정육면체를 이등분한 삼각주 6개, 삼각주를 이등분한 작은 삼각주 12개를 이용하여 직각, 예각을 알 수 있도록 하고 정사각형 이외에 직사각형과 삼각형의 기하학 기초를 학습할 수 있도록 구성되었다. 5은물을 사용함으로써 창의성과 인지발달 그리고 정신발달을 촉진시킨다(Fröbel, 1982).

- 제6은물 : 6은물은 4은물과 같은 형태로, 직육면체를 이등분하여 구성한 것이다.

기둥과 받침대가 있는데 기둥을 사용하여 빈 공간을 채우면서 창조적이고 이상적인 건축물을 구성하도록 응용할 수 있는 은물이다. 공간적 표현 예술에서 6은물의 특성을 Fröbel은 단순성에서 복잡성으로, 규칙과 법칙에 따라서 입체적이고 공간적인 외적 표현을 연습하는 것이고 어린이의 내면을 사물과 물질을 통해서 표출하는 것으로 보았다.

- 제7은물 : 7은물은 나무로 만든 여러 종류의 사각형과 삼각형으로 구성되었고, 면을 발달시킨 은물이다.

7은물은 정사각형, 정삼각형, 직각이등변 삼각형, 직각부등변 삼각형, 둔각이등변 삼각형, 원, 반원, 마름모로 8가지 기하도형으로 구성되어 있다.

- 제8은물 : 8은물은 나무나 금속으로 만든 길이가 다양한 긴 나무 막대이다.

면의 넓이는 있지만 두께가 없으므로 선은 가장 작은 막대의 2, 3, 4, 5, 6배로 5. 7.5. 10. 12.5 15cm 길이로 다양하다. 8은물은 어린이에게 사물의 길고 짧음, 거리 개념을 이해하도록 하여 물체 형태와 관찰력을 향상시키는 기능을 한다(Fröbel, 1982).

- 제9은물 : 9은물은 사물의 특성을 구체적으로 표현하는 곡선으로 구성되어 원의 원리와 비슷하다.

어린이에게 직선과 곡선의 차이점을 인식시키는 것으로, 고리와 반 고리, 종류를 분류하는 실물로 제시된다. 곡물과 돌 또는 조개껍데기를 사용하여 만든 모자이크와 같은 작은 조각품을 실제로 제시할 수 있다.

- 제10은물 : 10은물은 입체를 구성하는 요소로서, 분해될 수 없는 교구이다.

점은 모든 형태의 기본이고, 점이 존재한다는 것은 다른 존재가 가능하다는 것을 의미한다. 무에서 유를 창조하는 활동을 할 수 있다. 10은물은 10mm의 나무를 잘라서 만든 교구를 사용하는데, 응용편으로 쌀과 같은 낱알 곡식을 사용할 수 있다.

1~10은물을 형체, 면, 선, 점, 재구조로 나누어 설명할 수 있다.

은물의 의미	은물의 종류	비교
1. 형체 : 1은물 ~ 6은물까지	1은물(색) : 여섯 개의 작은 공, 지름 6cm, 빨강, 노랑, 파랑, 주홍, 초록, 보라색을 참조할 수 있다. 2은물(형) : 나무로 만든 지름 6cm 높이 6cm 원통, 한 변의 길이가 6cm 정육면체 3은물(수) : 한 변의 길이가 3cm로 된 8개의 정육면체 4은물(넓이) : 한 변의 길이가, 3cm, 1.5cm, 6cm이다. 5은물(균형) : 한 변의 길이가 3cm인 작은 직육면체 21개로 구성되었고, 한 직육면체를 1/2한 삼각주 6개, 삼각주를 1/2한 12로 구성되었다. 6은물(비례) : 4은물과 같은 직육면체 18개와 직육면체를 가로와 세로로 이등분한 직육면체 6개, 밑변의 길이 6cm, 높이 1.5cm로 자른 12개로 구성되었다.	
2. 면	7은물 : 나무로 만든 삼·사각형 : 형체에서 면으로 발달된다.	
3. 선	8은물 : 다양한 길이, 금속과 나무로 만든 가느다란 막대로 구성된다.	
4. 점	9은물 : 여러 가지 씨앗, 종이로 만든 작은 조각, 조개껍데기, 돌조각으로 구성되었다.	
5. 재구조	10은물 : 초로 만든 작은 구형(求刑), 밀집으로 조립하여 만든 것으로 구성되었다.	

제7장

현대의 유아교육사상

제7장 현대의 유아교육사상

고전적인 유아교육사상가들의 연구 활동이 개념 중심이었다면 현대 유아교육학자들은 교육이론과 실제 사물을 접목시키면서 실증적이고 과학적인 방법으로 연구하였다. 대표적인 현대 유아교육사상가들은 다음과 같다.

I 슈타이너의 아동교육사상

1. 슈타이너의 생애

루돌프 슈타이너(Rudolf Steiner, 1861~1925)는 1861년 2월 현재의 유고슬라비아 크랄예배츠(Kraljevec)에서 철도 공무원의 아들로 태어났다. 그는 아버지의 직장 이동으로 인해서 묄딩(Mölding)이라는 도시에서 청소년기를 보냈다. 1879년 18세에 슈타이너는 비너 노인스타트의 초등학교(Wiener-Neustadt Realschule)에 입학하였다. 그는 대학입학 자격시험과 같은 아비투어(Arbitur)를 마친 다음 비엔나의 공과대학에 입학하여 처음 흥미를 가졌던 자연과학을 전공하였다(Hellmich & Teigeler, 1999).

슈타이너가 21세 되던 해 괴테(Göthe)에 관심을 가지고 그의 자연과학 저작에 동참하였다. 1884년 슈타이너는 첫 저서인 『동·식물에 관한 저서』를 출판함으로써 세간에 알려졌고 훌륭한 평판을 받게 되었다. 이러한 학문적인 배경으로 슈타이너는 『피히테』(*Fichte*)의 인식론에 관한 연구」라는 주제로 박사학위를 취득하였다.

또한, 슈타이너는 그 시대의 전통 학문인 인간을 신의 입장에서 이해하려는 신지학회(Theosophische Geschellschaft)에 관심을 가지게 되었다. 베사트(Bessat)가 중심이 되어 이끌어 가는 신지학회의 일원으로 일하던 중 자기와 생각과 다름을 인지하고 1913년 새로운 인지학회(Anhtroposophische Geschellschaft)를 창립하기에 이른다.

슈타이너는 1919년 우리나라에 이미 잘 알려진 울란츠회(Uhlandshöhe)에 발도르프(Waldorf) 학교를 설립하여 자신의 교육철학을 전승하였다. 현재는 세계 각국에 발도르프 학교가 설립되어 그의 사상이 계승되고 있다. 다른 교육자들과 마찬가지로 독일과 미국을 중심으로 발도르프 교사 양성과정이 운영되고 있다.

1914년 1차 세계대전이 발발한 다음, 그의 관심은 다른 문제로 전향되었다. 영국과 미국이 세계를 지배하려는 권력과 마르크스주의를 신랄하게 비판하였다. 이러한 계기로 그는 자유와 법, 그리고 인간애를 근거로 하는 사회운동을 전개하기도 하였다. 슈타이너는 1923년 크리스마스에 '일반 인지학회'를 창립한 다음 자유롭게 활동하였지만 1925년 도나우 강변에서 생을 마쳤다.

2. 슈타이너의 인지학과 아동관

1) 인지학에 대한 이해

슈타이너는 1919년 독일 슈투트가르트에 최초로 자유 발도르프 학교를 설립하였으며, 현재에 이르기까지 인지학의 이론을 치료교육학과 연결한 발도르프학교 혹은 도르프게마인샤프트(Dorfgemeinschaft)를 독일과 유럽 전역에 건립하였다. 이러한 생태 농법은 유기농의 시초라 할 수 있는데, 생명역동농법이 요즈음에도 농학 분야에서 연구되고 있다. 도르프게마인샤프트(Dorfgemeinschaft)의 건축으로는 스위스 바젤에 위치한 괴테아눔이 널리 알려졌고, 슈타이너 사상을 근거로 하는 종교 단체 공동체인 크리스천게마인데(Chrischangemeinde)가 형성되었다.

인지학(人智學, Anthroposophy)은 슈타이너의 철학으로 인간의 지혜를 다루는 학문이라는 의미로 사용한 용어이다. 지각적 체험과 상관없이 사고를 발전시킬 수 있는 인지적 상상력, 영감적 단계, 직관 능력을 계발하여 어린이의 인지발달을 돕는 것을 목적으로 한다.

슈타이너의 인지학은 다음과 같은 의미를 지니고 있다.

- 인지학이란 세계에 관한 관념이나 세계관 또는 인간이 세계를 보는 보편적 개념을 의미한다(Kayser, 1991). 인지학을 간단하게 설명하는 것은 쉬운 일이 아니며 인간 삶의 근원을 하늘에서 찾으려는 사람들이 가지는 지혜로서, 물리적·정신적인 존재로서 인간에 대한 지식을 다루는 학문이다. 슈타이너는 물리적인 존재로서 인간을 해석하였기 때문에 정신과학은 인지학과 유사하게 사용하였다.

- 인지학은 정신과학으로 신적인 지혜를 해명할 수 있는 학문이다(Kayser, 1991). 세계 속에 존재 양식으로써 인간의 지혜를 다루고, 우주와 정신에 관계되어 있는 지혜를 다루는 것이다. 즉, 인간에게 영혼이 필연적인 것과 같이 인간은 정신세계를 발달시키기 위한 지식을 필요로 한다. 감각에 의해서 이해하는 물질세계인 질료에 관한 것은 정신적인 해석을 요구한다.

- 인지학은 인간의 인식능력이 발달하면서 세계와 인간 사이에 존재하는 영적 본질을 연구하여 인식능력을 최대한 발전시키는 영역을 의미하는 학문이다.

- 인지학은 인간의 본질을 영혼과 정신, 그리고 신체의 3차원에서 해석하고 있다. 영혼과 정신은 신체 이전에 이미 존재한 것으로 신체가 없어도 존재할 수 있다고 말한다. 인지학만이 세상에 존재하는 본질적인 실체와 인간의 실체를 인식할 수 있다고 보았다. 인지학의 탐구 대상인 영혼과 정신에

관한 연구가 이루어져 지적 영혼에서 정신적 영혼의 세계로 전환될 때 우주의 구성원으로서 감각을 가지게 된다는 것이다. 전환 시점에서 인간은 자유와 내적인 힘을 인식하게 된다. 세상에 존재하는 모든 것은 정신과 영혼을 필요로 한다. 슈타이너에 의하면 인지학으로 인간과 세계 그리고 사회를 이해하는 반면, 인류문화를 정신적, 생태학적으로 건강하게 유지할 수 있다고 말한다. 발도르프(Waldorf)는 학교교육 운동을 통해서 인간을 참되게 안내하고 양육하여 상호 간의 참된 이해를 증진시킨다고 말한다.

2) 슈타이너의 아동교육에 관한 철학적 배경

슈타이너는 구조, 구성요소, 발달단계로 인간의 본질을 분석하였다.

◦ 본질적인 구조로서 인간관

슈타이너는 인간을 생물학적, 정신적 구성요소인 신체와 영혼, 그리고 정신으로 구성된 복합체로 보았다. 인간은 자기 육체와 더불어 사물과 모든 관계를 맺고, 영혼을 통해서 사물의 인상을 받아들이면서 내면세계를 형성하고, 정신을 통해서는 사물 자체의 속성을 표출한다고 하였다(김성원, 2002).

인간은 신체를 통해서 외부대상과 전 관계를 맺고, 지각된 것에 의해서 정신을 재구성하게 된다. 이렇게 정신을 재구성할 수 있는 힘은 인간의 육체 속에서 작용하게 된다. 사물이 감각에 의해서 인상을 지각되고 관찰되는 것처럼 신체는 감각작용을 통한 지각작용에 의해서 인지작용이 시작된다. 영혼은 자연법칙에 의해서 육체와 정신적 질서에 영향을 받는다. 반면 정신은 가장 고차원적인 방식으로 외부세계에 인간의 본질을 드러낸다.

◦ 인간의 본질적인 구성요소

인간의 신체와 정신 그리고 영혼은 서로 다르게 작용하지만 통합적으로 연관되어 작용하며, 인간은 물질체, 생명체, 감정체, 자아체로 구성되어 있다.

이 네 가지 구성요소는 인간의 본능적인 요소로서, 태내 10개월 동안은 물질체로, 7세까지는 생명체로, 14세까지는 감정체로, 21세까지는 자아체로 인간을 완성체로 형성하는 발달단계를 의미한다(Hellmich, 1999). 이 구성요소들은 각기 발달에 적합한 민감기를 가지고 있다.

예를 들어, 물질체는 광물질적인 것으로서, 시각으로 변별이 가능한 상태를 의미하고, 현상적으로 증명할 수 있는 인간 본질의 모든 것이다. 죽음과 더불어 물질체는 소멸되고 생존 시에만 물질로 존재할 뿐이다.

생명체는 물질체 속에서 존재하는 광물질적인 존재와 힘에 의해서 하나의 형태와 모습을 부여받는다. 모든 생명체는 보이지 않는 생명의 힘을 가지고 있는데, 이러한 힘으로 인해서 동적으로 모든 생명체의 성장과 번식능력, 그리고 내적 운동을 시도한다.

7세의 아동들은 생명체에 의해서 인간이 생명력과 기질, 양심에서 영향을 받아 성장과 체액 활동을 담당하게 된다. 즉, 감정체인 아스트랄체의 존재로 말미암아 물질체 자체가 단지 물질만의 작용을 하는 것이 아니라 의식의 광채를 발휘하도록 만든다는 것이다.

세 번째 요소인 감정체(아스트랄체)는 인간에게 희로애락의 감정을 부여한다. 아스트랄체는 인간이 외부세계로부터 각인된 인상들을 내면세계에서 체험하도록 만드는 내적 활동의 한 형태이다. 인간은 감각기관에 의해서 다양한 사물을 지각하고 의식하여 자극에 반응하면서 감정을 느끼고 생각하면서 생활한다. 즉, 하나의 정신적이고 감정적인 실체이다.

마지막으로 광물, 식물, 동물들은 본능적인 기질만을 소유하고 있는 반면, 자아체는 인간만이 공유하는 특성이다. '나'라는 아이덴티티를 가지고 타인과 자아와 차이점, 특수성, 개별성을 발견하고, 타 자아와 변별할 수 있는 자유로운 존재, 자아를 사랑하는 존재, 자아를 자아로 인식하는 존재로 살아간다.

3. 슈타이너의 우주관

인간은 우주와 전 관계를 맺으면서 진화하고 우주 진화는 동시에 인간을 진화시킨다. 슈타이너의 우주생성원리는 우주신학과 연관되어 있다. 즉, 인간의 신체는 우주 전체의 일부분으로서 인간 의식의 진화 역사와 신체적인 진화를 증명해준다. 우주는 인간을 중심으로 서로 전-관계로 연결되어 서로가 서로에게 강력하게 영향을 끼치고 있다. 다시 말해서 인간은 우주의 일부분으로서 우주 전체의 진화과정에 종속되어 있으므로 인간은 자유롭게 진화하는 성전이라고 할 수 있다. 슈타이너의 우주관을 4시기로 구분한다(Kayser, 1991).

- 열의 시대 : 우주는 단지 열로 생성되어 있던 시기로, 그전에는 시공간 개념이 존재하지 않았으며, 열 시대부터 시간 개념이 형성되었고 인간의 기원을 형성할 수 있었다. 즉, 인간의 물질체가 처음 등장한 것이다. 물질체는 정교하고 투명하고 에테르니적 열체이다. 열체는 다시 토성으로 이루어졌으며, 현재의 물질적이고 광물적인 요소로서, 인체의 기본요소이다. 물질체는 토성 위에 존재하고 영혼은 토성을 둘러싸고 있는 영역 안에 존재한다.

- 공기의 시대 : 열이 기체로 응축되어서 공기시대로 변화하고, 천체계는 태양으로 변화한다. 태양 속에서 생성되는 기체로 인해서 외부를 향해 빛을 발산하므로 소위 안과 밖으로 구분되는 공간을 형성한다.
  열의 시대에 형성된 에테르니적인 물질체에 에테르니적 생명체가 유입되는 동시에 태양이 빛나고 생명이 생성되기 시작한 것이다. 즉, 생명의 탄생시기인 것이다.

- 물의 시대 : 열과 공기의 시대를 거쳐서 기체가 응축되어 물의 시대가 시작되었다. 액체로 형성된 시기가 이루어지면서 달의 시대를 맞이하게 된 것이다. 감정체인 아스트랄체가 형성되면서 모든 생명체는 신경조직이 형

성되었다.

- 흙의 시대 : 우주는 흙의 시대를 맞이하게 되었다. 달의 진화 후에 지구진화는 인간을 인간화로 진화를 시작하였다. 물질체, 감정체, 생명체의 진화로 흙의 시대는 인간이 자아실현을 할 수 있는 문화인으로 진화시켰고, 지구는 물과 공기 그리고 불이 구성됨으로써 인간은 지구상에서 개체화되었다. 인간의 생존이 가장 편리한 시대를 맞이한 것이다.

4. 슈타이너의 발달단계에 근거한 유아교육

슈타이너는 인간이 7년 주기로 발달단계에 변화가 일어나기 때문에 인간발달을 7년 주기라고 부른다(Kayser, 1991).

- 1~7세인 첫 번째 7년기

  신체적인 성숙시기로서 주로 신체가 성장하는 시기이다. 모든 감각기관이 발달하고, 호흡리듬과 일상생활습관과 규칙이 발달한다. 유아들의 의식은 환경 속에서 감각 활동과 모방학습이 이루어진다.

  이 시기는 신체발달 현상으로 영구치를 가지게 되고, 언어를 통한 교육보다 자기 환경에서 사물과 사람에 의한 모방학습과 놀잇감을 통한 상상력이 향상하는 시기이다.

  유아들은 자기들의 욕구충족을 자연스럽게 발달시켜야 하며, 애정과 사랑을 느낄 수 있는 환경구성과 아름다운 리듬에 맞춘 신체를 발달시킬 수 있어야 한다.

- 8~14세인 두 번째 7년기

  이 시기는 신체적인 발달을 근거로 정신세계가 발달하는 학년기라고 말할 수 있다.

신체적인 발육상태가 약해지는 반면 정신적 작용능력이 최대한으로 발달하는 시기이다. 미성숙한 감정 상태를 분화시키는 활동을 전개함으로써 예술성에 눈을 돌리는 시기이다.

자유로운 표상 활동과 기억 활동을 통해서 이 시기에는 이성적인 감정과 인간다운 감정이 자연스럽게 발달하여 감정체가 사고력을 주도한다. 즉, 이 시기는 사고와 추상적인 개념들이 감정을 통해서 발달한다.

이 시기는 부모와 교사를 통해서 권위자의 대상을 정하는 시기를 벗어나 존경해야 할 권위자, 즉 사랑받을 권위자에 의지함으로써 권위자로부터 존경심과 두려운 감정 또는 종교적인 체험을 필요로 하는 시기다.

- 15~21세인 세 번째 7년기

어린이들에게 사춘기의 특징이 나타나는 감정체의 출현 시기다. 사고력이 풍부해지고 추상적이고 개념적인 고도의 학습단계 시기이다. 개인의 관심 영역과 호기심이 증대되고, 인식 세계가 확장되며 독립적인 판단능력이 발달하는 시기다. 도덕적인 원칙과 자기 판단력을 훈련시켜야 하고 타인의 의견을 경청하는 태도를 기르는 시기다.

이 시기에 자유에 대한 의식이 발달하는데, 청소년의 자유개념은 자신의 능력에 의해서 생각하고, 스스로 감정을 조절하며, 자유의지에 의해서 행동하는 자발적, 자율적, 독립적 인간상을 의미한다(Kayser, 1991). 학문적인 내용과 실제 기술을 통해서 자유로운 인간상을 형성하도록 교육하는 것이 목적이다.

1) 모방에 근거한 유아교육

어린이는 외부세계와 관계를 맺으면서 사물을 지각하고 사물에 대해 관심을 가지고, 물리적 환경과 자신을 에워싸고 있는 사람의 행동을 모방하면서 발달한다(김성원, 2002).

어린이는 외부세계에 대해서 모든 것을 감각으로 지각하고 모든 환경을 단순하게 흡수함으로써 인지발달을 강화한다. 자신의 관심과 흥미를 유발하는 모든 행동과 관심, 그리고 종교적 예절들을 사진기로 찍듯이 받아들여서 그대로 모방행위로 연결시킨다. 아직 이성적으로 옳고 그름을 판단하지 못하므로 모방충동이 강하게 형성된다. 모방의 특징을 보면 다음과 같다.

- 유아는 7세까지 몸 자체가 완전한 감각기관으로, 사물을 받아들이는 눈의 역할을 한다.
- 무의식적으로 모든 모방행동이 이루어진다.
- 모방충동은 교육적 매체 역할을 한다.
- 외적인 행동뿐만 아니라 자연스럽게 자기 환경에 있는 사람의 생각과 느낌, 즉 정신세계와 도덕적인 측면까지도 흡수한다.
- 어린이는 자기가 신뢰할 수 있는 사람들의 행동과 생각을 모방한다. 슈타이너는 위와 같은 모방의 특징을 고려하여 어린이를 위한 물리적 환경과 인적 환경의 중요성은 물론, 어린이에 대한 깊은 사랑을 중요시하였다.

2) 상상력 확장에 근거한 유아교육

슈타이너는 어린이의 행동 근거는 그들 내면에 존재하는 상상력의 결과이며, 어린이는 상상력으로 가득 차 있다고 하였다. 어린이들은 내재적 성장력과 형성력이 기능적으로 작용을 시도하는 반면 상상력이 신체를 통제하고 조절하는 힘을 가지고 있다(Kayser, 1991).

어린이의 상상력이 특징을 살펴보면 다음과 같다.

- 어린이의 자유로운 상상력은 자유로운 사고와 기억능력에 의존한다.
- 어린이의 정신생활은 풍부한 상상력의 결과이다.

- 어린이는 상상력을 내면화하고 상상의 세계를 확장하여 현실화하려는 경향이 있다.
- 어린이는 놀잇감을 통해서 상상력을 건전하게 발달시킨다.
- 어린이는 인형을 통해서 자기 생각을 표출한다.
- 어린이는 상상력을 움직이도록 하여 활동과 연결시킨다.
- 어린이는 자연적인 놀잇감을 통해서 자연에 대한 생각, 자연의 신비, 조형적인 힘을 상상하고 색상의 범주를 확장한다.
- 어린이는 동화 이야기를 통해서 식물, 동물, 광물에 대한 창조적인 상상력을 자극시킨다.

3) 율동에 근거한 유아교육

슈타이너는 유아발달에서 리듬의 중요성을 강조한다. 정신력을 가진 감각적 인간, 율동력을 가진 호흡리듬과 혈액순환을 진행하는 생물학적 인간은 신진대사가 모든 운동과 율동에 근거한다고 말한다.

슈타이너에 의한 율동의 특징은 다음과 같다(Kayser, 1991).

- 모든 생명체는 삶의 리듬에 의해서 생존한다. 리듬이 깨지면 악순환이 되거나 혹은 생명을 잃어버린다.
- 인간의 삶은 리듬에 의해서 발달하고 움직인다. 즉, 신체리듬에 의해서 움직이면서 생각할 수 있는 기회를 만든다.
- 우주에 존재하는 생명체들은 리듬의 법칙에 의해서 일관성을 가진다. 예를 들면, 천체계의 움직임과 밀물과 썰물의 변화, 생물계의 변화, 1년의 주기, 하루의 리듬을 들 수 있다.
- 어린이는 본능적으로 생활리듬을 따른다.

- 어린이는 리듬 활동을 통해서 기쁨과 삶의 에너지를 얻는다.
- 어린이의 신체기능 발달에 리듬은 필수적인 요소이다.
- 신체리듬은 인간의 생리적 리듬을 발달시킨다. 리듬은 어린이들의 기초학습, 즉, 말과 언어 학습을 발달시킨다.

4) 예술에 근거한 유아교육

슈타이너의 교육방법은 예술성에 근거한다. 교육환경 특히 학교건축과 교육과정, 교육방법 역시 예술성을 응용하는 방법이다. 그는 두 가지 예술적인 방법이 인간에게 작용한다고 주장하였다. 하나는 조소적·조형적 방법이고 다른 하나는 음악적·시적 방법이다. 이 두 가지 예술영역은 서로 통합하면서 인간을 고차원적인 영역으로 이끌어 간다.

슈타이너의 음악적 시적 방법의 특징은 다음과 같다(Hellmich, 1999).

- 어린이의 신체를 음악과 관련지어 주위 세계를 이해하는 방법을 터득하게 만든다.
- 음악적 요소는 어린이가 독립적으로 생명을 이끌어 가는 의지적 요소이다.
- 음악으로 어린이의 심미적인 환경을 조장한다.
- 음악은 건전한 유아발달을 위한 전제조건이다.
- 발도르프 학교에서는 장애인을 위해서 음악교육과 음악치료를 적용한다.
- 발도르프 유치원에서는 어린이의 신체를 움직이도록 예술적으로 창안된 오이리트미를 사용하여 말과 음악으로 시각적 표현을 하도록 만든다. 오이리트미의 교육적 효과는 신체를 움직임으로써 유아의 욕구를 충족시키고, 유아의 의지를 강화시키고, 건전한 자기애를 발달시키는 역할을 한다.

반대로 조소적·조형적 특징을 살펴보면 다음과 같다.

- 감각 활동을 통해서 색상에 대한 감각을 익힌다.
- 예술 공예의 창조적 기능을 발달시킨다.
- 유치원에서 어린이에게 색채를 체험하도록 만든다.
- 색채를 통해서 자연의 영혼과 전 우주의 영혼을 표현할 수 있도록 지도한다.
- 풍부한 색상 감성으로 인해서 치료 효과를 얻을 수 있다.

발도르프 유치원의 교육목적은 정신적, 육체적으로 건강하고 강인한 사람으로 성장할 수 있도록 교육하며 자유로운 정신 속에서 지혜로운 인간으로 성장하도록 돕는 것이다. 발도르프의 교육목적을 살펴보면 다음과 같다.

- 건강하고 자유로운 영혼과 지혜로운 정신을 기르고 지혜로운 삶의 방법을 지향한다.
- 유아의 전인적 발달을 위해서 머리와 마음, 그리고 손을 교육함으로써 사고능력과 감정능력, 그리고 의지능력을 발달시킨다.
- 자기 삶의 주체자가 되도록 능력을 계발시킴으로써 신체와 영혼 그리고 정신적인 조화를 이루도록 한다.
- 전인적 인간교육을 추구하면서 세계와의 관계를 가지는 전 인류애적 교육을 한다.
- 유아를 바르게 이해하고 그들이 삶을 위해서 습득해야 할 중요한 요소들을 스스로 찾아 계획하게 한다.

5. 발도르프 유치원의 교육내용

발도르프 유치원의 교육내용은 어린이와 우주를 전 관계에서 이해하고자 한다. 유치원의 하루 교육내용을 살펴보면 다음과 같다(Hellmich, 1999).

요일별 활동 시간표

요 일	활 동 내 용
화요일	자유 활동 중 수채화 그리기
수요일	리듬놀이 시간 대신에 오이리트미 활동
목요일	작별 시간 전에 점토로 조소
토요일	주말을 위한 대청소, 교구와 책걸상을 정리·정돈함, 가게놀이를 위한 재료와 물건을 분류하고 정리함.

발도르프 학교의 하루 일과표

시 간	유치원의 교육내용 및 활동
7 : 00 ~	등원 시간. 교사와 만나는 시간
7 : 00 ~ 9 : 15	자유선택 시간, 간식준비, 계절에 따른 행사, 자유 작업
9 : 15 ~ 9 : 45	자기 일 정리·정돈하기, 손 씻기
9 : 45 ~10 : 00	손 유희와 율동을 위한 리듬놀이 시간
10 : 00 ~10 : 20	간식, 실외놀이 시간, 신발 갈아 신기와 옷 갈아입기
10 : 30 ~ 11 : 30	정원에서 자유놀이 시간, 정원 손질하기, 풀 뽑아 주기, 산책하기
11 : 30~11 : 45	신발 갈아 신기, 손 씻기, 인형 돌보기, 동화 듣기와 이야기하기
11 : 45~12 : 00	일주일간 같은 내용으로 동화이야기 나누기와 듣기, 작별 시간, 귀가

발도르프 유치원은 교육환경을 통해서 유아가 자신의 잠재적 능력을 계발할 수 있도록 구성되었다. 슈타이너는 어린이를 위한 환경을 물리적 환경과 심리

적 환경으로 구분하였다.

물리적 환경의 기본적인 요소들을 보면 다음과 같다.

- 교사는 교실의 물리적 환경이 심미적으로 다양한 상상력과 영감을 줄 수 있도록 한다.
- 교사는 어린이의 모든 활동과 작업 속에서 자기의 잠재능력을 최대한 발휘할 수 있도록 환경을 배려하여야 한다.
- 어린이가 환경에서 감각적인 즐거움을 느낄 수 있는 기회를 제공하여야 한다.
- 교실에서 사용하는 재료와 종류, 특성뿐만 아니라 교실의 색상과 조명 등은 어린이의 시각을 고려하여야 한다.
- 유치원의 위치, 예술적 건축술, 재료의 정리·정돈에서 미적 배열 등을 고려하여야 한다.
- 인형을 보관할 수 있는 인형의 집 또는 코너를 마련해야 하고, 인형은 거의 실물과 같은 특별히 예술적인 인형을 준비하여야 한다.
- 소집단놀이와 소꿉놀이를 할 수 있는 그룹 활동실을 준비하여야 한다.
- 자연 속에서 흔히 얻을 수 있는 조개껍데기, 밤, 돌, 나뭇가지, 솔방울, 헝겊, 널빤지와 같은 것들을 준비하여야 한다.
- 부모들과 함께 수공업으로 제작한 인형 종류와 작품들을 준비하여야 한다.
- 어린이들이 활동실에서 자유롭게 작업할 수 있는 소꿉놀이, 접목놀이, 가게놀이, 점토놀이, 접목놀이 영역과 시청각 영역이 준비되어야 한다.

이상과 같은 물리적 환경에서 어린이는 자신이 원하는 작업을 자유롭게 할 수 있다. 슈타이너는 다음과 같은 교사론을 통해서 정신적인 발달을 지향하였다.

- 교사는 책임과 의무감을 가지고 교직을 수행하여야 한다. 교사는 자기의 언어와 행동으로 어린이에게 정신적인 영양분을 주어야 하며, 모범적인 행동을 할 수 있는 전문성을 소유하여야 한다.
- 교사는 어린이들의 세계관은 물론 그들의 발달 이론과 본성에 관한 모든 범주에 관심을 가져야 한다. 어린이가 필요로 하는 모든 환경, 재료, 사물, 사람에 관심을 가져야 한다.
- 교사는 정의로워야 하고 학문적 진리의 중심에서 활동할 수 있는 능력을 지속적으로 발전시킬 수 있어야 한다. 진리를 드러내 보일 수 있어야 하고, 진실을 드러내야 한다.
- 교사는 긍정적인 사고, 생동감, 신성한 정신, 열정, 학문에 대한 정체성을 유지할 수 있어야 하며, 새로운 지식에 도전하는 적극성을 가져야 한다. 어린이의 정신과 몸, 영혼의 건전한 성장을 위해서 최선을 다해야 한다.

Ⅱ 몬테소리의 유아교육사상

1. 몬테소리의 생애와 사회운동

마리아 몬테소리(Maria Montessori, 1870~1952)는 1870년 8월 31일에 이탈리아의 안코나(Ancona) 지방에 위치한 끼아라발레(Chiaravalle)라는 고전적인 아름다운 도시에서 부친 알레산드로 몬테소리(Alessandro Montessori)와 모친 레닐데 스토파니(Renilde Stoppani) 사이에서 태어났다. 그녀가 태어난 시기는 상류층 사회에서 문예부흥운동(Rinascimento)과 모든 것을 수용하려는 계몽주의 사상이 이탈리아에 영향을 끼치던 시기였다. 그의 부친은 젊은 시절은 거의 군대생활을 하였지만 후에는 담배공사에 근무하여 일찍부터 부(富)를 누렸던 사람이었고 반대로 어머니는 신앙적이고 학문적인 분위기에서 성장한 가문의 딸이었다. 몬테소리의 외삼촌인 안토니오 스토파니(Antonio Stoppani)는 밀라노 교구의 주교인 동시에 지질학자이자 『물과 공기』(*Aqua e Aria*)의 저자로서 세간에 알려진 학자였다. 몬테소리는 신앙적이고 학문적인 측면에서 부친보다는 모친의 영향력을 받았다고 전해진다(Maccheroni, 1956).

몬테소리의 부친은 그녀가 3살이 되기 전에 교육을 위해서 로마로 이사하였다. 그녀는 자기 직업을 전환하면서까지 일생을 전 세계의 어린이를 위해서, 그리고 전 세계의 어린이를 가르칠 수 있는 몬테소리 교사양성을 위해서 헌신하였다.

몬테소리는 비교적 부유한 가정의 외동딸로 태어나서 자기가 원했던 모든 일을 부모님의 적극적인 지원을 받을 수 있었다. 아버지의 반대에도 불구하고 의사의 길을 갈 수 있었던 것도 어머니의 적극적인 협조 때문이었을 것이다. 몬테소리는 아동교육자, 사회운동가, 그리고 평화교육자라는 명칭이 늘 그림자처럼 따라다녔다.

몬테소리는 자신의 교육학이 '생명을 돕는 교육'이지만 생명을 과학적으로 돕는 것이라고 정확하게 말한다(조성자 역, 1996). 그러므로 그녀는 어린이의 생명을 돕는 것은 단지 교육적인 문제만으로 해결되는 것이 아니라 어린이 발달에 저해되는 자유의 억압이나 사회발전에 저해가 되는 가장 기초적인 모든 요인을 중요시하였다. 어린이의 주거환경과 빈곤 퇴치 그리고 문맹자 퇴치운동을 통해서 사회 전반의 인류 발전을 저해하는 요소들을 제거하여야 한다고 생각하였다.

몬테소리는 어린이의 생명을 살리고, 어린이를 위한 교육적인 주거환경을 제공하기 위해서 로마에서 어린이집(Casa dei bambini)을 운영하였다. 생명을 돕는 교육의 의미는 어린이가 가지고 있는 모든 잠재능력을 계발하여 그들의 영혼을 일깨우고 영성적으로 풍요로운 삶을 살아가도록 양육하는 것이다.

1800년 이후 로마는 이탈리아 전 지역은 물론 세계에서 모여든 이민자들로 장사진을 이루었다. 이민 온 사람들은 대부분 빈민자들이었고 교육의 혜택을 받지 못한 사람들이었기 때문에 자녀를 안전한 시설에서 위탁 교육을 시킬 수 있는 곳을 제공해 주어야 한다는 신념을 가지고 어린이집을 개원하였다.

어린이집을 개원한 산 로렌조(San Lorenzo) 지역은 1884~1888년 사이에 정부의 지원으로 새롭게 태어난 주거지역으로서, 얼마 안 되어 거대한 주거 집단으로 발전하였고 몬테소리는 그 지역에 많은 어린이집을 다시 개원하였다. 이 지역 사람들은 마침내 부유층의 사람들과 같은 문화적인 혜택을 조금씩 받을 수 있게 되었다.

몬테소리는 인류애협회(Umanitaria)의 도움을 받아 밀라노(Milano)에서 다시 노동자 어린이들의 자녀를 위해서 어린이집을 개원하였다. 어린이집의 대부분은 노동의 집(Casa del lavoro)에 속해 있는 노동자들의 자녀 교육을 위한 것이었다(Pignatari, 1967).

몬테소리는 어린이 당(Partito del bambino), 적십자 기능과 흡사한 전쟁으로 희생된 어린이들을 위해서 백십자(Croce Bianca)단을 창립할 것을 정부에 요청하였다.

그녀는 전쟁으로 인해서 육체적, 정신적으로 보호받아야 할 어린이를 우선적으로 책임감을 가지고 치료해 주어 그들이 미래 사회의 평화를 위해서 살아가고 일할 수 있는 힘을 길러 주는 것을 목적으로 하였다.

몬테소리가 1937년 코펜하겐에서 개최된 교육과 평화라는 세미나에서 어린이 교육부와 어린이를 위한 정당을 정식으로 설치할 것을 부르짖은 이유는 어린이를 제도적으로 보호할 방어책의 필요성을 인식하였기 때문이다. 어린이를 보호한다는 것은 인류를 보호할 의무를 전 세계에 호소하는 것이었고, 어린이 정당을 요구한 것은 그녀로서는 어린이를 위한 사회 활동의 씨앗을 파종한 것과 다름없다고 말하였다.

또한 몬테소리는 여성들의 사회적 지위 향상과 권리에 관심을 가졌다. 그녀는 1896년 베를린의회에 참석하여 이탈리아 여성을 대신하여 여성에게 남성과 동등한 노동 임금 지불과 사회적으로 동등한 위치를 부여할 것을 요청하였다. 여성들이 사회적으로 받는 불이익에 대해서 개인적인 차원이 아니라 국가적인 차원에서 해결해 줄 것을 요청하였다. 이러한 계기로 인해서 이탈리아는 물론 유럽 전체의 여성들에게 많은 영향력을 미친 것은 물론 모든 면에서 여성의 사회적 문제가 해결되었다.

몬테소리는 아동교육뿐만 아니라 어린이를 위한 생태-우주교육과 평화 교육에 관심을 가졌다. 몬테소리가 산레모(San Remo)를 중심으로 유럽 전체를 돌아다니면서 교육과 평화에 대해서 여러 차례 강연회를 개최하였고 그 내용을 『교육과 평화』라는 제목으로 출판하였다.

몬테소리의 평화교육에 대한 개념을 살펴보면 다음과 같다(조성자 저, 2011).

- 몬테소리는 평화교육을 통해서 건설적인 사회개혁을 시도하였고, 인류의 공동 목적인 평화를 이룩하기 위해서 평화군단인 단일국가를 형성할 것, 인간의 폭력적인 행위를 의식적으로 변화시킬 것, 교육의 기회균등을 부르

짖었다. 이러한 평화교육에 관한 개념들은 그녀의 교육철학의 특징이라고 볼 수 있는 종교교육, 즉 영성과 관계를 가진다. 즉, 교육을 통해서 평화교육을 이루려는 구체적인 방법을 다음과 같이 제시하였다.

- 근본적인 세계 질서는 인간 존재에 대한 보편적인 존중감이 영성에 근거할 때 가능하다.
- 우주와 자연, 그리고 인간에 대한 존중감은 영성과 관계를 가져야 한다. 인간은 생명력을 발달시켜야 하고 평화를 위한 인류애를 조직하여야 한다.
- 건강한 자기애와 평화, 그리고 영성은 동일한 개념이다.
- 평화는 영성의 근본적인 개념인 사랑과 관계된다.
- 평화는 영성의 근원이 인간의 미덕과 관계된다.

몬테소리는 "영성은 다른 사람에게 자신을 개방할 수 있는 힘이 있으면 사랑과 보살핌, 관용, 책임의식, 그리고 용서와 겸손을 통해서 우주에 존재하는 모든 인간이 서로 열린 관계를 맺고 평화로움을 서로 느낄 수 있도록 만드는 요소"라고 하였다.

몬테소리는 우주교육의 기본적인 틀을 마련하면서 다음과 같이 언급하였다. 우리는 어린이들이 자기 인격을 형성하고 도덕적인 자유를 획득할 수 있도록 도와줌으로써 인류애를 향상시킬 수 있다. 이에 대한 방법의 하나가 바로 우주교육이며, 우주교육이야말로 어린이의 삶의 방향에 도움을 준다.

첫째, 우주교육은 우주질서(cosmo)를 조화롭게 발전시키는 데 목적을 둔다.

위에서 언급하고 있듯이 그녀의 우주교육은 어린이들의 실생활과 밀접한 관계를 가지면서 전인교육에 머무르지 않고 어린이들의 종교적, 윤리적 교육까지도 포함한다. 우주(Cosmo)란 어원학적 의미 자체가 말해주듯이 세계전체를 포괄하면서 무질서(Caos)와 대립되는 개념으로서, 우주 전체의 질서와 조화를 통합하는 의미를 포함한다. 그녀는 우주는 '모든 사물은 의미 있게 서로 전체적으로 연결되어 한 세계 속에 공존하는 삶'으로 이해했다. 이러한 의미에서 그녀의 우주 개념은 인간에게 놀라움과 경이로움을 불러일으킬 수 있는 모든 것을 포괄하는 총체성을 가진다.

둘째, 몬테소리의 우주교육은 우주이론으로서 교육적 초석을 이룬다. 우주교육 프로그램은 단지 학교교육의 주춧돌로서 생각하였지만 우주교육 프로그램이 없이는 실제적인 학교교육 프로그램이 이해될 수도, 실현될 수도 없는 총괄적인 이론으로 자리 잡고 있음을 증명하였다. 몬테소리 우주이론의 구체적인 학습내용과 방법은 생태학적 관점, 우주에서 인간의 위치, 실제적인 우주교육을 들 수 있다.

셋째, 몬테소리의 우주교육은 생태학적 관점과 관계되어 있다. 몬테소리의 생태학적 관점에서 이론은 인간과 생명체의 관계와 인간과 자연과학, 그리고 자연의 관계 속에서 서로 상호작용하고 상호의존적인 삶을 살아가는 것이다. 자연에서 이루어지는 모든 상호작용과 균형상태를 통해서 모든 종은 총체를 위해서 작용하고 총체적인 생명 가능성은 각각 개별적인 종의 작용에 의존하고 있다. 인간과 자연은 이러한 불가항력적인 우주적 과제에 모든 행동 양식들이 지혜롭게 분배되어 있다.

2. 아동교육자로서 몬테소리

몬테소리는 전통적 교육학을 전복시킨 용감한 여성이다. 그녀는 특수 교육학과 일반 교육학을 넘나들면서 어린이의 교육에 전념한 여성이었다. 어린이를 위한 그녀의 지속적인 관찰과 연구에서 다음과 같은 8가지 기본적인 교육개념에 도전하여 개혁을 이루어 낸 것이다.

- 어린이 자신을 바로 인간의 어버이로 보았다.
  성인은 더 이상 어린이의 어버이가 아니라 성인은 어린이를 통해서 마음을 정화하고, 사랑을 배우고, 진리를 터득하게 된다. 성인은 자기 인격을 창조하는 중요한 의무감을 완성하여야 하기 때문에 자기 자신의 진실한 어버이는 어린이 자신이고, 인간의 어버이는 바로 어린이라는 관점이다.

- 몬테소리는 가장 훌륭하고 모범적인 교육자의 교육적 태도에서 전통적인 교육방법이 아무런 가치가 없다는 것을 증명하였다.
  교사의 행동에서 흔히 볼 수 있는 오류를 발견하는 것을 우선적으로 강요하였고, 일하고, 자기 작업을 자유롭게 선택하고, 움직이고, 결정하고, 작업하는 성숙한 인간으로서, 독립적인 인격체로서 책임의식을 느끼면서 생활하도록 교육할 수 있는 교사교육을 중요시하였다. 몬테소리학교는 교육방법을 가르치는 것이 아니라 어린이의 관심의 집중화 현상 능력과 정신적인 안정감을 가지고 작업하는 과정에 방해받을 때 교사가 환경을 준비하고 새로운 자극과 용기를 주기 위해서 개입하는 내재적 동기부여자이다.

- 완전하게 전복된 자유와 권위의 한계를 화해시키기 위해서 자극하는 데 많은 시간을 낭비하면서 헌신하는 교사-어린이 사이의 관계를 새롭게 정립하였다.
  교사는 어린이가 적응할 수 있는 준비된 환경을 제공하면 어린이 스스로 배운다. 생명을 돕는 것으로서 그녀의 교육은 "나 스스로 할 수 있도록 나를 도와주세요." 에서 암시하는 것처럼 그들은 무한한 창조적 본능을 양육해 주어야 한다. 교사의 역할을 지도자, 안내자, 조력자의 역할로 변화시킨 것이다. 어린이는 자유로워졌고 교사는 권위자가 아니라 지도자일 뿐이다.

- 교육적인 논쟁과 환경은 교육과정의 기본적인 요소가 된다. 어린이는 자율적인 활동을 통해서 준비된 환경 속에서 살아간다.
  시·공간 속에서 사물과 관계를 맺으면서 창조능력을 기르고, 자기주도적 학습원리를 따르면서 환경을 존중하는 활동을 통해서 생태학적 관점과 상호보완적 관계에서 정체성이 확실하게 발달한다.

어린이가 스스로 탐색 활동을 전개하고 배우는 것은 관찰에 참여하고 무엇인가를 발견하면서 자기 경험에 의해서 문화를 창조하고 문화와 공존한다. 교사는 어린이의 학습에 관심을 가진 것이 아니라 어린이가 스스로 행하는 기쁨과 활동, 그리고 작업과정에 관심을 가지도록 돕는 것이다. 즉, 문화를 창조하고 조직하는 생명의 원동력을 촉진하는 것이다.

- 어린이의 자유는 독립적인 개념 위에서만 창조적 활동을 성취할 수 있지만 이것은 전 생애의 삶에 영향력을 미친다.

몬테소리는 주인과 하인의 예를 제시하면서 하인은 주인의 명령 없이 일을 하지 못하므로 그들은 항상 주인의 명령만을 기다리는 종속적인 개념에서 벗어나지 못한다. 하인이 아닌 어린이에게 자유로워질 수 있는 기회를 제공하는 것은 그들의 삶을 독립적으로 이끌어 갈 수 있는 기초를 형성해 주는 것이다. 어린이는 성인의 종속물이 아니라 인간의 존엄성을 가진 자유로운 한 인격체이다.

- 손과 육체 사이에 관계라든가 혹은 다른 측면에서 정신은 전혀 다르게 전복할 수 있다고 보았다.

수작업과 몸 운동은 교육의 기초임을 증명하였고 극단적인 위험성과 어린이의 모든 기능을 분리함으로써 전통적인 학교에서 범하는 엄청난 오류에 대해서 비판하였다.

- 일반 학교에서 어린이들이 범하는 오류를 몬테소리 학교에서는 대단히 중요한 교육적 요소로 사용하였다.

어린이가 오류를 발견하고 스스로 자동 조절 혹은 오류를 수정하는 방법을 학습하였다. 교구의 기능은 소유가 아닌 존재에 근거한 미래사회를 창조하기 위한 작업으로, 어린이의 활동에 봉사하는 교육적 매체이다. 그녀가 개혁한 8가지 교육방법을 통해서 오늘날에도 전 세계적으로 많은 어린이가 몬테소리교실에서 자기 능력으로 미래를 창조하기 위해서 교육받고 있다.

3. 몬테소리의 과학적 교육학

몬테소리의 과학적 교육학은 광의적인 의미에서 교육철학과 교육 실기로 구성되어 있다.

첫째, 몬테소리의 이론, 즉 철학을 중요시한다. 과학적 교육학에 관한 철학, 우주교육, 생태교육이론, 평화교육이론, 발달이론, 교사론, 관찰이론, 각 영역에 관한 이론, 어린이들의 정신적 구조, 자유개념과 자유선택에 관한 이론, 부모교육이론, 다른 영유아 프로그램과의 비교연구, 내재적 동기부여에 관한 이론, 단계별 프로그램에 관한 이론, 교사양성 과정에 필요한 전문성에 관한 이론들을 중요시한다.

둘째, 몬테소리의 단계별 프로그램에 관한 실기, 영역별 실기들을 중요시한다. 전 세계적으로 운영되고 있는 몬테소리 교사양성과정은 영유아 프로그램으로 0~3세 영아전담 프로그램, 3~6세를 위한 유아 프로그램, 6~12세를 위한 초등과정 프로그램, 특수아 프로그램, 노인 치매치료 프로그램으로 구분하여 운영하고 있다. 이러한 다양한 프로그램들은 세계적인 네트워크를 가지고 운영되는 특성을 가진다. 최근에는 유럽을 중심으로 보호를 필요로 하는 노인을 위한 프로그램이 몬테소리 방법으로 운영되고 있지만 아직 초기 단계라고 할 수 있다.

몬테소리에 의하면 인간은 생명체가 형성되는 순간부터 그들이 살아갈 수 있는 모든 잠재적 능력을 가진다. 이러한 잠재적 능력은 정신구조의 일부분이 된다.

- 므네메(Mneme) : 종의 특성을 확실하게 고정시키는 것이 바로 므네메이다. 인간을 인간으로 존재하도록 만드는 것이다.

- 네블라(Nebula) : 종의 특별하고 고유한 특성을 소유할 수 있는 특성이다. 예를 들어, 개의 특성은 야만적이고 인간의 특성은 이성적이다. 바로 이러한 차이점으로 동물과 인간이 구분된다. 므네메에 의해서 인간의 능력을 수행할 수 있는 본성을 가지게 된다. 유전적인 특성과 환경과 상호관계를 가지면서 발달할 수 있도록 '활동 가능성'이 준비된 상태를 의미한다.

- 호르메(Horme) : 미국의 교육학자가 처음으로 주장한 이론인 호르메를 몬테소리는 '발달의 능력 혹은 발달의 힘'으로서 어린이 자신이 원하는 것을 창조할 수 있는 능력이라고 하였다. 유아들은 환경에서 자기의 삶과 문화를 통해서 자기 실존에 대한 의미와 개인의 인격을 형성한다. 환경에 적응할 수 있는 '적극적인 기능'(Horme)의 힘이라 할 수 있다.

- 엔그라미(Engrammi) : 영적 태아가 사회적 태아로 발달하면서 인지발달이 이루어진다. 인지발달은 단순한 유아의 경험에 의존하는 것이 아니라 므네메(Mneme)에 남아 있는 모든 흔적의 결과다. 이러한 흔적을 엔그라미라고 부른다. 다시 말해서 의식 속에 남아 있는 어떠한 '상'을 의미한다.

- 엘랑비탈(Élan vital) : 이것은 모든 살아 있는 생명체를 '성장하도록, 활동하도록' 자극하는 원동력이다. 유아들은 외적 자극을 받음으로써 내적으로 자극되어 활동을 촉진한다. 엘랑비탈은 인간을 자기 의지력으로 활동하도록 모든 내적 힘을 자극한다.

- 영적 태아(Embrione spirituale) : 영적 태아란 세상에 자기의 모습을 드러내기 위해서 육체 안에 갇혀 있는 영적 존재로서의 태아를 의미한다. 인간으로서 모든 발달을 시작하는, 인생의 긴 여정을 시작하는, 아주 미완성된 영적 존재가 사회적인 영적 존재로 발달한다.

- 흡수 정신 : 유아기 전에 환경에 있는 모든 환경을 단순한 생활 형태와 더불어 자연적으로 복사하는 사고의 형태이다. 카메라처럼 누르면 그대로 찍어내듯 흡수 정신은 자기 환경에 노출되어 있는 것을 모든 감각을 통해서 자연스럽게 흡수하는 정신 활동이다. 외부 환경을 오감으로 흡수하여 기억저장소에 보관하는 역할을 한다. 그러나 저장된 것을 전부 의식화하지는 못한다. 경험과 반복 활동이 필요하다. 아무런 노력 없이 감각만으로 받아들이는 정신작용이다. 몬테소리는 이러한 어린이들의 사고 형태를 흡수정신이라고 부른다.

- 민감기 : 몬테소리에 의하면 유아발달은 민감기와 흡수 정신에 의해서 이루어진다. 민감기는 특별한 발달영역에서 특별한 발달이 이루어지는 것을 의미하는 것으로서 빛의 광선과 에너지를 공급하는 전류와 같이 작용하는 것이다. 유기체의 기능은 각자 다른 발달단계에 의해서 준비된 환경이 주어지면 에너지를 최대한으로 발달시킨다.

- 정상화 : 어린이의 정신적, 육체적 에너지가 준비된 환경과 더불어 발달하면서 내면의 세계에 균형을 유지하면서 내적 욕구에 의해서 관심을 집중시키는 현상을 말한다. 정상아와 비정상아의 특징은 다음과 같다.

정상아들의 특성	비정상아들의 특성
정상적인 사회적 행동	비정상적인 사회적 행동
사교적인 행동	게으름과 태만함
훈련을 선호함	무질서함
작업을 좋아함	탐욕적임
관심을 집중함	세심함

4. 몬테소리 교실에서의 자율성, 독립성, 관계성을 어떻게 이해할까?

어린이들에게 자율성, 독립성, 관계성을 어떻게 이끌어 낼 수 있을까? 이 3가지 요소들은 몬테소리 교실에서 가장 중요한 역할을 하기 때문에 어린이들의 작업과 어떤 관계를 가지고 있는지 교사가 인지해야 한다. 3가지 요소가 몬테소리 교실의 매력이고 차별성이다. 우선 몬테소리 교실에서 "어린이가 나 스스로 할 수 있도록 도와주세요." 하는 외침은 자율성, 독립성, 관계성과 연관되어 있다(조성자 편역, 1996). 몬테소리 교실에서 어린이에게 작업을 위해 자유선택의 기회를 허락하는 이유는 그들의 자기주도적, 자율적 작업 태도를 촉진하기 위한 것이다.

심리학적 측면에서 자율성은 기본적인 욕구라고 할 수 있다. 어린이는 이러한 기본적인 욕구가 충족되면 기쁨과 즐거움으로, 생산적으로 작업 효과를 성취할 뿐만 아니라 스스로 몰입 경지에 이르러 행복해진다. 자율성은 어린이가 원하는 것을 자유롭게 선택할 수 있는 동시에 선택한 것을 행동으로 옮겨 작업 결과와 연결된다(조성자, 2013). 몬테소리 교실에서 어린이에게 자율성을 강조하는 이유는 자율성 자체가 그들의 작업 성취와 작업 태도 등 다양한 측면에 영향을 미치기 때문이다.

몬테소리 교실에서 작업의 자유선택을 위한 자율적인 동기는 그대로 내재적 동기부여로 이어져 작업에 대한 지속적인 집중력, 작업을 즐기는 태도, 작업 효과를 증진시키는 태도, 자아만족감, 새로운 작업에 대한 재창조적인 작업을 이끌어 낸다. 중요한 것은 교사가 어린이들에게 자율적으로 행동할 수 있는 조건을 얼마나 제공해 줄 수 있는가? 하는 것이다(조성자, 2013).

- 교사는 어린이가 선택한 작업을 지지해 주어야 한다.
- 어린이들이 알고 있는 정보를 다른 친구들과 공유하도록 허락하여야 한다.
- 교사는 어린이를 모든 경험에 노출시켜야 한다.

- 교사는 어린이에게 정확한 모범과 시범을 보여주어야 한다.
- 교사가 어린이의 환경을 어떤 목적으로 구성하였는지에 따라서 사회적 지지를 받을 수 있다. 사회적 지지는 어린이에게 자신감을 촉진한다.
- 교사는 어린이의 자율성이 모든 동기부여와 연결되어 인지 영역, 사회적 영역, 심리적 영역을 확장할 수 있도록 도와주어야 한다.
- 어린이의 자율적 활동은 자유의지와 자유선택을 최대한으로 활용할 수 있는 기회를 제공하기 때문에 긍정적인 인성으로 성장하도록 돕는다.
- 교사는 어린이에게 작업에 책임과 권한을 부여하여 스스로 자율적 활동을 이끌어 가도록 지지하여야 한다.
- 교사가 어린이의 작업에 자율성을 부여한다면 창의성을 발휘할 수 있는 기회를 주는 것이다. 어린이가 창의적 활동을 다양하게 경험한다면 자기 환경을 자유롭게 활용할 수 있는 능력을 만들어갈 수 있을 것이다.
- 교사는 어떤 작업을 할지 어린이 스스로 선택하고 결정할 수 있는 의사결정의 기회를 제공하여야 한다.

몬테소리 교실에서 어린이의 자율적 행동은 몬테소리 교육목적을 성취하는데 필요조건이고 어린이를 자율적 인간으로 성장하도록 촉진하는 요소이다.

어린이가 가장 일반적이고 지루한 부분까지도 즐길 수 있는 작업으로 선택하도록 노력할 때 언제든지 즐겁고, 기쁘고, 행복한 일과를 보낼 수 있다. 몬테소리 교실에서 그녀의 교육철학에서 머릿돌 역할을 하는 모든 생명체와 무생명체의 전 관계성, 자율성과 독립심은 어린이 활동에서 핵심적인 요소이다. 성인의 자율성과 독립심의 개념을 동일한 개념으로 이해하는 것이 일반적인 견해이다.

과연 몬테소리 교실에서 자율성과 독립심을 배려하는 진실한 교사상은 누구일까? 몬테소리는 교사도 어린이들에게 자기들이 사랑하고 좋아하는 교구처럼 관심과 흥미에 대한 동기부여를 받을 수 있고 줄 수 있어야 한다고 분명히 언급하였다(조성자 역, 1995). 몬테소리는 교사에게 활동에 편리하면서도 실용적인 예쁜 옷을 입음으로써 외형적으로 어린이들에게 호감을 줄 수 있도록 노력할 것과 언어표현을 할 때에는 부드러운 목소리로 정확하게 표현할 것을 권고한다. 몬테소리가 원하는 교사상을 살펴보면 다음과 같다.

- 매력적인 교사
- 정확한 교사
- 어린이에게 호감을 줄 수 있고 좋아하도록 만들 수 있는 교사
- 항상 정돈되고 깔끔해야 할 뿐만 아니라 어린이에게 온화하고 위엄 있는 모습을 보여 줄 수 있는 교사

이러한 특성을 가진 교사는 어린이에게 교사의 가장 이상적인 모델이 될 것이다. 교사는 교수학습방법을 연구하여 어린이를 존중하고 그들과 함께 몸과 마음을 공유하고 있다는 것을 자연스럽게 보여 줄 수 있어야 한다.

몬테소리는 교사의 교수방법에 의해서 교사가 어린이의 작업에 대해 느끼는 흥미를 더욱 향상시키는 것 이외에도 발달 단계에 맞는 수업을 진행할 수 있고 어린이의 흥미에 영향을 미치게 된다. 몬테소리는 어린이들이 작업과 학습에 대한 흥미가 절정에 도달하도록 하기 위해서 수업은 어린이들의 가장 적절한 발달시기에 이루어져야 한다고 하였다.

예를 들어, 만약 교사의 수업이 어린이의 발단 단계보다 너무 일찍 이루어진다면 그들은 수업이 지나치게 어렵다고 느낄 것이고, 수업이 발달단계보다 너무 늦게 이루어진다면 수업을 지루하게 느낄 것이다. 두 가지 측면 다 어린이가 수업에 흥미를 느끼지 못할 것은 분명하다. 교사의 교수방법을 위해서 항상 어린이를 가까이에서 자세하게 관찰할 의무가 있다.

발달 시기에 따라서 모든 어린이에게 적절한 때에 적절한 재료를 제공하여야 하는 이유는 어린이가 수업에 지속적으로 흥미를 느끼도록 도와야 하기 때

문이다. 교사들은 어린이가 교구와 환경에 흥미를 느끼는지 아닌지, 어린이가 흥미나 관심을 어떻게 표현했는지, 얼마나 오랫동안 어린이가 관심을 지속하는지 등을 계속 관찰을 통해 확인해야 한다.

중요한 것은 교사는 어린이 자신이 선택했고 제공받은 활동 어떤 것에 대해서도 어린이가 흥미를 느끼도록 강요해서는 안 된다는 것이다. 만약 교사가 어린이의 태도를 보고 수업 활동 선택에 실패했다는 느낌을 받는다면 교사는 모든 교구와 환경을 새롭게 디자인하고 다음 활동을 촉진해 주어야 한다. 이러한 혼란과 오류를 범하지 않도록 하기 위해서 몬테소리 교실에 있는 많은 재료의 작업 순서가 정해져 있다. 작업 순서는 몬테소리 자신이 직접 모든 재료를 실험해 보고 어린이들에게 실제로 적응하여 효율적 결과를 고려하고 확인한 후에 제작한 것이다. 몬테소리 교사는 어린이의 작업과정을 관심 있게 관찰할 뿐만 아니라 그들에게서 최대한 관심을 집중할 수 있는 절정시기를 이끌어 내기 위해서 모든 수업이 발달 단계와 일치하는 시기를 탐색하여야 한다.

몬테소리 교실의 교사는 작업의 성공 여부가 발달시기에 적절한 교구를 제공했느냐에 따라서 달라진다. 반대로 비몬테소리 교실의 교사는 매년 초에 설정된 계획서를 가지고 수업을 진행한다는 차이점이 있다.

예를 들면, 어린이는 대부분 어른의 대화 속에서 듣고 이해할 수 없는 단어에 대해도 집중하고 흥미를 많이 보인다. 어린이는 모든 단어를 문장과 상관없이 반복적으로 사용하려고 한다. 우리에게 명백하게 보이는 이러한 어린이의 반응은 일반적이고 당연한 것이므로 교사는 어린이에게 다양하고 풍부하게 교구재료와 활동을 제공해 줌으로써 이러한 성향을 극대화시킬 수 있다.

잘 알려졌듯이 몬테소리 교실에서 사용되는 교구는 과학적일 뿐만 아니라 엄격한 실험을 통해 세부적인 부분까지도 어린이들을 고려해서 제작되었다. 교구 선택은 어린이에 따라서 다르지만 자기들의 개인적인 차이에 의해서 교육을 발전적으로 확장시키기 시작한다. 같은 작업 활동이라 할지라도 어린이에 따라서 활동의 난이도가 다를 수 있다. 교사는 교실에서 사용되는 교재교구에 대해 정확하게 인지해야 하며, 어린이에게 어떤 교구교재가 어떤 시기에 사용하는 것이 가장 흥미롭고, 효과적이고, 즐거운 순간인지 인지할 수 있어야 한다.

교사는 사전 지식을 근거로 흥미를 유발하여 교육과정의 관련성을 연결하여야 한다. 교사는 매력적인 수업, 재료, 환경, 그리고 교사를 통해 주제, 흥미를 자극해야 한다. 이외에도 몬테소리 교육은 사전 지식을 이용하여 흥미를 유발하도록 하고 있다. 흥미를 위한 사전 지식의 중요성을 설명하는 것이 중요하다(Lilliard, 2005).

이미 가지고 있는 지식을 통해 흥미를 다시 부활시키는 것은 매우 중요하다. 모든 새로운 지식을 이미 가지고 있는 지식과 연결하는 것은 중요하다. 무엇인가에 적당한 수준의 지식은 흥미를 느낄 때 도움을 준다. 학습에서 흥미 유발을 고려했을 때, 사전 지식을 활용하는 것은 배움에 확실히 영향을 끼친다.

예를 들어 활성화된 사전 지식 구조는 새로운 지식을 저장하고 다시 끄집어내는 데 도움을 준다. 만약 어린이들이 주제에 대한 사전 지식 없이 무슨 내용인지 애매모호한 문장을 읽게 되면 똑같은 문단을 읽어도 주제에 대해 사전 지식을 가지고 있는 어린이만큼 그 내용을 상세하게 기억하지 못할 것이다(Bransford & Jhonson, 1972). 주제에 대한 사전 지식을 가지고 있던 어린이들은 아마 그들이 읽었던 내용에 대해 그렇지 않은 어린이들보다 흥미를 더 많이 느꼈을 것이다. 어린이들이 학습 원문 자료를 접할 때 본문 내용에 관한 어느 정도의 사전 지식을 가지고 있는 어린이들은 새로 들어오는 정보를 쉽게 받아들인다.

결과적으로 사전 지식을 가진 어린이는 그렇지 않은 어린이보다 빠르게 정보를 습득하게 된다. 주제에 관하여 지식을 가진다는 것은 학습을 자극하고 부분적으로 사전 지식이 흥미를 자극하기 때문이다. 예를 들어, 어린이가 중국어를 듣게 된다면 중국에 평생 동안 관심으로 이어질 수 있으며, 만약 중국어가 아닌 남미의 스페인에 관한 인문 교양을 들었으면 남미에 대해 쉽게 흥미를 가지게 될 것이다.

교사는 어린이에게 지속적으로 정보를 제공한다면 또 다른 새로운 정보를 만들어 가는 데 도움이 될 것이다.

5. 몬테소리 교사로서 전문지식과 통합적 균형

몬테소리 교실에서 통합적 관점은 모든 분야에 숙달된 교사와 어느 한 분야의 전문가 중 어떤 전문가가 어린이의 교육에 훌륭한 역할을 하는지이다. 현재 진행되고 있는 몬테소리 교육체계에서 어린이가 주로 접했던 것은 어느 한 분야에 많은 지식을 가진 전문 교사로서 다양한 학문을 서로 통합하여 제공하는 방법이다(Bransford et al., 1999).

몬테소리는 교실에서 한 사람 이상의 교사가 어린이를 가르치는 것은 올바르지 않다고 생각했다. 한 명의 교사가 모든 과목에서 전문가가 될 수는 없다. 몬테소리 교사의 주된 과업은 어린이를 환경과 연결시켜 상호작용하도록 돕는 것이다.

교사의 중요한 사명감은 어린이에게 교구의 사용방법과 환경구성을 정확하게 설명해 주는 것이다. 교사는 교구와 환경을 어린이와 연결해 주는 주된 연결고리의 역할을 하여야 하기 때문에 몬테소리 교실에서 사용되는 모든 교수매체에 대해 자세하고 정확하게 이해하고 있어야 한다.

이는 훌륭한 몬테소리 교사로 거듭나기 위해 엄격한 교육이 필요한 이유 중 하나이다. 결과적으로 훌륭한 몬테소리 교사는 교육과정의 한 영역에 대해 아주 뛰어난 전문가가 되는 것보다 모든 영역을 두루 알고 있어야 한다. 모든 지식을 통합하여 가르치는 방법을 아는 교사가 훌륭한 교사다.

다양한 전문지식을 가진 교사는 다양한 방법으로 가르칠 수 있는 능력을 가지게 된다. 몬테소리의 5개 영역에서 전문가와 초보자는 어떠한 방식으로 지식이 구성되어 있는지에 따라서 차이가 난다. 예를 들어, 감각영역에 대한 질문을 받았을 때, 경험이 많은 전문가는 첫 번째로 전반적인 감각영역에 이론을 도출한 후, 해당 이론을 어린이에게 왜, 어떻게 적응할 것인가를 고려할 것이다. 반대로 경험이 없는 교사는 이러한 이론적 도출 없이 바로 방법을 도출해 내고 이를 어떻게 사용할지 망설이는 단계로 넘어갈 것이다. 경험이 부족한 교사는 지식을 서로 융합하고 전체적으로 보지 않은 채 단순히 나열하는 상태에 머물게 될 것이다.

전문가의 지식은 특정 영역에서 사고를 이끌어 내는 주요 핵심 개념을 중심으로 다른 지식을 논리적으로 정렬화할 수 있다. 몬테소리 교실은 다양한 지식을 가진 전문 교사를 원한다. 앎이 부족한 몬테소리 교사는 교육과정을 설계하는 과정에서의 다양한 지식을 전제로 교육과정을 이끌어 갈 수 있는 능력이 없다.

몬테소리 전문교사는 어린이가 가지고 있는 통합된 지식 구조를 그들이 수용할 수 있도록 도울 수 있어야 한다. 전문지식을 가진 교사로부터 배우는 것이 초보자에게서 배우는 것보다 학습에 더 도움이 되는 이유다.

어린이의 작업 효과는 질서 있게 정돈된 지식 구조가 가장 중요한 요인이 된다. 경험이 많은 교사는 보다 정확한 방식으로 지식을 전달할 수 있을 뿐만 아니라 몬테소리 교실에서 교사보다도 교구·교재 작업이 어린이들이 스스로 지식을 구성하는 데 중요한 역할을 한다. 즉, 전문 교사가 단순히 핵심 이론을 어린이에게 제시하는 것이 아니라 물리적 환경 자체를 통해 어린이 스스로 핵심 이론을 찾을 수 있도록 협력하는 것이다. 몬테소리 교육에서 사용되는 교구들의 기본적인 이론과 실기를 연결할 뿐만 아니라 교육과정의 모든 영역의 지식을 구조화하고 있다. 어린이를 적절한 발달 시기에 물리적 환경과 특히 교구와 더불어 작업하도록 환경구성을 제공함으로써 몬테소리 교사들의 임무를 훌륭하게 진행하고 있다고 할 수 있다.

교사는 어린이가 "나 스스로 할 수 있도록 나를 도와주세요."라고 외치면서 생명체가 자발적으로 발달하고 진화하도록 돕는 것, 어린이 자신이 삶의 주체자이고, 잠재능력을 계발하도록 돕는 것, 그들의 창조적 방법에 따라서 생명의 신비를 드러낼 수 있어야 한다.

- 관찰자로서 교사의 역할이다.

몬테소리 교육학이 과학적 교육학이라면 관찰과 분석은 필수적인 것이다. 교사는 어린이의 작업 현장, 심리적인 측면, 교육적인 측면, 정신적인 측면, 위생적인 측면에 과학적인 정신을 가지고 관찰할 것을 강조하였다. 관찰을 시작한다는 것은 학문의 길을 새롭게 개척하는 것이다. 사물을 직관하는 것을 시작하는 사람은 모든 사물에 대한 관심과 호기심을 가지는 것이므로 어린이의 질서, 활동 작업상태, 정신적 작용, 정상화 단계를 관찰하여야 한다.

- 준비자로서 교사의 역할이다.

몬테소리 교사는 어린이에게 가장 훌륭한 교육방법을 준비하는 것이 아니라 새롭게 개혁한 '교육재료'를 준비하는 것이다. 어린이들이 관찰할 수 있고, 집중할 수 있고, 감각적으로 만질 수 있는 교육재료를 준비하여야 한다. 교사는 어린이들이 필요로 하는 모든 것을 준비할 수 있는 '준비자의 역할'을 가진다.

- 희생, 봉사, 헌신하는 교사의 역할이다.

몬테소리 교사는 완전한 봉사와 희생을 요구한다. 교사는 자기중심주의에서 탈피하여 단지 어린이를 위해서 봉사할 때 미래사회를 위한 인류에게 봉사한다는 것이다. 자기의 영성을 자각하고 거룩한 영혼과 만남으로써 모든 사물과 접촉하고 생명체를 사랑한다는 것은 자기 영성을 스스로 양육하는 것이다. 봉사와 희생은 무엇보다도 교사 자신의 인격을 통해서 어린이와 더불어 새로운 세계를 만들어 가는 것이다.

- 교육개혁자로서 교사의 역할이다.

훌륭한 교사가 되기 위해서 교사 자신의 정신과 학교 환경을 변화시킬 수 있는 능력이 있어야 한다. 몬테소리는 새로운 어린이를 탄생시키기 위해서 교사 자신이 변화하여 겸손한 자세로 자신의 약점을 인정하면서 어린이에게 다가갈 수 있는 자세를 가져야 한다. 어린이와 학교를 개혁하기 위해서는 학교의 모든 환경이 변화해야 한다고 주장한다.

- 협조자로서 교사의 역할이다.

교사는 어린이의 협조자이다. 말보다는 침묵으로, 지시보다는 관찰로, 훈육보다는 사랑으로, 가르치는 것보다는 동반자로, 닫힌 마음보다는 열린 마음으로, 폐쇄된 공간보다는 열린 공간으로, 인쇄된 책보다는 자연의 책을 들고 어린이의 동반자로서 필요할 때 언제든지 어린이 옆에서 그들이 원하는 것을 도와야 한다.

교사는 어린이의 영혼을 자각시킬 수 있는 역할을 하여야 한다. 몬테소리는 교사에 대해서 다음과 같이 강조하였다.

"몬테소리 교사가 된다는 것은 교사가 되는 것을 시작하는 것이다"(Montessori, 1972).

교사는 갓 태어난 인간의 내적 생명을 정확하게 관찰하여야 하는 의무와 역할을 가진다. 최고로 거룩하고, 최고의 사랑을 요구하고, 최고의 안정을 필요로 하고, 신비로운 생명으로 창조된 새 생명과 더불어 새로운 교사를 시작하는 것이다.

몬테소리 교사의 특징은 인격적인 특성과 외형적인 특성, 그리고 학문적인 특성으로 구분된다.

- 인격적인 특성

어린이에 대한 존중사상과 어린이를 사랑하는 마음을 가진 교사, 어린이를 위해 존재하고 생활할 수 있는 완전한 봉사자, 정서적인 안정감과 겸손한 자세를 가진 교사, 항상 자기 훈련을 필요로 하는 교사, 자신의 잘못을 인정하고 수정하려고 노력하는 교사, 침묵과 인내심을 소유한 교사, 긍정과 자아 사랑의 개념을 소유한 교사이다.

- 외형적인 특성

겸손한 교사, 자신감 있는 교사, 상냥한 교사, 미적 감각을 지닌 교사, 순수하고, 맑고, 사랑이 있는, 어린이화된 교사, 자기관리에 철저한 교사, 정신 건강과 육체 건강을 소유한 교사, 행동이 자연스러운 교사이다.

- 학문적인 특성

몬테소리 철학을 완전하게 이해할 수 있는 교사, 전문지식을 소유한 교사, 학문에 열정을 가진 교사, 열정적으로 가르치는 교사, 활동에 적극적으로 참여하여 항상 관찰할 수 있는 교사, 몬테소리 방법을 이해할 수 있는 교사, 유아교육에 대한 전문지식이 풍부한 교사, 창의력, 독창성, 조직능력이 있는 교사, 교육환경을 구성할 수 있는 교사, 항상 숙고하고 자신을 성찰하고 노력하는 교사, 어린이와 환경을 수용할 수 있는 교사, 과학적 지식을 소유한 교사, 어머니와 같은 역할을 할 수 있는 교사, 자기 직업에 만족하는 교사, 정직하고 정의로운 마음을 가진 교사들이다.

6. 몬테소리 교실에서의 일상생활 연습

몬테소리의 어린이와 유아교육기관을 위한 프로그램은 일상생활 연습을 통해 유아기 어린이에게 성공적인 목표를 성취하도록 계획된 일상생활, 사회적 규범, 문화를 연습하는 영역이다. 일상 활동은 마루를 닦고, 나무에 광택을 내고, 식물에 물을 주고, 간식이나 점심을 준비하고, 식탁 차리기와 같은 일상에 필요한 실제적인 생활 활동을 훈련한다. 이러한 일상 활동은 직접 할 수 있는 능력이 발달할 때까지 간접적인 효과를 통해서 미리 훈련하여 실제 활동으로 실시할 때 오류를 줄이기 위한 훈련이다.

몬테소리 교실에서 일상 활동을 포함시키는 중요한 목적은 다음과 같다(Lilliard, 2005).

- 어린이가 행동이 원하는 목적을 향해 갈 수 있도록 교육시키기 위해서
- 어린이가 작업에 집중할 수 있는 능력을 발달시키기 위해서
- 어린이들이 차례대로 순서, 질서, 규칙에 의해서 단계별로 일을 실행할 수 있도록 하기 위해서
- 어린이들 스스로 자기 환경과 우주 전체 환경을 돌봄과 자기 환경, 자기 몸을 관리하는 방법을 배울 수 있도록 하기 위해서

일상생활 연습들은 몬테소리의 모든 영역별 교육과 서로 밀접한 관계를 가지며 모든 교육의 근거와 기초를 제공한다. 어린이의 몸 움직임과 인지발달의 관계에 관해 일상훈련이 특히 중요한 이유는 훈련을 통해서 몸에 의미 있는 목적을 성취하기거나 정신을 위해서 사용하여야 하기 때문이다.

어린이의 발달과 일상생활 훈련을 같은 목적으로 실행했던 일련의 긴 시간 동안 일어난 행동과 관계하여 연구가 이루어지지 않았지만, 물건을 잡거나 목적지를 향해 기어가는 단순한 행동들의 영향력에 대한 연구는 이루어져 왔다. 몬테소리는 어린이가 주변에 흥미롭고 관심 있는 사물들이 있으면 자기 주변을 보살피고 돌보는 모습을 관찰하였다. 그녀는 유아 초기부터 질서의 민감기와 정확성에 대한 민감기가 있다는 확신을 가졌다. 한 예로, 어린이는 활동 중에 정확하고 확실하게 어떤 단계를 거쳐 실행하는지를 바르게 알고 싶어 하고, 어떻게 비누를 정확하게 비누 접시에 올려놓는지를 알고 싶어 하는 것을 관찰했다. 몬테소리는 유아기를 정확성, 확실성, 규칙, 질서에 관심을 갖는 민감기임을 알았다. 어린이의 민감기는 흥미로운 연구 대상이 될 수 있으며, 일상생활 활동은 어린이의 이러한 민감기에 대한 내재적 욕구와 동기를 자극시키기 위해 착안된 영역이다(Lilliard, 2005).

일상생활 활동의 한 예로, 몬테소리 교실에서는 빨래 빨기 활동 교구가 준비되어 있다. 교구는 물로 가득 채워진 큰 대야와 탁자 밑의 플라스틱 매트, 비누, 손톱을 닦을 수 있는 작은 솔, 스펀지, 그리고 수건을 준비한다. 빨래 빨기 활동을 위한 물건들은 어린이들의 몸에 비례하여 알맞은 크기와 무게로 준비되어 있어 어린이가 즐겁게 연습하는 교구들이다. 몬테소리의 다른 교구들처럼 이 교구도 어린이가 사용하고 싶은 욕구와 흥미를 이끌어 낼 수 있도록 매력적이다.

교사는 어린이들에게 빨래 빨기 활동을 하는 일련의 행동을 정확하게 시범으로 보여 준다. 물건들을 플라스틱 세숫대야로 가져오기, 플라스틱 매트를 펴기, 양동이에 물을 어느 선까지 채우기 등이다. 어린이들은 교사의 시범 보이기를 관찰하였다. 관찰만으로 어린이들이 배울 수 있게 자세히 보여주어야 한다.

몬테소리 관점에서 본 빨래 빨기 활동의 중요한 시사점은 걸레가 깨끗해지는 것이 아니라 어린이가 손과 정신을 활용해서 목적을 성취하기 위한 행동을 한다는 것이다. 이 과정에서 행해지는 어린이의 동작들은 목적에 맞는 순서와 방식으로 행해진다. 목적을 이루기 위해 행동을 실천하지만 중요한 목표는 걸레를 잡기 위해 팔을 뻗고 걸레를 향해 몸을 움직이는 단순한 행동에서 시작된다.

일상생활 활동은 육체와 정신을 활용하면서 어린이가 조직화된 일련의 활동을 수행할 수 있도록 교육시킨다. 유아교육기관의 어린이들이 하는 일상생활 활동 중 옷틀 활동이 있다. 옷틀 활동은 리본 만들기, 단추 끼우기, 지퍼를 열고 닫기 등 어린이가 옷을 입을 때 필요한 기술들을 배우게 하는 활동이다.

일상생활 연습들과 다른 점은 옷틀 활동의 실제적인 목적은 직접 성취하는 것이 아니라 간접적 목적을 가진다는 점이다. 왜 몬테소리가 마지막 목적인 어린이가 스스로 옷을 입도록 하는 것 대신에 닫고 여는 특별한 기술을 훈련하도록 특별한 옷틀 교구를 제작하였는지를 생각해 보는 것은 흥미로운 일이다.

일상생활 활동은 일반적으로 실제적 목표가 있고 교실에서 실제적 필요를 충족시킨다. 더러운 책상을 실제로 닦아야 한다. 당근을 간식으로 먹으려면 썰어야 하고, 식물들이 건강하게 자라게 하기 위해서 물을 주어야 한다. 구두에 광택을 내면 외관상 깨끗하다. 몬테소리 교실의 활동은 실제적이고 정확한 목표를 가지고 실천한다. 어린이의 연령에 상관없이 자신의 활동에서 의미를 찾는다는 것은 중요하므로 교사는 모든 활동이 효과적이 되도록 주의하여야 한다.

자기 옷에 달린 단추를 실제로 끼워보는 것 대신에 옷틀에서 단추를 채우기 때문에 직접적인 목표를 성취하는 것이 아니라, 중요한 목적을 직접적으로 이루는 대신에 오히려 옷틀에 단추를 잠그는 것을 연습해서 간접적으로 그 목표를 성취하도록 도와준다. 몬테소리의 논리는 자신의 옷에 단추를 직접 끼울 때 잘못 끼운 좌절감을 줄 수 있기 때문에 연습에 방해를 초래할 것을 염두에 두었다. 옷틀은 직접 자기 옷에 하는 것보다 덜 실망스러우면서도 기술을 배울 수 있는 대안이 된다.

일상생활 활동이 실제적인 목표를 이루어야 하는 목적은 이론적으로 아주 중요하다. 왜냐하면 몬테소리는 행동이 정신 발달에 유익하려면, "모든 행동은 실제 일어나고 있는 정신의 활동과 연결되어 있어야만 한다."고 믿었다. 실제적 목적만이 정신을 원하는 활동에 참여시킨다.

활동에 의미를 확대하는 것 외에 일상생활 활동은 어린이들이 몬테소리 교육의 특징인 집중력 훈련을 성공적으로 이끌어 간다. 몬테소리는 집중력을 통해서 어린이의 내적 안정감과 편안함이 발달하고, 이러한 안정감과 편안함은 교실 안에서 다른 활동에 영향을 미친다고 믿었다. 몬테소리는 집중력을 통해서 이루어지는 평안함과 안정감을 '정상화'라고 불렀다. 이유는 대부분 어린이의 문제 행동들이 의미 있는 활동에 집중했을 때 사라지는 현상이 있기 때문이다.

어린이는 가끔 자신이 활동 중인 상황에서 집중력을 나타낸다. 예를 들면 걷기 훈련, 숟가락으로 떠먹는 훈련이다. 영유아 교육기관 과정에서 반복하는 기초적인 일상생활 활동은 초등 교실과 연결되어 훌륭하게 일상적인 일들을 스스로 수행할 수 있는 능력을 발달시키기 위한 훈련이다. 종종 과정의 몬테소리 경험이 부족한 어린이는 몬테소리 작업에 집중하는 데 어려움이 있다고 말한다. 몬테소리 어린이는 읽기, 쓰기, 수학, 기초 단어, 내재적 동기부여, 자기 방향성, 자기 훈련과 같은 가장 일반적인 기술들도 부족하다. 몬테소리 초등교육에서의 기초가 되는 일상생활에 필요한 행동들이 유치원과 연계된다면 더 많은 효과를 가져올 수 있다.

7. 몬테소리 교실에서 교사와 어린이가 존중감과 협력관계 유지하기

몬테소리 교실에서 교사가 어린이를 존중하고 두 사람이 함께 협력한다는 개념이 얼마나 중요한가를 생각해 보아야 한다. 존중감과 협력이란 개념은 몬테소리 교실에서 교사가 가져야 하는 상위 개념이라고 할 수 있다(Hart & Hodson, 2006).

교사와 어린이 사이에 상호존중과 협력관계를 유지할 수 있는 실천적 행동들은 무엇이 있는가? 다음의 사항들을 고려해 볼 수 있다.

- 어린이는 교사의 실제적 삶을 공감하기, 학습, 모델, 생각, 행동을 배운다는 것을 기억해야 한다.
- 어린이는 부모 다음으로 교사를 삶의 모델로 지지하면서 생활한다. 교사가 자신을 지지할 때 어린이는 존경한다.
- 교사가 협력할 때 존중한다.
- 교사의 욕구와 어린이의 욕구가 동일한 가치를 부여할 때 존중한다.
- 교사의 일방적인 존중과 협력은 역효과를 가져올 수 있다.
- 어린이는 교사가 자신을 완전하게 존중해 준다는 느낌을 진심으로 받을 때 교사를 존중하게 된다.
- 교사가 어린이를, 어린이가 교사를 존중한다는 것은 두 개체만을 존중한

다는 것이 아니라 교사의 모든 환경, 어린이의 모든 환경을 전체적으로 존중한다는 것이다.

몬테소리 교실에서 교사와 어린이 사이에 존중하는 마음을 가진다는 것은 서로를 기다리는 것이다. 존중의 진지한 의미는 서로를 위해서 서로 바라보는 것이다. 두 사람의 마음을 바라보면서 서로 알아가고, 알도록 기다리면서 서로 바라보는 것이다. 인내가 필요하다. 그렇다면 교사는 어린이의 무엇을 보아야 하는가? 교사가 부모와 동료 교사, 그리고 다른 사람을 존중한다는 것은 그들이 경험하고 있는 사실을 보는 것이며, 특히 그들의 현재 느낌과 욕구에 관련된 것을 보는 것이다(Hart & Hodson, 2006).

교사는 교육을 위해서 어린이를 바라볼 때에 항상 중요한 초점을 선택해서 바라보아야 한다. 교사는 자신의 견해, 욕구, 판단에 근거하여 어린이의 행동현상을 바라본다. 어린이가 필요로 하는 것, 원하는 것, 느끼는 것, 작업방법, 훈련방법과 관련해서 그들의 생각과 견해에 근거하여 일어나는 행동현상을 보아야 한다.

교사와 어린이 사이에서 협력하려는 의지는 가능할 뿐만 아니라 상호존중이 존재하는 곳에서 인간관계의 당연한 결과이다. 협력은 존중을 만들어 가는 훌륭한 요소이다.

- 교사는 어린이에게 진심으로 존중을 바란다고 말할 때에 무엇을 의미하는가?
- 어린이가 교사로부터 좀 더 많은 것을 배우고 좀 더 많은 정보를 원하는 것일까?
- 교사 자신의 가르치는 상황, 환경구성, 몬테소리 철학과 욕구를 위해 어린이가 좀 더 관용적으로 이해해 주기를 바라는가?
- 두 사람 사이에 암시적 갈등을 줄이는 것을 원하는가?
- 어린이가 교사의 말, 행동, 생각, 의견이 올바르다고 동의하기를 원하는가?

- 어린이가 교사를 존중하고 높이 바라봐 주기를 원하는가?
- 어린이가 말대꾸하지 않고 단순하게 순종하고 교사가 원하는 대로 행동하기를 바라는가?

교사는 지금까지 언급한 모든 것을 주목하여야 한다. 존중을 이해하는 데 있어서 많은 방법이 있음에도 그것을 획득하고 요구하는 것은 힘든 일이다. 대부분의 부모에게 존중은 많은 생각, 느낌, 그리고 욕구를 의미하는 포괄적인 단어이기 때문이다.

사람들은 한때 몬테소리 철학을 이해하지 못하고 몬테소리 프로그램은 사회성이 부족하다, 창의성이 없다, 자유롭지 못하다라는 무지한 비판을 하였다. 몬테소리 교육철학의 가장 주춧돌이 되는 자유개념을 이해하지 못한 무지에서 발생한 일이다.

몬테소리 교실에서 개인 활동, 소그룹 활동, 대그룹 활동은 모두 협력관계에 근거한다. 예를 들면, 개인 활동은 개인과 교구, 사물과의 협력관계를 강화하는 방법을 훈련하는 단계라고 할 수 있다.

교실에서 어린이는 교사와 환경과 협력관계가 이루어진다. 협력이 없이는 상호관계가 이루어질 수 없다. 교사가 어린이와 주고받는 관계로서의 협력을 생각하지 않고 어린이들로부터 원하고 받을 것만 생각한다면 어린이는 비협력적으로 되고 관계 형성이 차단될 것이다. 그때부터 교실 분위기는 혼란스럽기, 일방적이기, 언쟁하기, 싸우기로 변질될 수 있다. 이러한 교실 분위기는 누구의 욕구로도 완전히 충족시킬 수 없으며 어려운 사회적 관계, 타협, 협상, 흥정이라는 부자연스러운 행동에 종종 의지하게 된다.

협력이라는 단어에 있어 '협' 자는 공동을 의미하고, 공동 창작자, 공동 저자, 공동 작업자처럼 함께 일하고 함께 작업함을 의미한다. 협력이라는 단어에 있어서 '력'은 '함께 일하다'를 의미함으로써 결과적으로 협력은 "함께 일하다."를 의미한다. 진정한 협력은 상호적인 문제해결과 의사결정뿐만 아니라 어린이의 인생에 영향을 미치는 규칙들에 관해 서로 동의하면서 몬테소리 교실에서 함께 작업하고 일하는 것을 의미한다. 협력하지 않을 때 교사들은 저항, 언쟁, 아픈 감정, 상충하는 의견, 처벌과 보상에 의존하게 된다.

몬테소리 교실에서 교사의 일방적인 협력은 저항감, 싫증, 나태함을 초래하고, 인위적 복종을 강요하는 처벌과 보상 행위를 초래하는 동시에, 이렇게 강요되는 인위적 복종은 어린이에게 더 강한 저항을 초래하여 작업과 집중력을 방해한다. 만약 교사가 호의적, 상호적으로 어린이들과 협력하지 않는다면 그들은 교사와 함께 무엇이든 작업하기를 원하지 않을 것이다. 협력한다는 것은 여러 사람의 뇌를 함께 공유하면서 활용하기 때문에 백 가지 언어와 백 가지 아이디어를 창출할 수 있다. 혼자 있을 때보다 다른 사람과 함께할 때 우리는 더 현명해질 수 있다. 하나의 뇌보다 여러 개의 뇌가 더 많은 아이디어를 공유할 수 있기 때문이다.

8. 몬테소리 교실에서 협력방법을 훌륭하게 활용하기

어린이는 개별적으로 작업하는 것보다 그룹을 구성하여 작업하는 것을 선호한다. 그러다 마음에 안 들면 싸우기도 하고 스스로 문제해결능력을 탐색하면서 사회성을 발달시킨다. 어린이들 사이에서 돕고 도움을 주는 것은 하나의 생존수단이 될 수도 있다. 그러므로 몬테소리 교실에서 협력은 교사에게 하나의 교육과정과 목적인 동시에 미래 어린이들을 위해서 개발하여야 할 훌륭한 기술이라고 할 수 있다.

협력방법을 유지하고 발전시키기 위해서 우주에 존재하는 모든 생명체의 협력을 완전히 생존 수단으로 발전시켜야 하고, 이러한 협력방법이 몬테소리 교실에서 모델로 제공되어야 한다. 바로 몬테소리 교실의 새로운 패러다임인 것이다. 어린이가 현대사회의 전형적인 공존의 관계적 삶의 형태를 성공적으로 이끌어 가기 위해서 경쟁이 아닌 서로 돕는 협력 관계, 파트너십 관계의 장점을 학습하고 실천할 수 있도록 환경을 준비해 주어야 한다(조성자, 2013).

지금까지 인간의 삶은 개인주의 내지는 가진 자와 가난한 자로 이분화되고 분리되면서 공동이 아닌 개인의 이익만을 추구하고 쟁취하고, 협력이 아닌 권력을 쥐고 휘두르는 형태였다. 우주에 존재하는 모든 생명체와 무생명체는 서로 연결되어 하나로 통합체로 운동하고 그럼에도 불구하고 힘의 불균형에서 발생하는 지속적인 갈등, 전쟁, 생태계의 혼란과 파괴를 초래했다(Tomas, 1999).

우주에 존재하는 모든 생명체는 협력의 유전자가 있다. 어린이들의 미래는 어제까지 어린이들이 살아온 방법으로는 유지가 불가능하고, 새로운 협력방법, 즉 힘의 공유, 지배가 아닌 파트너십이 각 분야에 필연적으로 적용되어야 한다. 특히 지구촌 사람들을 위한 정의로운 삶, 경제적, 사회적, 생태학적 측면에서의 협력관계는 절대적이다. 몬테소리 교실에서 생태학적 관점의 협력관계에 대한 의식적 교육은 어린이, 사회공동체, 지구의 생명체들, 우주공동체 구성원들에게 있어 변화의 모델이 될 수 있을 것이다(조성자, 2013). 어린이가 우주 평화와 우주 생태계의 보살핌과 보호, 한 걸음 더 다가가 우주 영성의 새로운 창조 작업에 적극적인 참여자가 되도록 의식적 변화를 서둘러야 할 시기가 도래한 것이다.

인간의 정상화를 위한 미래의 생존방법으로서 협력은 어린이의 미래를 밝게 안내할 수 있는 방법이다. 협력은 인간을 건강하게 생존하는 데 필요한 유일한 방법이다. 다행히도 인간, 동물, 식물과 같은 생명체들은 서로 협력하는 방법들을 자존적으로 학습한다. 자연계에 생존하는 모든 생명체는 완전하게 서로 긴밀하게 협력하는 방법을 활용하고 있다.

인간의 유전자 속에 협력 인자가 내재해 있다고 할 수 있을까? "협력이 생명체가 생존하고 번성하는 과정에서 필수적이고, 협력이 우리 유전자 속에 내재해 있다."라고 말한다. 예를 들어, 인간 생명을 창조하는 세포분열도 홀수로 분열하는 것이 아니라 짝수로 협력하면서 분열한다는 것이다. 모든 생명체는 서로의 행복을 위해서도 협력한다는 것이다(Hart & Hodson, 2006).

생물학자들은 인간을 포함한 모든 생명체는 지배가 아닌 협력관계라고 언급한다. 뇌 과학에서 말하는 것처럼 인간은 다른 사람에게 베풂에 대한 영성을 즐길 때 자연적으로 뇌에서 엔도르핀이 생성되고, 기쁜 감정을 포함하는 자기제어 시스템이 활성화된다고 주장한다(Hart & Hodson, 2006). 이러한 논증은 인간이 지속적으로 줄 수 있을 때 베풂과 나눔 그리고 협력으로 인간 공동선에 기여할 뿐만 아니라 좀 더 나아가서는 우주에 존재하는 모든 사람 사이에 자기 성숙과 발전, 그리고 행복을 야기시키는 데 동기부여를 한다고 주장한다.

예를 들면, 달라이 라마인 텐진 가쵸(Tenzin Gyatso)는 인간들은 사회적 생명체이고 인간의 생존과 행복은 매우 복잡하게 다른 생명체들과 연관되어 있기 때문에 인간에게 협력은 당연한 결과라고 주장한다(Hart & Hodson, 2006). 상호적 행복을 위해 서로 협력하고자 하는 원동력은 인간 본능에 근거하는 것이라 할 수 있다. 인간의 정상적인 삶의 형태는 상호의존적인 것이 가장 기본적인 자연법칙이라 할 수 있다.

자연생명체들이 상호교류하는 본능적 의식에 근거하여 협력관계를 유지함으로써 생존하는 사회적 생명체들은 우월한 위치에 있는 존재하는 것뿐만 아니라 가장 작은 벌레들도 포함된다. 협력에 대한 논리는 종교, 법, 교육에 상관없이 자연적으로 적용되는 원초적 본능이라고 할 수 있다. 다시 말해서 협력에 대한 적절한 정의는 상호적 행복을 위해서 모든 생명체와 타 존재와 영향력을 함께 공유하여 활용하는 것이다. 그러므로 몬테소리 교실에서 모든 생명체, 환경, 어린이와 어린이, 어린이와 교사의 협력관계는 필연적 과제라 할 수 있다.

9. 어린이들에게 자유선택의 중요성

자유롭게 선택한 작업을 완전히 마친 어린이들과 중간에 작업을 마친 어린이들의 차이점을 다음과 같이 생각해 볼 수 있다(Lilliard, 2005). 자기 일을 스스로 완성해 본 경험이 있는 어린이와 그렇지 못한 어린이의 행동 현상은 위와 같이 아주 다르게 나타난다. 몬테소리 프로그램에서 작업을 중간에 마치는 것을 허용하지 않는 이유가 바로 이러한 현상 때문이다.

작업을 완성한 어린이들의 특징	작업을 미완성한 어린이들의 특징
자존감, 자아만족도가 높음.	권태로움, 싫증을 잘 냄.
작업을 놀이 형태로 즐기면서 진행함.	작업을 의무감으로 진행함.
창의성이 발달함.	한 가지 작업으로 끝남.
절정을 경험함으로써 자신감이 증가됨.	작업에 관심이 없음.
다른 작업에 대한 호기심이 증가됨.	자신의 무기력함을 표출함.
창조적으로 작업을 지속하려는 성향이 증가됨.	다음 작업으로 연결을 시키지 못함.
작업시간의 양이 증가되어 집중력이 강함.	집중력이 일어나지 않음.
몰입상태가 강하게 일어남 .	정서적 안정감이 부족함.
독립적, 자율적으로 작업을 진행함.	교사와 친구에게 의존하려는 경향이 강함.
작업에 대한 애착이 강함. 작업을 즐김.	작업을 의무감으로 실행함. 시간만 지나가기를 기다림.
스스로 환경과 자아를 지배함.	다른 친구들을 방해함.

어린이는 어린이집, 유치원에서 매일 일상생활과 연결된 다양한 활동을 즐기고, 일상적인 환경에서 제공되는 다양한 활동 기회가 주어진다. 예를 들면, 사람들과 만났을 때 인사하는 것, 자신의 외모를 관리하는 것, 책상이나 바닥을 닦는 것, 열려 있는 창문을 닫는 것, 이러한 행동들은 어린이가 다른 사람들과

공동체 삶에서 공존하는 데 자연스럽게 일어나는 일들이다. 어린이의 일상생활 활동은 가르치기보다 경험과 자기에게 모델링 역할을 해 주는 사람, 그리고 자기 스스로 자율성에 의해서 학습된다. 개념이 학습에 의해서 얻어지는 것이 아니라 경험에 의해서 이해되는 것과 같은 맥락이다.

운동 조절과 분석을 위한 연습들도 마찬가지이다. 몬테소리 교실에서 몬테소리 교구를 나누어 가진 15명 혹은 20명의 어린이들은 똑같은 문제를 가지고 있다. 어린이들이 작업하는 동안 모든 어린이가 선호하는 특별한 교구를 사용하기 원한다. 특별한 교구는 한 개밖에 없기 때문에 우선 먼저 교구를 선택하여 작업하는 어린이가 작업을 마칠 때까지 인내를 가지고 기다려야 한다. 어린이는 인내를 체험하고 기다림을 극복해 다른 어린이가 사용하던 교구를 작업할 수 있는 기회가 돌아오면 자신에게 열심히 작업한다. 자신이 사용하고 싶은 교구를 다른 친구가 먼저 작업할 때 어린이는 자연적으로 마음에서 갈등이 일어날 것이다.

예를 들어 대부분의 사람들은 어린이들을 위해 운동화를 살 때 같은 모양의 운동화를 선택한다. 엄마는 항상 형에게 동생이 있으니까 사용하다 대물림을 해 줄 수 있다고 생각하지만 동생은 형과 다른 운동화를 신으려고 할 것이다. 자기가 원하는 운동화는 형의 것이 아니라 자기가 좋아하는 다른 운동화이다. 즉시 싸움이 벌어지고 엄마의 사랑 분배에 문제를 제기한다. 엄마는 형만 사랑한다고.

자기가 원하는 교구를 다른 친구가 작업하고 있다면 인내를 가지고 참고 기다리도록 설득력 있게 설명하여야 한다. 참을성 있고 순종적인 어린이들은 긍정적으로 수용하지만 그와 반대 성향을 가진 어린이에게 교사의 설득력이 중요하다. 교사에게도 어린이의 변화를 기다릴 인내가 필요하다. 어린이는 다른 어린이가 어떤 행동을 하고 어떻게 작업을 완성하는지 주의 깊게 열정적으로 관찰한다. 어린이의 내면에서 일어나는 강력한 에너지와 열정은 타고난 본능적인 내적 욕구이다.

몬테소리 교실에서 혼합연령반 어린이들은 자기보다 작은 어린이를 신기해하고 보살펴 주어야 한다고 생각한다. 몬테소리 교실에서 원하는 사회 정서는 동생들을 보살펴 주기를 원한다. 어린이는 작은 어려움에도 불구하고 어린 동생들을 적극적이고 자발적으로 도우려고 한다.

몬테소리 교실의 규칙 중 하나는 작업이 끝났을 때 사용한 모든 물건은 원래 있던 자리에 원래 있던 상태로 정리·정돈하는 것이다. 어린이들은 종종 한꺼번에 여러 가지 교구를 주위에 펼치고, 제자리에 가져다 정리·정돈하는 연습이 필요하다. 많은 교구를 가져 온 어린이는 다른 어린이의 도움을 받는다. 어린이는 많은 교구를 동시에 가져온 친구를 나무라기도, 교사에게 알려주기도 한다. 어린이는 자신이 스스로 무엇인가를 만들어 낼 때는 본능적으로 도움이 필요 없다는 것을 잘 알고 있다.

어린이는 자신의 목적을 위해서, 자발적으로 자기 환경의 실제 생활에서, 평안하게 작업해 온 활동 과정에서 사회적으로 안정된 정서 상태를 유지하면서 성장한다. 사회적 정서는 실제적인 활동, 어린이가 자기가 행한 행동에서 철저하게 성취욕을 경험하고 자신이 흥미를 느끼는 것을 반복할 때 일어나는 현상이다. 이러한 현상은 완성된 작업 현상에서 일어나는 사회적 정서의 아름다운 기능이라고 할 수 있다. 안정된 사회적 정서는 어린이의 완성된 활동 자체에서 일어난다. 어린이가 교구 활동을 할 때, 필요한 물건을 활용할 때, 자기가 좋아하는 작업을 할 때 어린이의 역량을 우리는 열정이라 부를 수 있다. 작업을 기분 좋게 완성할 때 나타나는 현상이다. 어린이의 자아만족감은 환경에서의 노력, 숙달, 독립심, 자유에서 나타나는 무엇인가를 자신의 힘으로 완성해 낼 수 있다는 신념에서 비롯된다.

한국에도 현재 어린이를 위해서 세워진 어린이집과 유치원 건물들이 흔히 눈에 띄고 건축대상을 받았다는 현수막이 걸려 있는 것을 종종 볼 수 있다. 유아들이 실제적이고 성공적으로 생활할 수 있도록 훌륭한 건축술, 자연과 어우러진 아름다운 위치, 아름다운 디자인 등은 참으로 훌륭한 어린이들만을 위한 공간이고 환경이다. 건물은 어린이가 사용하는 데 있어 조금도 어려움 없는 친자연적 소재로 건축되어 어린이를 위해 완벽하게 준비되었다. 그 건물 속에서 지금 우리들의 사랑스러운 어린이는 어떤 작업과 활동을 하면서 성장하고 있을까? 외적으로 보이는 그대로일까? 아니면 건축물보다 더 훌륭한 교육시스템 속에 내일의 행복을 보장받고 있을까?

어린이는 반복 활동을 즐긴다. 반복을 그렇게 좋아하고, 같은 감동을 느끼고, 같은 기분을 가지는지 의심스러울 때도 있다. 몬테소리 교실에서 어린이는 거의 같은 일과를 반복할지도 모른다. 반복 활동을 통해서 일상생활 영역 활동을 숙달하기도 하고, 교구사용 연습과 훈련의 반복 활동을 통해서 몬테소리 교실의 어린이는 완전함, 완성, 성취감을 경험한다. 어린이의 반복 활동은 그들이 원하는 활동을 숙달하도록 만들고, 활동을 완성한 다음 느끼는 성취감을 경험하고 자기 발달을 스스로 촉진시킨다.

어린이는 반복 활동을 통해서 자기 성장을 촉진하고, 전인적 발달을 완성하고, 만족감, 독립심을 촉진하고 진지한 만족감과 행복감을 느끼도록 안내한다. 어린이의 모든 반복 활동은 자기 스스로 완전한 활동이 되도록 촉진한다. 완전함은 반복 활동과 숙달이 없이는 불가능하다. 몬테소리 교사는 어린이를 완전함으로 안내하기 위해서 정상적으로 진화할 수 있도록 그들 환경에 즐비해 있는 모든 장애물을 거둬들이고 그들 삶을 완전하게 안내하는 유능한 등대지기가 되어 주어야 한다.

물론 우리 교사들이 현재보다 좀 더 완벽해지려고 노력하고, 좀 더 나은 더 가치 있는 문제를 스스로에게 제시할 때 우리는 어떤 결론에 도달할 수 있을까? 교사의 가장 단순한 행동부터 좀 더 완벽해지도록 노력하는 길이 완벽에 이르는 첫 번째 과업일 것이다. 작은 것부터 시작해서 단계적으로 큰 것으로, 일상적인 활동에서 작은 것에 관심을 가지고, 작은 것을 공유하고, 작은 것을 주의 깊게 배려하고, 작은 것을 세심하게 생각하고, 작은 것을 조심스럽게 존중하면서 가능한 한 작은 것에서부터 완벽하도록 실천하는 것이 완성에 도달하기 위한 첫 번째 단계일 것이다(Lilliard, 2005).

몬테소리 환경 속에 흩어져 있는 모든 것을 활용할 권리가 있고, 활용함으로 또 다른 모든 것을, 작은 것을, 중간 것을 마지막에는 아주 큰 것을 성취할 수 있을 것이다. 완성에 도달하는 데 좀 더 신중해지기 위한 방법은 다양한 아이디어, 우리가 실천할 수 있는 더 다양한 행동들, 작은 것이지만 공동 협력하는 자세들은 우리가 완성할 수 있도록 시작하고, 우리가 좀 더 완벽해질 수 있도록 돕는 훌륭한 완성을 향한 요인들이 될 것이다.

우리 가운데는 다수의 사람에게서 보이는 특정인 또 다른 종류의 심리학적 구조가 있을 수 있다. 자신이 소유한 물건 몇 개를 장소를 바꾸거나 누구도 만지는 것을 원하지 않을 경우가 있다. 나의 친한 친구가 와서 "나에게 저것 하나만 빌려 줄래? 넌 지금 사용하지 않잖아." 우리는 "안 돼, 놔둬, 내 거야."라고 소유하고 독점하려는 감정이 도사리고 있다. 빈집에 다수의 방을 가지고 있다고 가정해 볼 수 있다. 친구가 나에게 방 하나만 빌려 줄 수 있니?"라고 물었을 때 "싫어."라고 대답했다면 "그 많은 방을 무엇 하려고, 나에게 하나만 빌려주지." 반대로 우리가 무엇인가 실행할 계획을 세울 때 누구에게 도움을 청하고 우리에게 필요한 사람과 경비를 계산한다. 어린이들은 마음의 빈 공간을, 자기 삶의 빈 공간을 채울 수 있는 무엇인가를 늘 탐색한다.

교사가 완벽함에 이르는 길은 교사 자신의 삶에서 행하고, 생각하고, 완성의 수단으로써 실행하고 있는 일상적인 행동에 있다. 완벽함에 이르는 길은 어린이의 타고난 표현방식이며 활동과 삶의 방법이라고 생각한다. 어린이는 일상영역에서 스스로 옷 단추를 잠그기 위해 단추를 채운다. 옷의 단추를 잠근다는 의미는 스스로 자신을 완성을 완성해 가는 것을 의미한다. 어린이가 단추를 끼우자마자 단추를 다시 풀고 또다시 잠그는 이유이다. 어린이가 목표를 달성하면 또다시 활동을 반복하는 이유이다.

어린이의 모든 행동은 자기완성과 자기 개발을 위한 움직임이다. 교사는 일상적인 것이 완벽함으로 가기에는 매우 특별하여 성인에게는 어려운 것이 어린이에게는 거의 본능적이라는 것을 정확하게 인지하여야 한다. 교사가 어린이를 정확하게 관찰해 보면 어린이가 실천하는 모든 행동에 의해서 어린이는 더 완벽하게 발달하고 성장한다는 것이다.

완성에 이르는 길은 고차원적인 상상력이나 겸손한 행동, 작은 일들, 완성을 위해 신중하게 하는 것, 혹은 높은 감수성으로 도달하는 것이 아니라 어린이가 완성해 가는 과정에서 열정적이고, 도전적이고, 단순하고, 자기가 자유 선택한 좋아하는 일을 할 때 자기 자신이 완성의 길을 향한 행복한 삶을 수행하는 주인이 될 수 있다.

10. 몬테소리 교육의 목적 및 교육내용

몬테소리 교육은 "어린이는 어른과 다르다. 어린이는 인간의 어버이다."라는 대전제하에서 어린이 자신의 특별한 성장 발달과정을 관찰하여 개발한 자기 주도적 학습 원리에 따른 교육이다. 몬테소리는 어린이를 스스로 성장·발달하며 자신의 인격을 창조하는 내적 생명력을 지닌 존재로 보고 있다. 어린이는 끊임없이 자신을 창조해 가는 무한한 잠재력을 지닌 존재이다. 따라서 어른은 어린이를 인격적인 존재로 존중해야 하며 성인의 축소판이 아니라는 사실을 인정하고 발달단계에서 성장과 발달 속도에 개인차가 있다는 것을 알아야 한다. 몬테소리 교육은 이러한 잠재능력을 가진 어린이에게 스스로 노력하도록 격려하고, 내재적 동기부여를 할 수 있는 환경을 지지해 주어 독립적, 자율적 인간으로 성장하도록 돕는 교육이다. 몬테소리 교육은 인격 형성의 제일 중요한 시기에 집중력, 독립심, 자율성, 창조적으로 발달해 가면서 각자 개인이 독립적인 삶을 살아갈 수 있는 능력을 개발해 주는 것이다. 어린이들은 자유작업을 통해서 기쁨으로 가득 찬 어린이 본래의 자세를 발현하도록 돕는 데 목표를 두고 있다. 이를 구체적으로 살펴보면 다음과 같다.

몬테소리 교육은 생명을 돕는 교육이다.

몬테소리의 아동관은 인간존중 사상에서 출발하여 인간의 잠재능력과 자기 발전을 스스로 개발할 수 있는 우주적 환경을 제공해 주어야 한다는 것이다. 인간교육은 인간의 생명을 다루는 학문이기 때문에 생명에 대한 일반적인 지식 없이는 불가능하다. 몬테소리 교육은 생명발달에 필요한 조건을 협조하면서 인간의 본능적이고 창조적인 능력을 스스로 계발할 수 있도록 인적 환경과 물리적 환경 사이의 조화로운 준비가 필요함을 강조한다.

몬테소리 교육은 어린이 존중사상이다.

몬테소리 교육학은 어른과 교사, 그리고 어린이의 트라이앵글 관계는 항상 수직적인 관계가 아니라 수평적인 관계로 서로 영향력을 주고받는다. 즉, 어린이에 대한 존중사상에서 출발한다. 몬테소리 교실에서는 어린이를 교육한다는 말 대신에 귀한 손님으로서 어린이를 초대한다고 말한다. 이것은 어린이와 교사가 상호 간에 영향을 주는 존재로 인간존중의 근본적인 의미다.

몬테소리 교육은 어린이를 자유로워지게 안내하는 교육이다.

몬테소리가 언급하는 자유의 원천은 어린이의 활동에 있다. 학문적이고 철학적인 자유의 개념을 의미하는 것이 아니라 어린이에게 자유와 교육적인 환경 사이에서 어떠한 일이 일어나는가에 관심을 가진 자유개념이다.

인간은 자기 자신이 준비된 환경 속에서 자유로워지려는 욕구가 있다. 자신의 생명력에 필요한 모든 에너지를 필요로 한다. 몬테소리는 자유로운 인간만이 자기 자신이 창조한 환경에 대해 복종하고, 자연과 어린이에게 순종하고, 자기 자신을 스스로 통제하면서 인간 존재의 가치를 가장 고차원적으로 끌어올리는 역할을 한다고 말한다. 몬테소리 철학에서 자유개념은 중요한 개념이며 중요한 위치를 지닌다.

어린이 스스로가 작업을 통해 경험되어지는 과정에서 독립된 인격체로 성장한다. 즉, 작업의 반복 활동을 통해서 만족감을 느끼고 스스로 독립자가 되고 자유를 완성한다. 어린이는 한 사물에 관심을 집중하여 반복행동을 함으로써 자기 활동을 습관 들인다. 습관은 자동교육의 역할을 하게 한다. 어린이는 자유롭게 활동하고, 반복하고, 습관들인 활동을 통해서 독립적이고 자율적인 존재로 성장한다. "나 스스로 할 수 있도록 나를 도와주세요."라는 어린이의 외침은 내면의 세계에 잠재해 있는 창조적 능력을 발달시키려는 욕구에 대한 외침이다.

어린이의 자유로운 행동의 현상들이 바로 인간 존재의 모습으로 나타내는 것이고 자신의 욕구를 충족시키는 것이다. 그러므로 어린이들에게 자유는 인간정신과 활동에 필수적인 요인이라고 할 수 있다.

- 몬테소리 교육은 자유선택의 기회를 제공한다.

몬테소리 교육학에서 자유선택은 중요한 핵심부분 중의 하나이다. 어린이들이 하고자 하는 일, 작업할 수 있는 자유로운 결정은 근본적인 교육개념이다. 몬테소리는 어린이에게 준비된 환경을 제공하면 어린이는 그 환경 내에서 자신이 자유롭게 선택한 자료들을 탐구하고 자신의 작업에 몰두하게 된다고 보았다. 이러한 자유선택은 교사의 모든 시범 활동에 의해 어린이에게 제공된 많은 지식으로부터 나온다. 교사는 어린이에게 판단하고 선택할 수 있는 지식을 주어야 한다. 그러기 위해서는 자유의 의미가 무엇인지 알아야 한다. 진정한 자유는 판단할 수 있는 능력을 갖추는 것과 밀접하게 되어 있다. 판단하는 행위는 선택행위를 이끌며 어린이의 지적인 능력과 의지에 의해 수행된다.

- 몬테소리 교육은 어린이를 정상화로 진화하도록 이끌어가는 교육이다.

몬테소리는 어린이가 작업의 집중화 현상을 통해서 하나의 인격체로 거듭나고, 정상화되어 가고, 자율적이고 독립적으로 성공적인 인격을 형성한다고 하였다.

> 어린이는 손의 활용과 더불어 환경 속에서 경험하기 시작한다. 경험을 통해 어린이는 위대한 작업자가 되고 작업을 통해서 자기만족감을 나타낸다. 환경 속에서 어린이는 자신의 창조적 에너지를 이용해 창조적 능력을 발달시키고 자율적이고 독립적인 자유로운 존재가 된다. 작업의 집중화 현상을 통해 일탈행동을 예방하고 새로운 어린이로 탄생하는 것이 '정상화된 어린이'인 것이다.
>
> 정상화된 어린이는 독립적으로 인격을 형성할 수 있는 능력을 소유하였고, 자신의 소질, 관심, 호기심, 장점, 하고자 하는 욕구를 극복하는 데 자유로운 어린이이다. 정상화된 어린이는 자율적이고 독립적이고, 질서를 사랑하고, 작업을 사랑하고, 현실을 사랑하고, 자생적인 집중력이 발달되고, 사랑하는 사물과 창조정신이 접촉함으로써 환경을 사랑하고, 순종적이고, 환경 속에서 자유를 경험하고, 상호협력적이고, 기쁨과 즐거움을 느끼면서 스스로 행동하는 특성을 나타내는 어린이이다.

몬테소리 교육 프로그램은 영아전담 프로그램, 3~6세 프로그램, 초등학교 프로그램, 통합교육 프로그램, 노인 치료 프로그램으로 변별되어 있다. 각각의 프로그램들은 이론과 실기를 포함하여 전문 교사양성과정을 운영하고 있다.

Ⅲ 진보주의와 듀이의 유아동 교육사상

1. 진보주의 철학이 아동교육철학에 미친 영향

1944년경 미국에서 진보주의 교육협회는 자연적인 성장력, 자기 개발, 아동의 직접적인 흥미를 주장하는 신개념의 교육방법을 제시하여 전 세계를 떠들썩하게 만들었다. 이는 아동은 미숙하기 때문에 성인의 종속물로 보려는 성향이 만연할 즈음 아동은 미개인이 아니라 미숙할 뿐이라고 말하였다.

진보주의 철학 이전에는 아동의 본능적 요소와 활동을 그들의 공간 밖으로 밀어내 버리고, 교사 중심 교육 활동을 중요시하였다. 진보주의 철학은 다행히 이와는 반대로 어린이와 아동의 본성을 밖으로 이끌어 내어 유아, 아동 중심 활동교육으로 어려운 전환을 시도하였다. 훌륭한 교사란 어린이의 본성을 발견하고 그 본성을 밖으로 끄집어 내는 작업을 서두르는 것이다. 어린이는 발달의 민감기를 넘어서면 본성이 밖으로 나오는 데 어려움이 많기 때문이다.

미국의 진보주의, 경험주의, 활동주의 철학자의 대부인 존 듀이는 교육은 아동의 활동과 더불어 시작된다는 정설을 오랜 기간 연구를 통해서 확실하게 증명하였다. 어린이는 교과서에 배운 것을 즉시 생활화하는 것이 아니라 반복적인 활동을 통해서 지식을 내재화하고 습관화한다. 그래서 아동의 활동을 위한 넓은 심리 운동장이 필요하고, 자유롭게 선택할 수 있는 다양한 교육자료가 필요하고, 아동의 몸과 정신을 위생적으로 유지할 수 있는 공간을 필요로 한다고 말한다.

진보주의자들은 아동교육을 위한 새로운 강령을 발표하기에 이르렀다.

- 아동을 위해서 자발적, 자율적으로 활동하고 발달할 수 있는 원동력을 촉진하여 스스로 발달을 안내하기

- 아동이 내재적 동기 부여를 할 수 있는 흥미 중심 교육환경을 제공하기
- 감독자, 강요자로서 교사가 아니라 안내자, 환경 조성자, 촉진자의 역할을 강요하기
- 발달의 범위를 학업 중심에서, 신체, 인지, 도덕, 사회적, 전인적 발달로 확산하기
- 아동의 일차적인 교육 목표를 건강 활동, 건강생활에 주목하기
- 가정과 학교의 협력관계를 강조하기
- 과학적 교육학, 실증 교육학으로 전환을 요구하기

이러한 교육목표는 진보주의 등장과 더불어 교육개혁을 출발점으로 기록할 만한 새로운 시도였다. 진보주의 철학은 아동들을 위한 교육과정도 교과 중심 과정에서 경험 중심, 실생활과 연결하는 실용적 내용으로 전환하여 경험의 재구성, 반복이라는 새로운 교육과정을 탄생시켰다. 아동은 교실에서 자유롭게 활동을 선택하고, 경험을 재구성하고, 자신의 생활환경을 이해하면서 문제해결능력도 동시에 발달한다. 그래서 듀이는 교육의 정의를 행하면서 배우는 것(Learring by dosing)이라는 확신을 가진다. 경험은 능동적이고 행동적으로 5가지 감각 기관을 활용하는 것이다.

듀이의 내재적 동기로서 흥미와 몰입은 학습효과를 생산하는 공장이라고 할 수 있다. 진보주의 측면에서 듀이는 학습에서 흥미의 관계를 대화와 교류의 흥미, 사물을 탐구하고 발견하는 흥미, 사물을 제작하고 구성하는 흥미, 예술적 표현의 흥미로 구분한다. 어린이만이 아니라 성인에게 행복감과 호기심을 이차적으로 유발하는 심리적 매력을 가진다. 아동교육 측면에서 진보주의 영향을 받아 아동교육의 새로운 패러다임을 이끌어 낸 학자이다.

2. 듀이의 생애와 아동교육사상

듀이는(John Dewey) 1859년 10월 20일 버몬트 주에 있는 벌링통 시에서 태어나 1952년 5월 2일 뉴욕에서 세상을 떠났다.

듀이는 존스 홉킨스 대학에서 철학학위를 받았고, 뉴욕의 콜롬비아 대학과 미시간 대학 그리고 시카고 대학에서 철학을 가르쳤다. 그는 시카고 대학의 실험학교 교장직을 수행하면서 교육철학에 관한 많은 업적을 남겼다(Carlo, 1977).

듀이는 1894년 시키고 대학의 철학 교수로 초빙되었고 그곳에서 교육학, 철학, 심리학을 강의하였다. 시카고 대학 교수를 역임하면서 실용주의 산물이라고 할 수 있는 '시카고학파'를 이끌어 가는 주역을 담당하였다(Giugni & Piretti, 1982).

듀이는 버몬트 대학 시절 다윈의 진화론을 접했고 실증주의와 만나기도 하였다. 시카고 대학 시절은 인간정신발달을 연구하기 위해서 실험학교를 설립하였는데 이것이 바로 듀이 학교이다. 듀이 학교의 모든 운영철학에 대한 이론을 『학교와 사회』라는 저서로 증명하였다. 듀이의 모든 교육철학을 『교육과 민주주의』라는 저서를 통해서 소신껏 자기 생각을 알렸다.

듀이는 다른 학자에 비해서 여행을 즐겼다고 한다. 그는 중국과 옛 러시아, 유럽을 여행하면서 민주주의가 아닌 사회주의 모델을 접하는 기회를 가질 수 있었다. 듀이 철학은 미국의 자본주의 사회를 근거로 형성되었다. 그는 아동 교실을 위한 개혁과 진보적 학습방법을 민주사회이론에 근거하고, 생활철학에 근거한 실천적 교육을 강조하였다.

듀이의 저서로는 『민주주의와 교육』(*Democracy and education*), 『경험과 교육』(*Experience & Education*), 『어린이와 교육과정 그리고 학교와 사회』(*The child and the Curriculum and The School and Society*), 『학교와 사회』(*School and Society*), 『나의 교육적 신조』(*My Pedagory Creed*), 『학교와 사회』(*The School and Society*)와 이외에

도 다수의 저서가 있다.

3. 듀이의 아동교육을 위한 개혁교육학

듀이의 교육사상은 그의 저서인 『민주주의와 교육』에서 잘 나타나 있듯이 교육개혁을 근거로 아동도 서로 교실에서 토론과 논쟁을 하고, 자유롭게 자기 생각을 나누어 공감대를 형성하고, 공동체 생활의 참여와 협력관계를 존중하였다. 듀이는 어린이의 겸손, 호기심, 열린 마음, 협력 관계, 순수함, 이웃과 더불어 파트너십으로 살아가면서 서로의 안녕과 서로가 서로를 건강하게 성장할 수 있도록 돕는 건강한 사회를 이루어 가는 것이 교육의 궁극적인 목적이었다.

듀이는 교육개혁을 통해서 아동의 지적 특성, 사회적 특성, 도덕적 특성이 자아로부터 출발하여야 한다는 확신을 가졌다. 자발적 학습과정을 통해서 사회적 공동체 삶을 즐기는 삶의 방식, 타인을 위한 헌신적 생활, 타인의 권리를 존중하는 태도, 사회의 다양한 문화와 서로 다른 생각의 차이점을 수용하고 이해하는 것이야말로 민주적 교육개혁의 주춧돌이 되어야 한다는 것이다.

듀이의 교육개혁은 사려 깊고 신중하게 생각하고, 생각을 실천으로 옮길 수 있을 때 가능하다고 말한다. 듀이의 교육개혁 요점은 어린이 교육을 위한 학교, 모든 학교가 사회공동체와 제도적 학교 사이에 공동 협력, 민주적 가치와 협동정신, 활동적인 학습자, 자유가 보장된 교과과정을 학습과 지식의 기초 개념으로 제시한다(김수동 외, 2011).

듀이는 교육개혁을 이끌어 갈 수 있는 중요한 역할을 한 사람은 교사라고 생각하였다. 교사는 아동을 위해 교실을 개혁할 수 있고, 사회를 새롭게 변화시킬 수 있기 때문에 교사가 아동의 교실, 유아교육기관, 학교를 지역 공동체, 이웃과 더불어 협력하고 국가와 연결하는 작업을 한다면 사회가 건강하게 민주적으로 변화할 수 있다는 신념을 가졌다.

듀이는 기존의 교육방법인 전통과 관습에서 조상의 훌륭하고 고유한 전통

유산, 즉 장점은 수용하되 전적으로 의존하는 것을 피하고, 민주주의가 요구하는 교육목적과 실천적인 요구를 실용화할 수 있는 지식을 개발하여 의존할 것을 강조하기 때문에 교육철학의 요구는 현실에 적극적으로 대처할 수 있는 실용적 지식을 요구한다. 교육은 강인한 정신력과 사회적 규범과 질서에 근거한 정신적이고 도덕적인 태도를 형성할 수 있도록 돕는 실용적 태도의 양육을 의미한다.

아동교육기관에서 사회적 규범, 사회제도, 전통적인 문화에 적응력을 준비하는 것이 교육이라면, 이러한 준비들이 어린이들, 아동, 청소년의 인격형성에 영향을 미쳐야 한다. 교육이 사회를 변화시키고, 인간을 변화시키는 역할을 할 때 건강한 민주사회를 유지하고 만들어 갈 수 있을 것이다. 교육이 젊은이들에게 가능한 한 많은 도덕적 힘을 부여하고 가르칠 때 자신은 물론 사회의 변화를 이끌어 낼 수 있을 것이다.

4. 듀이의 아동교육사상

실용주의 철학은 교육을 하나의 삶의 과정으로 여기고 아동에게 정상적으로 성장할 수 있는 기회와 환경을 제공하는 것이 목적이었다. 어린이들은 자신만의 특별한 활동과 환경 속에서 자유롭게 살아간다. 진보주의의 아동교육철학은 다음과 같은 이론에 근거한다.

1) 진보주의 철학과 아동교육관

듀이는 아동들이 유아학교, 학교, 사회, 환경에 적극적이고 능동적으로 참여할 때 진정한 교육이 가능하다고 하였다. 어린이와 아동을 위한 교육 원리를 살펴보면 다음과 같다(김수동 외, 2011).

- 모든 학습방법은 육체적, 지적, 정성적 활동에 의해서 이루어진다. 전통 교육에서 유아기에 지적 활동을 중요시한다면 진보주의 교육에서는 건강과 체력을 위한 신체 활동과 마음과 정신적 안정감, 심미감을 중요시하였다.

- 어린이나 아동이 자유로운 활동을 할 수 있는 심리 운동장과 같은 넓은 공간, 안전하게 휴식할 수 있는 위생실을 필요로 한다. 어린이는 자유로운 본질을 가지고 있고, 자기 환경으로부터 해방될 수 있는 활동이 가능할 때 건강한 인성을 발달시킬 수 있다고 말한다.

- 아동의 비판적 사고를 강조한다. 듀이는 아동에 무조건적인 비판은 맹목적인 복종에 길들기 쉽기 때문에 바른 것과 바르지 않은 것을 판단할 수 있는 정의로운 태도, 용기 있는 태도, 사물을 정확하게 직관하고 이해하는 태도를 강조한다.

- 아동에게 전통적인 암기식 교육보다 탐구적인 학습 방법을 강조하였다. 아동이 자기 주도적으로 스스로 학습을 이끌어 갈 수 있는 방법과 사물을 분석하고, 관찰하고, 탐색하는 학습 태도를 중요시하였다.

- 아동에게 단순한 질의 응답식 교육방법이 아니라 질문과 토론을 통해서 아동이 가지고 있는 생각을 밖으로 이끌어내어 서로 이야기하고 공감할 수 있는 방법을 중요시하였다.

- 단순히 교육 내용을 이수하기보다는 어떤 상황이든 문제해결능력과 방법을 학습하여 가능한 한 독립적으로 스스로 해결하는 방법을 훈련할 것을 강조한다.

듀이가 이끌었던 진보주의 철학의 근원을 살펴보면 다음과 같다.

- 아동에게 자기 환경에서 스스로 발달할 수 있는 자유를 부여할 것

- 아동의 흥미가 모든 학습의 내재적 동기 부여가 되도록 할 것
- 교사는 아동에게 가르치는 사람만이 아니라 안내자, 환경을 준비하는 사람, 촉진자의 역할을 할 것
- 아동발달은 지적 영역인 인지발달만이 아니라 신체, 정서, 인지, 도덕, 사회적 발달로서 전인적 발달을 할 수 있도록 도우면서 건강교육인 신체 활동을 우선으로 할 것을 강조한다.
- 아동교육은 학교와 가정의 협력관계를 유지하고, 서로 영향력을 주고받으면서 아동이 학교생활에 만족도를 높일 수 있는 역할을 하여야 한다.
- 아동교육은 과학적, 실증적 방법에 의해서 관찰하고 분석하는 과학 정신을 발달시키는 개혁적으로 진보적인 교육을 강조한다.

듀이는 이러한 진보주의 철학을 근거로 아동의 인간상, 인격, 인성교육을 위해서 다음과 같은 제안을 하였다(김수동 외, 2011).

- 훌륭한 사람이 되기보다 훌륭하지 않은 사람들이 가지고 있는 부정적 요소를 발견하는 것이 교육에서 선행되어야 한다고 주장한다. 부정적인 인간상에 대한 판단력을 가져야 한다.
- 아동이 자발적, 독립적, 자기주도적으로 활동하고, 꿈, 희망, 비전을 성취할 수 있는 내적 동기와 힘을 가진 사람으로 성장하기를 바란다. 아동의 자아실현을 위한 이상자아를 위해서 노력할 수 있어야 한다.
- 아동이 학교공동체 생활을 통해서 국가관, 사회관, 역사관에 대한 의식과 책임의식을 가지고, 정의, 평화, 도덕적 자세와 정신, 협력에 관한 의식, 공동체 의식을 가진 건강한 도덕적 인간이 되도록 하였다.

- 듀이는 특히 인간교육에서 도덕교육을 강조하면서 유아기에서 아동기에 사회성 계발을 위한 교수방법을 중요시하였다. 정체성과 인간의 진화과정, 인류의 발달과정과 현재의 삶을 연결하는 역사의 중요성, 우주에 존재하는 모든 사물과 생명체들이 서로 연결되어 함께 공존하고, 운동하면서 전 관계를 가지는 우주 생태계의 원리를 다루는 지리학 도덕교육의 덕목에 부합시켰다.
- 듀이는 인간교육으로 어린이와 아동이 공동체 생활을 통해서 공동체 생활, 공존의 삶에서 다양한 경험을 할 수 있어야 한다고 말하였다.
- 듀이는 학교교육을 통해서 양육되는 아동의 인성과 인격은 학교 밖의 세계 교육경험과 조화로운 생활을 할 수 있을 것이라는 확신을 가지게 되었다.

듀이 철학에서 언급되는 도덕적 인간상, 건강한 인간상, 세계와의 관계 속에서 모든 사물과 생명체를 사랑하고 존중하여야 하는 인간상은 우리가 살아가고 있는 현대사회에서 어린이와 젊은이에게 절대적으로 필요한 교육적 바람이다.

2) 듀이의 아동교육사상

듀이의 아동교육사상은 3가지 요소인 인간 행복으로서 아동교육, 활동의 흥미로서 아동교육, 아동의 사고로서 교육사상으로 구분할 수 있다.

듀이의 인간 행복으로서 아동교육의 목적은 어린이와 아동이 학교 공동체 생활을 통해서 행복한 생활을 즐기는 것이다. 듀이는 어린이가 행복하게 살아가는 사회가 가장 살기 좋은 사회라고 말한다. 아동이 긍정적이고 행복하게 살아갈 때 자기를 이해하는 능력, 자기감정을 조절하는 통제능력, 감정이입, 감정전이 방법도 긍정적으로 발달시킨다.

어린이와 아동은 어떤 사물과 사람에 관심과 흥미를 가질 때 심취되고, 집중력이 강하게 일어나고, 몰입하면서 자아 만족감, 너그러움, 마음의 안정감, 이해력이 향상되면서 행복감에 도취되어 긍정적 삶의 방식을 습관화한다. 듀이는 '흥미'를 행복한 삶을 만들어 가는 방법으로 보았다. 아동은 사물에 흥미를 가질 때 자아를 초월하고 마음에 힘, 즉 마음에 근력이 발달한다. 아동의 근력을 자유롭게 발달시켜 개인의 능력, 흥미, 관심을 공동체 안에서 조화롭게 발달시킬 수 있는 장소가 학교라고 한다. 학교는 호기심 천국인 어린이와 아동에게 다양한 지식을 제공할 수 있는 흥미를 발견하여 다양한 경험을 할 수 있는 장소여야 한다.

듀이는 아동이 자기 환경 속에서 긍정적인 삶을 살아갈 때 자기 인성을 긍정적으로 양육할 수 있고, 자신이 생활하는 세계를 행복한 세계로 만들어 갈 수 있다고 보았다. 이러한 관점에서 듀이는 학교 공동체가 자기 능력과 흥미를 발현할 수 있는 사회적 공동체가 되어야 하고, 생활 경험을 할 수 있는 공동체가 되기를 원하였다. 듀이에게 있어서 학교는 어린이와 아동이 가장 좋아하는 장소, 가장 자유로운 놀이터, 자기 본능을 자유롭게 발현할 수 있는 행복한 장소이기를 희망하였다.

아동의 흥미로서 아동교육은 흔히 말하는 흥미(interest)는 inter와 rest의 합성어로, 서로의 관계를 의미하는 것이다. 상호작용과 연속성의 의미를 포함하는 것으로서 어린이의 마음이 어떤 사물과 교구에 몰입되어 있는 상태, 사물, 교구가 하나 되어 황홀경에 빠져 있는 것을 의미한다. 흥미는 아동과 교육재료, 사물과 연관이 이루어질 때 나타나는 심리적 상태이다. 어린이에게 흥미는 내재적 동기를 부여하는 중요한 요소이며 심리적 관심이 바로 흥미라 할 수 있다.

듀이는 교육이 삶 자체이므로 교육을 삶과 직접 연결시키는 것은 그의 교육사상이 실험주의와 경험주의에 근거하고 있음을 의미한다. 이러한 사상은 전통적인 교사와 교과서 중심 교육사상에 도전하는 새로운 개혁으로서, 교육의 주체는 아동이고, 실제적인 경험과 개인의 특성인 창의성 계발, 아동의 생활과 교육이 직접 연결되는 것을 의미한다. 흥미와 훈련으로서 아동교육사상을 살펴보면 다음과 같다(김수동 외, 2011).

- 흥미는 모든 사물 속에 잠재해 있는 가능성과 관계를 가지는 것이다. 듀이는 어린이가 가지는 흥미는 어떤 사물 속에 잠재해 있는 가능성과 관계를 가지는 것으로서 흥미와 교육목적, 그리고 관심과 의사(意思)와 같은 용어들은 서로 연관성을 가지면서 교육을 진행시키는 역할을 한다고 하였다(김수동 외, 2011). 흥미는 별개의 두 사물을 결합시키는 것이다. 두 사물을 시각적으로 보면서 관심을 유발하는 내재적 동기를 일으키는 것으로서 학습의 원동력을 이끌어 내고 학습을 위한 동기부여를 하는 정신 작용이다.
- 흥미는 목적을 가지고 다양한 경험을 체험하는 중에 우리들이 생각하고 상상하는 대상을 향해서 움직이는 힘을 의미하는 것이다(안상원 역, 1990:85). 흥미는 모든 어린이의 특수한 능력과 요구 사항, 그리고 자기가 좋아하는 기호(旗號)의 범주 속에서 사고하도록 만드는 역할을 한다. 흥미는 학습 목표를 향하도록 안내하고 직접 자극하는 욕구인 동시에 욕구를 자극하여 밖으로 드러내는 강력한 정신적 작용이다.
- 듀이는 다른 측면에서 흥미를 직업, 사무, 상업과 같이 능동적 발달의 모든 사태(事態), 어떤 사물이 사람을 접촉하여 매료시키는 힘, 즉 사람에게 감동을 촉발하는 것과 같은 예상되는 객관적 결과(結果), 개인이 어떤 것에 흥미를 가졌다는 것은 사물에 매료되고, 휘말리고 몰입하는 개인적인 감정적 결과를 의미하는 것이라고 말한다(오천석, 1984). 흥미는 학습과 배움을 시작하고 학습 결과에 도달하도록 안내하는 매력을 지닌다.
- 흥미는 서로 분리되어 있는 두 사물을 서로 연결하는 역할을 한다. 듀이에 의하면 두 사물을 연결하는 데 시간을 소요하는 것처럼 인간이 성숙하기까지 시간이 소요되는 것과 동일한 관점이라고 말한다. 학습과정에서 아

동의 현재 능력이 출발점이고, 교사가 의도하는 목적이 종점이므로 과정에서 실천하여야 할 행동, 극복하여야 할 장애물, 활용하여야 할 다양한 방법을 통해서 시작과 끝을 서로 연결하는 것이 바로 흥미라고 한다.

듀이는 교육을 위한 근본적인 능력으로 4가지 흥미 요인을 들고 있다. 소통과 대화의 교류로서 흥미, 사물을 탐구하고 발견하는 흥미, 사물을 조작하고 구성하고 재구성하는 흥미, 예술적 표현의 흥미로 구분한다. 어린이와 아동에게 흥미는 즐거움이고, 행복이고, 새로운 도전이고, 몰입의 길로 들어가는 무임승차권이다.

아동의 사고로서 교육사상은 경험의 본질을 능동적인 요소와 수동적인 요소로 보았다(안상원, 1990). 다시 말해서 능동적인 측면은 무엇인가를 스스로 직접 해 보는 것 또는 무엇인가를 실험해 보는 것이다. 수동적인 것은 무엇인가를 받아들이는 것 또는 우리가 자연스럽든 인위적이든 단순하게 받아들이는 소극적 상황이다. 무엇인가를 경험하면, 경험으로 인해서 무엇인가를 행하는 것이다. 경험은 능동적인 것과 수동적인 것이 동시에 작용하는 것으로서 처음부터 인식적인 것이 아니라 경험한 것을 가지고 인식하기 시작한다. 하지만 경험의 가치는 경험한 사물과의 관계가 연속적으로 어린이에게 인식되는 것이다(오천석, 1984). 듀이에 의하면 경험은 사고와 분리될 수 없는 하나의 인지발달과정에 중요한 요인이다.

사고와 경험의 관계를 살펴보면 다음과 같다.

- 사고는 이성적인 능력으로부터 진행되며 정신적인 것과 문자화된 것과 관련되어 있다(안상철, 1990). 사고가 학습자의 경험에서 시작하기 때문이다. 사고는 경험과 독립된 이질적인 것이 아니라 어린이의 실제적이고 경험적인 모든 상황이 사고의 초기 과정에는 절대적인 것이다. 즉, 경험은 감각과 욕망, 그리고 단순한 사물로 제한되지만 사고는 이성적으로 진행되는 것이다.

- 사고는 경험적인 세계와 서로 연관되어 통합적인 관계에 놓여야 발달한다. 어린이의 인지발달은 사고와 경험이 통합하여 서로 연결시키는 학습과정이다. 어린이는 사고와 경험의 관계 속에서 학습자의 인지를 발달시킬 때 모든 것을 이미 경험한 것으로 가정할 것이 아니라 사고의 시작 단계에서 다양하게 경험한 사실들이 필요한 것이다.

3) 아동을 위한 교육 목적

일반적으로 교육목적은 교육목표를 달성하기 위한 방법이다. 듀이는 교육목적을 살펴보면 다음과 같다(김수동 외, 2011).

- 교육을 삶의 필수 조건으로 보았기 때문에 교육을 아동과 사회와 환경 사이에 상호작용을 돕는 것이다. 어린이, 환경, 사회라는 삼위일체가 긍정적이고 활발하게 상호작용한다면 교육을 성공적으로 이끌어 갈 수 있다. 인간은 교육 없이 사회적 존재로 살아갈 수 없으므로 사회가 인간 경험을 위한 필수적인 장소라고 말한다.
- 듀이는 개인차, 선천적 본능, 자기 환경을 고려하여 교육목적을 반영하여야 한다고 말한다.
- 교육목적은 일방적인 것이 아니라 다양한 방법인 다양성, 유연성, 융통성을 고려하여 설정되어야 한다. 교육의 목적은 하나지만 목적을 도달하기 위한 방법은 위 3가지 요소를 포함하여야 한다.
- 모든 교육목적은 성취할 때까지 유효하고, 성취한 다음 새로운 비전을 가진 새로운 교육목적을 다시 설정하여야 한다. 배움의 영속성을 요구하는 것이다. 교육은 목적을 향해서 끊임없이 지속되어야 한다. 목적은 목표를 성취하기 위한 수단으로서 어린이와 아동이 목적을 향해서 미래 지향적

활동을 진행할 수 있도록 협력하고 돕는 역할이 성인에게 전이된다.

듀이의 교육 목적은 어린이와 아동들이 끊임없이 사회의 적응력을 강화하여야 하기 때문에 교육이 삶의 준비자로서가 아니라 삶 자체이기를 바라는 것이 바로 이러한 이유이다.

듀이는 아동이 스스로 사회에 참여하여 이끌어 갈 수 있는 능력이 있는 사회적 존재로 훈련되어야 한다고 말한다. 이러한 듀이의 교육목표를 정리하면, 교육목표는 교육목적을 달성하기 위해서 현 존재의 현 상태에서 출발하여야 하고, 교육은 유연하고 융통성 있게 시작하고, 적용되어야 하며, 자유로운 활동에 주목하여야 한다. 듀이의 마지막 교육목적은 인간의 건강하고 생명력 있는 성장을 의미한다. 인간이 완전한 삶을 추구하고, 사회적 효율성을 높이고, 개인의 정상화 혹은 인격화로 도야되어야 하고, 인간의 마지막 자아실현의 영성적 단계인 사회적 기여, 인류사회의 봉사 활동에 참여할 수 있는 민주적 신사가 되도록 교육하는 것이다. 모든 교육은 민주주의 이념을 성취하는 것을 목적으로 한다. 아동들이 건강하게 성장할 수 있도록 협력하고, 지도하고, 안내하고, 배려하고 촉진하는 것이다.

듀이는 교육목적은 성취하기 위해서 교육과정의 구성과 체계가 중요하다. 듀이는 교육과정을 3단계로 구성하였다.

- 1단계 : 1단계 교육내용으로서 실천적 활동과 행동의 기술과 지식을 다루는 것이다. 3'R, 소근육, 대근육 운동, 일상생활에 필요한 지식 훈련하기, 운동훈련, 경제적 개념 익히기, 교구 교재를 활용하는 방법 훈련하기에 관한 것으로서 유아기에 실생활과 연관된 기본적인 생활 습관과 기초지식을 위한 내용이다.

- 2단계 : 2단계는 일상생활 훈련과 신체 훈련에 필요한 내용을 공간과 시간을 초월해서 광의적으로 확산하는 단계이다.
- 3단계 : 2단계에서 학습한 것을 근거로 학습자의 질적 성장이 일어나는 단계이다. 교육내용은 주로 과학교육의 중요성을 강조하고, 관찰하고, 검증, 분석으로 만성적 사고를 중요시하는 단계이다. 학습자의 지적 능력 계발에 주목하는 단계이다.

IV 니일의 유아교육사상

1. 니일의 생애

니일(Neill)은 1883년 스코틀랜드의 에딘버러(Edingburgh)의 작은 시골인 포오파(Forfar)에서 태어났다. 12명의 형제가 있었지만 삼형제는 유아기에 세상을 떠났고 4남 4녀만 성장하였다. 니일은 교사인 부모에 대한 인상은 아주 실망적이고, 너무나 엄격하고 무서운 존재로서 어린이들을 가르친다는 것에 대해서 부정적인 시각을 가졌었다. 부모들의 체면유지, 지나친 청결주의에 대한 반감도 가졌었다. 후에 신분 상승을 위해서 자녀에게 혹독한 교육을 시킨 것으로 전해진다.

니일은 많은 형제 틈에서 공부를 할 수 있는 넉넉한 형편이 아니었고 특별히 어려서부터 공부에 많은 관심을 가진 것도 아니었다. 그는 학교교육에 대해서도 부정적이었다. 그러나 청소년기에 문학에 관심을 가지게 되었고, 후에 뉴포드(New Port) 학교에서 교편을 잡았다.

니일의 에딘버러의 대학생활은 다양한 문화를 받아들이기 위해서 필요 조건이라고 생각하였고, 문학, 수학, 물리학, 희랍어, 라틴어 교육은 그러한 조건을 충족시키는 역할을 하였다. 그는 대학교 4학년 때 『학생』(*The Student*)의 편집장을 맡으면서 어떤 주제로든 글을 쓰는 데 익숙해졌다. 1차 세계 대전의 발발로 그는 킹스 뮤어로 돌아와서 그레트나 그린(Gretna Green) 학교의 임시 교장직을 수행한 다음, 교장 경험을 저서로 출판한 것이 바로 『교사의 수기』(*A Dominie's Log*)이다.

1차 세계 대전이 종전되고 세계는 자유와 평화를 부르짖는 새로운 시대가 되었다. 이를 계기로 니일은 새로운 세계를 위한 평화는 교육을 통해서 이루진다는 이념으로 1919년 '신교육협회'를 창설하고 그 다음 해인 1920년에 『신 시대』

(*The New Era*)라는 잡지를 편집하게 되었다.

니일은 독일 친구인 노이슈테데(Neustätter)의 도움으로 1912년 드레스덴(Dresden)의 근교인 헬레나우(Hellerau)에 처음으로 국제학교를 건립하지만 실패한다. 그가 처음으로 영국에 서머힐 학교를 설립한 것은 1924년 라임레이스(Lyme Regis)에서였다. 개교 후 학생 수가 증가하여 1925년 라이스턴(Leiston)에 귀족별장으로 옮겼다. 이 별장이 바로 서머힐의 최초 실험학교의 산실이 되었다.

니일은 19세기와 20세기를 넘나들면서 슈타이너, 과르디나, 몬테소리, 피터스, 로저스와 함께 자유주의 사상에 근거하여 교육개혁을 시도한 자유교육학자 중의 한 사람이다. 이 두 세기에 유럽에서는 새로운 교육개혁이 일어나고 있었고, 이 운동은 미국에도 많은 영향력을 미쳤다(전재숙, 2002). 니일은 웰즈(Wells), 쇼우(Shaw), 프로이드(Freud), 레인(Lane), 라이히(Reich)와 같은 정통적인 학자보다는 문학가나 정신분석 학자와 같은 사람들에게서 특별히 영향을 받았다. 그는 후에 어린이를 위한 많은 저서를 출판하였다.

2. 니일의 유아교육 사상

니일은 부모의 억압된 가정교육에서 탈피하여 자유주의를 수호하면서 일상생활에서도 격식에 얽매이지 않고 자유로운 옷차림으로 학생들과 생활하였다. 니일은 지적 교육의 중요성을 인정하는 반면, 무의식을 중요시하는 감정교육에 치중하였다. 그 당시에 어린이의 본능을 비인격적인 측면으로 보고 자아와 초자아를 인격적 무의식의 관점으로 이해하였다. 어린이는 환경과 상호작용하면서 통제, 금지, 명령, 훈육 등이 무의식화되어 인격을 형성하게 된다. 니일은 어린이의 인격, 개성, 특성을 존중하고, 창의성 발달을 위한 자유 작업을 중요시하고, 행복한 학교에서 행복한 인간으로 성장하도록 최대한의 자유를 부여하고, 어린이의 정서교육에 주목하였다. 니일은 근본적으로 인간주의(人間主

義) 사상가이다. 니일은 인간의 행위를 움직이는 것은 무의식이라고 생각하였다. 예를 들면, 어린이의 선한 행위나 악한 행위가 의지에 의한 표출이 아니라 무의식적 행위라는 것이다. 니일의 교육목적은 지적 교육과 감성교육을 중요시 하는 이유가 여기에 있다.

니일의 유아교육의 기본적인 사상을 살펴보면 다음과 같다.

- 니일은 어린이의 본성을 비인격적 무의식과 인격적 무의식 자아와 초자아 2가지로 분류하였다. 다시 말해서 인격적 무의식은 유전인자보다 환경적 요인에 의해서 형성된 부정적 개념, 명령적인 언어 등을 통해서 무의식화 되어 형성된 자아 내지 초자아, 도덕적 행위와 양심 등을 예로 들 수 있다. 비인격적 무의식적은 단순하게 본능적인 것이다.

- 니일의 아동관은 성선설에서 출발한다(김은산 역, 1992). 인간은 선하고, 친절하고, 정직하고, 이기적이면서 이타적인 본성을 지녔다. 어린이의 본성을 변화시킨 것은 사회이고 훈육방법이다. 훈육과 처벌이 어린이의 본성에 상처를 준다고 말한다. 니일은 선과 악을 행동 규범적으로 평가하는 것이 아니라 본성적 선을 자유롭게 드러내는 것과 드러내지 못하는 것에 기준을 부여한다. 니일은 유아기 어린이에게 욕망이 충분히 충족될 수 있는 자유를 허락하여야 한다는 것이다.

- 어린이는 자유로운 존재이다(박용석, 1997). 어린이는 선천적으로 지혜롭거나 활동적인 존재가 아니라 그들의 활동에 장애요인을 제거하고 자기 스스로 발전할 수 있는 물리적 환경을 제공할 때 자기 발전을 자발적으로 이루어 간다. 니일은 자유를 "자유는 다른 사람들의 자유를 침해하지 않는 한도 내에서 자신이 원하는 일을 하는 것을 의미한다."고 하였다(김은산 역, 1992). 여기서 자유는 어린이 개개인이 실제적으로 선택한 행위 속에서 자유롭게 행해지는 선택적인 자유를 의미한다. 어린이 내면에 잠재해 있는

내재적 욕구를 자연스럽게 발달시킴으로써 정상적으로 발달하고, 그와 반대인 내재적 욕구에 억압과 장애를 받으면 반사회적이고 선한 본성을 왜곡되는 것이다.

- 어린이는 무의식적인 존재다(김정환 외, 1989). 어린이의 생활은 환상적이고, 놀이를 통해서 삶을 표현하고, 사고보다는 활동에 관심을 가지고, 활동이 사고에 선행하고, 사고보다는 규칙을 중요시하여야 한다.
- 어린이는 정신적이고 육체적인 사랑의 욕구를 가지고 태어났기 때문에 어린이의 개성의 차이점과 인격을 존중하여 창의적 활동을 강화하고 행복한 인간으로 성장할 수 있도록 안내하는 것이 그의 교육철학이다. 모든 어린이는 존중받을 권리가 부여되었고, 자존감을 가져야 한다.
- 어린이의 본성은 선하기 때문에 활동을 통해서 자율적으로 발달하도록 지도할 것을 중요시하였다. 어린이에게 자유가 주어질 때만이 영·육이 건강한 인간으로 성장할 수 있다고 확신하였다.

니일은 사랑을 전제로 하여야 할 뿐만 아니라 항상 어린이 편에서, 입장에서 이해하고 사랑을 주고받을 수 있어야 한다고 주장하였다.

3. 니일의 유아교육목적

니일의 교육목적은 어린이를 일정한 학업수준을 끌어올리는 것이 아니라 각 개인이 가지고 있는 특성을 개발해주어 학습에 스스로 관심과 흥미를 가짐으로써 자기 주도적 학습 원리를 이끌어 내는 것이다.

니일의 교육목적은 다음과 같다.

- 자기 삶과 연결된다. 자신의 삶을 스스로 이끌어 갈 수 있는 독립적인 삶, 사물에 대한 관심을 가지도록 하는 것, 자신의 의지로 삶을 살아가도록 내적으로 강한 삶의 의지를 훈련하는 것, 미래를 위한 준비가 아니라 삶 자체에서 지금, 현재에서 행복을 찾도록 지도하는 것이 목적이다. 어린이에게 자유로운 삶의 방법을 터득하도록 방법을 가르치는 것이다.

- 어린이가 행복한 삶을 살아갈 수 있도록 돕는 것이다. 행복은 현재 성취하여야 할 본질적인 가치로서 심리적인 억압상태를 최소화한 상태이고, 균형감과 생에 대한 만족감, 자율적으로 성장하는 것을 의미한다. 행복, 균형, 진실성 그리고 독창성은 니일의 교육범주로서 교육목적을 실현하는 데 중요한 요소 중 하나이다. 어린이들의 사회적인 성공보다는 자신의 행복이 더 중요하다고 강조하였다.

- 어린이에게 진실성을 가르치는 것이다. 어린이는 거짓과 위선으로부터 해방될 때 자유로워지고 진실해진다. 어른 자신이 위선적이고 거짓을 말하기 때문에 어린이에게도 자연스럽게 그런 행동을 한다. 어린이가 자유로워질수록 진실하고 진지해지면서 자기 작업을 즐기면서 몰입한다. 니일은 형식적인 예절교육보다 도덕적인 인성교육을 중요시함으로써 자연스럽게 진지한 삶의 태도를 보인다고 말한다.

  내적으로 삶을 즐기는 것은 정직한 자세로 자기 일을 강요하는 것이 아니라 즐길 때 조화롭고 평화로운 인간으로 성장할 수 있기 때문이라고 말한다. 즉, 행동으로 직접 실천할 때 교육이 가능하다는 것이다.

- 자유로운 학교를 만드는 것이다(고후순 외, 2000). 학교를 위한 어린이 교육이 아니라 어린이를 위한 학교교육이다. 도덕적인 행동이나 종교교육을 강요하지 않는 제도적인 형식을 탈화하여 어린이 스스로 자발적, 자율적, 독립적인 활동을 통해서 조화로운 인간으로 성장하는 것이다.

- 창조성과 자유를 근거로 자율적인 인간상을 구현하는 것이다.
- 어린이를 자기중심주의에서 진화하여 이타적 존재가 되게 하여, 신은 물론 타인을 사랑할 수 있는 능력을 기르는 것이 교육의 궁극적 목적이라 할 수 있다. 진화의 측면에는 항상 자신의 사랑으로부터 출발하여야 하다.

니일의 교육 목적은 자기 통제를 의미하는 자율로서 스스로 통제하고 조절할 수 있는 능력을 가진 사람, 타인의 권리와 행복을 소중하게 생각하면서 그들과 더불어 행복을 공유할 수 있는 자율적 인간으로 교육하는 것이다. 인간 삶의 과정에서 지나간 과거를 되돌아보고 매이거나 아직 다가오지 않은 예측 불허의 미래 삶에 주목하는 것이 아니라 현재(present) 나에게 주어진 선물을 반기면서 즐거워하는 행복한 오늘이 되도록 모든 어린이에게 가르쳐야 한다는 것이다.

4. 니일의 유아 교육내용

니일은 유아를 위한 교육에서 교재, 교과서에 대한 부정적으로 생각하였다. 어린이에게 훌륭한 교육도구로 교과서보다 어린이가 손으로 창조적 작업을 할 수 있는 교구와 자연물, 점토, 놀이 활동, 그림 그리기, 연극 활동을 중요하게 생각하였다.

니일의 교육내용을 살펴보면 다음과 같다.

- 니일은 교과서에 의한 지식을 획득하는 것이 아니라 지식을 삶 전체와 통합할 수 있는 경험과 자기노력을 유아교육 내용으로 삼았다. 학교에서 수업시간에 가르치는 것보다 학교 밖에서 자기가 관심과 흥미 있는 것을 학습하는 것을 중요시하였다. 교과서는 유아의 자유의지를 박탈하고 복종적이고 희생적인 것을 요구하기 때문이다.

- 니일은 어린이의 사회적이고 심리학적인 발달에 대한 이해를 탐색하는 내용으로 삼았다. 어린이는 발달 가능성을 지닌 존재로서, 미성숙한 존재지만 자신의 욕구를 표현하려는 역동적인 존재다.

- 니일은 창의성을 중요시하였다. 암기식 교육이 아니라 학습의 자유는 곧 창의적으로 어린이 스스로 모든 문제에 대한 비판적 판단과 스스로 해결할 수 있는 능력을 훈련하는 것이라고 하였다.

- 니일의 교육 내용으로 사랑의 힘을 강조하였다. 어린이를 사랑하는 것은 감성적 사랑과 더불어 그들의 입장에 대한 이해의 폭을 넓혀 가는 것을 의미한다.

- 3'R 이외에도 점토 놀이, 스포츠, 예술 활동, 그림 그리기와 감상하기를 교육내용으로 제시하였다.

5. 니일의 유아교육방법

니일의 교육방법은 어린이의 관심과 흥미를 최대한 고려한 교육철학이기 때문에 억압과 고통, 그리고 강요가 아니라 최대한의 자유를 보장하는 교육방법이다. 유치원과 초등교육과정에서 특별한 교육과정을 가지고 운영하는 제도적 교육이 아니라 자연과 더불어 하는 자기주도적 학습원리로서, 자유롭고 자율적인 방법을 제시한다(박용석, 1997).

니일의 교육방법은 다음과 같다.

- **학습의 자유를 인정하는 방법이다.**

  학과목 선택, 학습동기와 목표설정, 수업출석, 학습의 기회를 각자가 자율적으로 선택하였다. 니일의 이러한 철학은 어린이들의 정서적인 안정과 자유는 인지발달의 선행조건으로서 정서적 자유가 학습조건이라고 말한다.

- 놀이 활동은 자유를 인정하는 방법이다.

니일은 수업출석의 자유가 인정될 때 놀이의 자유가 인정된다고 말한다. 또한 니일의 놀이 개념은 어떤 규칙에 얽매이는 것이 아니라 어떤/무엇에 상관하지 않고 자유롭게 활동할 수 있는 것을 의미한다.

니일은 자유놀이 활동의 의미는 우선적으로 놀이 활동이 학습조건이다. 어린이는 놀이를 통해서 자발적인 완전한 몰입이 가능하고, 치유적 효과를 얻는 것이다. 부자연스럽고 억압된 생활에서 축적된 감정들이 놀이를 통해서 극복되고 감정 통제가 놀이를 통해서 가능하다는 것이다. 니일에게 있어서 놀이는 하나의 학습방법이다.

- 학교 자체의 공동체 생활이 바로 자유로운 운영방법이다.

섬머힐은 기숙사 제도를 도입하여 자율적인 공동체 자치를 통해서 공동생활의 질서와 공동규칙을 준수하는 방법을 익히도록 하였다.

니일에 있어서 자치의 내용은 공동체의 질서유지에 필요한 규칙을 자치적이고 자율적으로 구성원들이 정하고 공동체를 위한 중요한 사항들을 민주적으로 토론하고, 전반적인 활동에 필요한 모든 사항을 의논한다. 자체 공동체의 조건으로는 기숙사 생활을 의무화하여 공동체 자치를 가능하게 만들었고, 어린이들의 자율적인 성장을 위한 소규모 기숙학교에서 모든 일을 부모대신 스스로 할 수 있도록 하였다.

- 도덕적인 훈육방법보다 도덕적인 자율성을 발달시키는 방법을 선택하였다.

자율성은 어린이들과 학생들이 자기 인생 방향을 결정하는 한 요소라고 말한다. 어린이들의 질서와 훈육이 권위에 의해서가 아니라 자유에 의해서 발전되어갈 때 긍정적으로 발달할 수 있다. 니일은 어린이의 모든 문제를 도덕적인 방법에 의해서 해결할 것이 아니라 합리적인 접근방법으로 해결하고, 심리적인 접근방법을 강조한다.

니일의 교육방법을 다음과 같이 요약해 볼 수 있다.

	개별지도	훈육방법	자치활동	정서교육	도덕·성교육	부모교육	개별지도. 훈육방법
유치원	학습을 중요시함	언어적 훈육	없음	그룹지도. 현장중심 정서교육	도덕 교육과 성교육이 이루어지지 않았음	어린이의 자유를 존중하지 않음. 초등준비단계	개별지도 : 정서지도 훈육방법 : 자유와 자율성 자체 활동 : 교회에서 토론식으로 이루어짐. 정서교육 : 교육실제에 주목함 도덕·성교육 : 관습화를 거부하고 정신분석학적 성교육 부모교육 의무화 : 자율과 자유존중, 자유로운 환경구성
초등학교	제한된 학습지도	언어적 훈육과 체벌교육	토론식 교육방법	교육과정 : 음악, 미술	도덕, 성교육의 부재	아동의 자유와 자유로운 환경을 고려하지 않음. 지적 교육 중심	

V 피아제의 유아교육사상

1. 피아제의 생애

영아, 유아, 아동을 위한 학문적 연구가 이루어지고 있지만 장기간 아동연구 중에서 특히 인지발달연구에 몰두하여 아동들의 인지발달 이론을 포괄적으로 정립한 학자 중 한 사람이 피아제(Jean Piaget, 1896~1980)이다. 피아제는 어린이들의 인지발달을 위해 초기 연구 활동에 심혈을 기울였다면 후기에는 발생학적 인식론 연구에서 "지식이란 무엇인가?"라는 고전적 연구 형태를 반박하면서 "지식이란 어떻게 형성되는가?"에 관심을 가지고 지식이 형성되는 과정인 발생학적 인식론의 기원을 연구하면서 철학자로 연구 활동을 지속하였다.

피아제는 1896년 스위스에서 대학 도시로 알려진 뇌샤텔(Neuchâtel)에서 중세 역사학을 전공한 부모 슬하에서 태어나 어려서부터 학문적인 분위기 속에서 성장하였다. 피아제는 최소 연령의 학생으로 최고령의 나이에 이르기까지 최장기간 연구 활동을 왕성하게 펼친 학자이다. 그는 죽기 2년 전인 1978년까지 3만 페이지 이상을 서술한 인문·사회과학 분야에서 최고의 연구 결과를 기록한 심리학자이고 철학자이다(박덕규, 1992).

1919~1920년 사이에 소르본(Sorbone) 대학에서 수강하였고, 1921년 개인교수 자격으로 제노바(Geneva) 대학 자연과학부에서 아동심리학을 강의하였다. 피아제는 청소년기에 학문을 정확하게 이해하기 위해서는 과학과 철학, 그리고 종교학에 대한 기본적인 개념과 지식이 선행되어야 한다는 필요성을 인식하고 도전하였다. 그는 21세의 어린 나이에 자연과학 분야에서 학위를 취득하여 연구의 틀을 마련하였다.

피아제는 23세부터 아동심리를 과학적인 방법으로 연구한 다음 인지발달의 근원을 대해서 철학적인 측면에서 해결하기 위해 재료 수집을 포함하여 12

년에 걸쳐 저술한『발생학적 인식론』으로 학문을 체계화하고 융합화하였다(Piaget, 1992).

1925년 첫 딸인 재클린(Jaqueline)의 탄생과 더불어 아동의 인지발달이론을 연구하였고 다음에 두 딸인 루시안느(Lucienne)와 로렌트(Laurent)의 출생과 더불어 부인과 함께 유아기 행동 현상을 직접 관찰하면서 초기에 학문적인 관심이었던 도덕성 발달이론, 꿈의 이론, 일상생활에서 가지는 관심과 흥미에 대해서 연구하였다.

피아제는 1940년 이후에 아동의 수학적 개념과 과학적 개념에 관심을 가지고 연구방향을 전환하였다. 수학적 개념과 과학적 개념을 연구한 다음 1950년 이후에 철학적 인식론에 관심을 가지고 아동의 인지발달과 인식론을 동시에 연구하기 시작하였다.

2. 피아제의 인지발달개념

피아제를 이해하기 위해서 적응, 동화, 조절, 도식, 구조의 개념들을 이해하여야 한다. 피아제는 적응이란 동화와 조절 사이에 균형, 평형을 유지하려는 본능적 성향을 의미한다고 말한다.

◦ 동화와 조절의 개념

모든 생명체는 자기를 에워싸고 있는 환경과 상호작용을 하면서 적응능력을 학습한다. 이러한 적응과정에 필요한 것이 바로 동화와 조절의 균형을 이루려는 선천적인 성향이다. 피아제의 경우 적응능력이 발달하는 과정을 인지발달과 동일시 개념으로 보았다. 즉, 적응과 조절이 적응능력을 발달시키는 것이다. 동화란 어린이가 외부의 사물을 직관할 때 이미 자기에게 각인된 기존의 틀에 새로운 각인을 끌어들여 해석하는 것이다(Piaget, 1998). 다시 말해서 기존의 지식에 새로운 정보로부터 얻어진 인상, 지식을 첨가하여 또 다른 지식을 만들어 가는 과정이다. 지식을 무에서 유를 창조하는 것이 아니라 유에서 또 다른 유의 지식을 만들어 가는 인지과정이다. 피아제는 동화 개념을 예를 들면, 어떤 음식물을 보면 자기 입에 알맞도록 자르고 소화할 수 있는 양만큼을 먹을 때, 즉 유기체 내에서 흡수와 소화가 유기체의 기존 체제에 적합할 때 동화가 자연스럽게 일어난다. 조절은 만약에 음식물이 입 모양과 다르거나 고체든가 아니면 전혀 다르기 때문에 받아들일 수 없을 경우, 이것을 바르게 자르고 액체로 녹이는 역할을 하는 것이 바로 조절이다. 다시 말해서 기존의 체제를 변형시켜 받아들일 수 있도록 만드는 역할을 하는 것이다(Piaget, 1974). 인지적 동화는 외부세계의 사물에 기존의 체계나 틀에 적용하여 이해할 때 일어나는 현상이다. 인지적 조절은 자기가 이미 알고 있는 기존의 인지 체제를 변형하여 새로운 지식을 확실하게 구성하는 것을 의미한다. 동화와 조절은 출생에서 죽음에 이르기까지 지속되는 과정으로 지능의 기능적 측면이고 기능적 불변성이라고 말한다.

인간의 적응행동에서 동화와 조절 중에 어느 한쪽만으로 편중되지 않도록 평형을 유지하는 데 이러한 현상은 모든 살아 있는 유기체와 환경 사이에 일어나는 상호작용의 결과라고 할 수 있다.

◦ 도식과 구조의 개념

피아제의 인지발달은 기능적인 측면과 구조적인 측면을 이해하여야 한다. 이 2가지 현상을 도식(schema) 또는 구조(structure)라고 말한다. 이것은 모든 생명체가 가지고 있는 기존의 이해양식을 의미하며, 선천적인 것이 아니라 환경과 더불어 반복적인 행동을 통해서 형성되는 것이다.

본능적으로 발달한 빨기 반사와 파악 반사와 같은 운동 양식들은 반복적인 운동 과정을 거쳐서 빨기 도식과 파악 도식으로 변한다. 이러한 도식들을 환경과 상호작용을 하면서 지속적으로 도식과 틀을 확장한다.

3. 피아제의 인지발달단계

피아제의 감각운동기는 0~2세까지로서 6단계로 나누어진다.

1) 감각운동기 : 0 ~2세까지

① 반사기 : 출생에서~1개월까지

이 시기를 반사적 행동단계라고 말한다. 신생아는 출생과 더불어 환경에 의한 자극에 적응할 수 있는 반응을 대처할 수 있는 내적 체계를 형성하는 도식이 이루어진다. 신생아들은 본능적인 반사활동을 도식으로 동화시킨다.

② 1차 순환반응단계: 1~4개월까지

우연히 새롭게 경험한 것들을 단순행동을 통해서 반복적으로 행동을 진행하는 과정이다. 예를 들면, 우연히 손가락을 입에 넣었다가 떨어뜨리고 다시 넣어서 빨기 반사를 반복하는 것이다. 신체 도식이나 동작을 조직화하는 능력이 발달하고, 사물을 재구조화하는 과정이 나타난다. 움직이는 자기 손을 응시하고 2가지 행동을 통합하는 협응 단계가 발달한다.

③ 2차 순환반응단계: 4~10개월까지

본능적인 반응을 다른 대상과 적응시킴으로써 새로운 반응을 획득하는 단계이다. 영아가 학습한 반응에 의해서 얻어지는 지식이므로 선천적이라고 말할 수 없다. 예를 들면, 자기조절 능력으로 인해서 환경에서 모든 대상물을 확장시키고 자신의 욕구충족을 위해서 새로운 반응을 의도적으로 시도한다.

④ 2차 도식의 협응능력단계 : 10~12개월까지

어떠한 도식들이 새로운 상황에 처하면 조절하여 새로운 상황에 이를 적응시킨다. 의도적인 통제행동이 발달한다. 자기의 목적달성을 위해서 자기가 할 수 있는 반응을 사용하고 적용해 본다.

⑤ 3차 순환반응단계 : 12~18개월까지

활동적인 의미를 통해서 새로운 활동방법을 발견하게 된다. 영아는 다른 결과를 창조하기 위해서 다른 행동을 시도한다. 하나의 새로운 결과를 위해서 다양하게 활동을 발달시킨다. 한 가지 목적을 위해서 여러 가지 행동을 시도하기 때문에 시행착오를 겪는다. 자발적인 창조적 학습이 이루어지고, 외부세계에 대한 호기심으로 인해서 도식을 스스로 발달시킨다.

⑥ 사고와 상징적 표상단계 : 18~24개월까지

정신적인 조화로움을 통해서 새로운 방법을 발견하게 된다. 여러 가지 행동을 내면화하고 모방행동을 시작한다. 자기 딸 재클린의 모방행동을 관찰하여 어떤 모방행동이 잠시 사라진 다음에도 내적 표상활동을 가지고 지연모방행동을 나타낸다. 친구가 어제 화를 내면서 장난감을 버렸는데, 다음날 재클린은 그와 똑같은 지연모방행동을 표현하였다.

2) 전 조작기 단계 : 2~6세까지

① 상징적 활동시기 : 2~4세까지

언어는 지능발달에 많은 영향을 준다. 언어발달은 3세경에 자신의 욕구를 자유롭게 표현할 수 있지만 정보 수집을 위한 도구로서도 언어를 사용한다. 어린이가 인형을 가지고 말을 한다든가 총 놀이를 하는 것은 언어발달이 이루어지는 동시에 가상적 활동으로 전환하는 것이다. 언어발달은 어린이에게 시공간 개념을 확장시키고, 대상물이 질서 속에서 차지하는 위치에 관심을 가지는 것이다.

② 직관적 사고의 발달시기

이 시기의 어린이는 사물과 사건에 대한 개념이 발달되지 않았고 사물에 대한 속성과 규칙, 그리고 조작에 대해 이해를 하는 것이 아니라 단지 직관적인 사고를 할 뿐이다. 피아제는 이러한 사고를 양과 수의 보존개념을 통해서 설명한다. 즉, 같은 양의 물을 그릇의 높이와 크기가 다른 그릇에 넣었을 때 물의 양을 다르게 생각하는 것이다. 양에 대한 혼란으로 인해서 두 그릇에 양이 같다는 사실을 모르는 것이다.

③ 자기 중심성 발달시기

이 시기는 유아의 모든 생각은 자기 중심으로부터 출발하기 때문에 공간조망을 하게 된다. 자기와 똑같은 생각과 똑같은 행동, 똑같은 시각을 가지고 있다고 생각하기 때문에 다른 사람의 입장을 전혀 고려하지 않는다. 이 시기에는 자기 조망과 타인의 조망을 구별하지 못하고 자기 방식대로 생각한다.

④ 물활론적 사고가 발달하는 시기

이 시기는 모든 사물은 살아 있고 각자의 의지에 따라서 움직인다고 생각한다. 즉, 물활론적(Animismo) 사고방식으로, 움직이는 것은 살아 있는 생명체이고 움직이지 않는 것을 죽은 것이라고 생각한다. 구름과 같이 움직이는 것은 살아 있고 병에 꽂혀 있는 꽃은 죽은 것이라고 생각한다.

⑤ 도덕적 실재론이 발달하는 시기

아동들이 정해 놓은 규칙을 지키지 않는 것은 도덕적 기준에 어긋난다고 생각한다. 규칙은 불변적인 것이므로 변경할 수 없다고 생각한다.

3) 구체적 조작기 : 6~12세까지

이 시기는 사고의 폭이 가장 많이 확산되므로 구체적인 조작능력이 발달한다. 일반적인 관점이 확산되고, 내적 표상능력을 가질 수 있고, 내적 표상능력을 다양한 방법으로 조작할 수 있는 능력이 발달하는 시기다. 구체적인 조작능력에 의해서 사물의 속성, 관계성, 등급화, 단순화, 불변성, 보존, 배열에 관한 개념이 발달한다. 동시에 유목 포함 개념도 발생한다. 빨간 공 10개와 노란 공 5개를 놓고 2개 중 어느 것이 더 많으냐고 묻는다면 노란 공보다 빨간 공이 5개 더 많다고 정확하게 말한다.

4) 형식적 조작기 : 13세 이상

이 시기는 시공간 개념이 정확하게 발달하고 논리적 사고가 발달하는 시기이다. 현실세계를 초월하여 추상적으로 사고할 수 있는 능력이 있으며, 추상적 추론과 가설, 체계적인 검증능력이 발달하여 모든 사고에 원리와 원칙을 적용하여 일반화할 수 있는 능력이 발달한다.

형식적인 조작을 배움으로써 연역법, 상관계수, 교환, 순서화, 변환법이 발달하는 시기이다. 언어와 관념의 기능과 형태를 정교화할 수 있는 능력이 발달하고, 재생산적인 관념이 발달한다. 사고의 구성요소도 자기 개성과 조화를 이루는 상관성을 가진다.

4. 피아제의 발생학적 인식론

피아제의 발생학적 인식론의 주요 개념을 요약하면 다음과 같다(박덕규, 1992).

- 피아제의 발생학적 인식론이란 인지발달이론과 별개의 것이 아니라 인지심리학을 위한 발생학적 인식론으로서, 인지이론과 과학적 이론을 접목시킨 것이다.

- 피아제의 인식론은 단순한 철학적인 논리가 아니라 과학적인 이론으로서, 자연과학인 가설과 연역법, 그리고 실험과 경험을 근거로 인식의 근거와 발생 기원을 연역적으로 탐색해 가는 것이다. 다시 말해서 전통적인 철학적 관점에서 "지식이란 무엇인가?"라는 질문형식에서 피아제는 "지식은 어떻게 형성되는가?라는 명제를 이끌어 낸 것이다. 이러한 질문은 실험과 분석적인 과학적 방법으로 지식이 형성되는 과정을 과학적으로 분석하여 지식이 형성되는 기원을 증명하는 것이다.

- 발생학적 인식론은 과학을 통해서 철학의 고유영역인 인식론을 새롭게 연구한 것이다. 발생학적 인식론은 철학에서 분류된 개별 학문으로서, 순차적 구조분석이라고 할 수 있다. 새로운 학문(Sienza nuova)으로, 현대과학이 자연과학에서 출발하여 실험심리학과 같은 인간에 관한 학문에 사회과학을 적용시킨 것이다. 인식의 발생에 관한 연구와 환경과의 관계를 연구·분석하는 것이다.

- 피아제는 생성(Génése), 즉 생성, 기원, 발생으로서 학문의 기원을 해명하는 방법이다. 어린이의 지능발달을 생물학에 의해서 과학으로 연결하는 정신 태생학(Mental Embryologie)이다.

- 실험심리학을 과학으로 인도하는 과정은 자기중심적 범주의 자세를 포기하는 것으로, 인간의 의식을 자신의 행동을 직접 보고 실험적 관찰을 통해서 분석하는 것이다.

5. 피아제의 도덕성 발달이론

피아제의 도덕성 발달은 인지발달과 병행한다고 말한다. 그러므로 다음과 같은 단계로 구분할 수 있다(송명자 외, 2000).

① 타율적인 도덕적 단계

피아제는 『어린이들의 도덕성 발달』(*Le jugement Moral chez l'infant*)이라는 저서에서 어린이의 도덕성 발달단계를 실험적 방법을 활용하여 자세히 설명하고 있다. 어린이는 정해진 놀이의 규칙은 영원불멸의 것이고 수정이 불가능한 절대적인 것으로 생각하였다. 어린이는 규칙을 따르고, 그에 복종하는 것이 선을 행하는 일이라고 생각하는 시기이다.

자녀의 발달과정을 관찰하면서 다음과 같이 도덕판단을 2단계로 구분하였다(송명자 외, 2000: 아동의 판단:27).

- 습관 단계(habit level) : 4세 이전의 단계로서, 어린이는 자기만족을 위해서 자신이 원하는 것을 즐겁게 시도한다. 자기만족과 자기 습관에 의해서 행동하는 시기이다.
- 성인 기준에 동조하는 단계 : 7세까지의 단계로서, 자율적인 행동과 자기 생각을 떠나서 성인이 합리적이라고 생각하는 기준이 모든 행위의 규범이 된다고 생각하는 시기이다. 따라서 규범에 동조하고 성인의 기준에 따르는 것이 합리적이라고 생각한다. 자율적인 생각과 행동보다는 타율적인 행동을 한다.

② 자율적 도덕 판단의 단계

10~11세의 아동은 자율에서 타율적인 행동으로 변화하는데, 규칙과 법칙을 필요에 의해서 바꿀 수 있다고 생각하는 시기이다. 전 시기에서 신이나 성인이 만들어 놓은 규칙과 법칙은 영원불멸의 것으로 생각하였지만 이 시기에는 융통성이 차츰 발달한다. 규칙은 단지 인간에 의해서 만들어진 것이기 때문에 상대적으로 변할 수 있다고 생각한다. 또한 이 시기에 아동은 행동하는 동기와 의도에 의해서 판단할 수 있는 주관적 도덕 판단의 개념을 가지게 된다. 맹목적인 복종 단계에서 탈피하여 자율적인 도덕 판단을 한다.

이 단계에서는 2가지 도덕적 판단기준이 설정된다. 하나는 동기 존중의 단계로서, 11~14세 아동은 행동의 결과를 중요시하는 것이 아니라 결과 이면에 잠재해 있는 동기와 의도를 존중하고 고려하여야 한다고 생각한다. 다른 하나는 규칙과 원리 그리고 이상을 설정하는 단계로서, 15세 이후 아동은 자신들의 모든 행동이 원리와 규칙을 따르고 가장 이상적인 이상점을 설정하여 추구하여야 한다고 생각한다.

Ⅵ 비고츠키의 사회문화적 구성주의 이론

1. 비고츠키의 생애

비고츠키(Vygosky, 1896~1934)의 생애는 1896년에서 지식인으로 알려진 1924년까지를 1기로, 1924~1934년 사망 전까지인 2기로 구분할 수 있다.

비고츠키는 제1기인 1896년 벨로루시(Byelorussia)의 오르사(Orsha)에서 경제적으로 여유 있는 은행장인 아버지와 교사 출신인 어머니 사이에서 태어났다. 그는 어머니의 영향을 받아 모스카우(Moscow) 대학 언어학과 사회과학, 그리고 철학과 예술영역에 폭넓은 지식을 가지고 연구하였다. 특히 독일어에 능통하였으므로 하이네의 시에 심취하였다. 인생의 제2기라고 할 수 있는 1924년 그는 결혼을 하고 동시에 심리학 연구에 몰두하기 시작하였다. 그는 결혼한 후에 두 딸과 함께 행복한 삶을 살아가면서 많은 시인들과 철학자 그리고 심리학자들의 글에 심취되었다.

1924년 레닌그라드에서 개최한 '심리 신경학' 회의에 참석하여 '조건반사적 조사방법과 심리학적 조사방법'을 발표하여 젊은이들을 동요시켰다(Vygotskij, 1992). 그때 참석하였던 Luria와 Leontiv 그리고 Sakharov와 같은 유명한 제자들과 공동연구에 착수하였지만 그의 급작스러운 죽음으로 모든 연구는 중단되었다. 그는 고멜(Gomel) 사범대학에서 자기 학문의 기틀을 마련할 수 있는 영역을 확보하고 사회와 문화적 요인이 아동들의 성장·발달에 미치는 영향력에 대해서 연구하기 시작하였다. 결과적으로 비고츠키는 아동의 사회적인 상호작용은 사회문화적 활동과 밀접한 관계를 가지고 있다고 가정하고 이를 증명하기 위해서 다양한 영역에서 연구에 몰입하였다.

비고츠키의 이론이 사회주의 이론에 반대된다는 이유만으로 그의 저서 『언어와 사고』는 금서가 되기도 하였다. 사회주의가 붕괴되고 1970년과 1980년 사이를 거치면서 그의 이론은 외국어로 번역되어 전 세계적으로 확산되었다. 우리나라에서도 1990년 이후에 그의 저서가 많이 소개되었고, 『언어와 사고』, 『사회 속의 정신』과 같은 저서들이 출판되었다. 물론 『언어와 사고』에 대한 이론은 출판된 이후에 미국으로 확산되었다.

2. 비고츠키의 초등정신기능과 고등정신기능의 발달

비고츠키는 인지가 환경과 상호작용하면서 발달한다고 생각하였지만 이러한 발달은 단지 개인적인 측면이 아니라 사회적 차원에서 이루어지는 상호작용이고 또는 초기에 나타나던 기억과 관심, 그리고 지각과 사고와 같은 인지 구조, 즉 초등정신기능이 어떠한 방법을 통해서 고등정신기능으로 변화하는지에 관심을 가지게 되었다(Vygosky, 1992).

비고츠키는 초등정신에서 고등정신으로 발달하는 요인을 자연적 발달과 사회적 발달 그리고 문화적 발달로 구분하였다. 예를 들면, 자연적 발달은 초등형태의 기능을 가능하도록 하며, 문화적 발달은 초등정신과정을 고등정신과정으로 변화시키는 기능을 가능하도록 한다.

비고츠키의 초등정신기능과 고등정신기능을 구분하는 기준은 다음과 같다.

- 환경적인 통제로부터 개인의 통제로 이동하는 단계이다. 어린이는 자발적인 통제와 규제를 표출한다. 초등정신과 고등정신 모두 자극과 반응의 관계지만 초등은 자극에 의해서 활동이 완전히 결정된다.

- 정신과정에서 의식적인 출현으로서 자기 지배에 의해서 규제된다. 비고츠키는 지성화 또는 의식적으로 현실화하는 과정이라고 말한다. 고등정신의 현상은 아동 스스로 의식적으로 현실화하는 반면, 자발적이고 논리적 정신으로 발달한다.

- 고등정신기능의 사회적 기원과 본질은 자기가 이루어 내는 생산적인 자극이다. 행동하는 데 즉각적인 원인이 되어 인위적으로 창조하는 것과 사용을 의미한다. 비고츠키는 개인이 외적인 사회적 영향으로부터 개인의 내적인 사회적 영향으로의 전환이라고 말한다.

- 고등정신기능을 매개하는 기호를 사용한다. 자동적으로 자극화하는 경향이 있다. 즉, 자극에 의해서 활동이 결정되는 것이 아니라 자동적으로 자극되어, 자극 수단의 사용을 통해서 자기 행동을 결정하는 단계이다.

  비고츠키의 정신발달에 영향을 준 사건들을 살펴보면 다음과 같은 것으로 요약할 수 있다.

비고츠키의 교육사상	교 육 내 용
비교문화의 다양성	모든 문화는 자기 고유의 특별한 활동과 사용하는 도구들이 완전히 다르기 때문에 인간의 고등정신기능은 문화에 따라서 다르다. 다양한 문화는 다양한 활동의 원인이 된다.
발생학적 방법	인간 행동은 발달과정과 역사의 조사를 통해서 이해할 수 있다. 사회적 관점을 중요시한다. 모든 생명체와 사물에 대한 본질을 이해하기 위해서는 발생학적 발달 기원의 형성과정을 진술하여야 한다.
인간발달의 양면성	아동발달은 자연적인 측면과 문화적인 측면으로 구분한다. 전자는 생물학적인 성장, 신체적 · 정신적 구조의 성숙이고, 후자는 문화적 수단의 학습과 문화적 활동에 참여할 때 표출되는 인간의 의식이다.
초등 · 고등정신기능	초등정신기능은 원시적 기능으로서 모든 포유동물에게도 나타난다. 고등정신은 인간에게만 한정된다. 지적 활동을 유발하고 매개하는 언어와 다른 도구를 사용할 수 있는 능력으로서, 초등정신기능을 체계적으로 재구성한다.

3. 비고츠키의 언어와 사고발달

비고츠키의 저서인 『언어와 사고』에서 언어와 사고의 발생학적 발달기원의 차이점을 설명하고 있다(신현정 역, 1987).

언어발달 이전에 통교수단으로 혼잣말이나 울음과 같은 사고 이전의 언어가 존재한다고 말한다. 언어와 사고는 특정 발달단계가 되면 상호보완적으로 통합되는 동시에 어린이는 생각을 언어로 구사하고 논리성을 전개한다. 언어로 인한 사고가 발달하는 과정을 거친다. 그러므로 비고츠키 이론은 언어가 사고발달을 촉진하고 사고는 사고의 도구인 언어와 어린이의 사회적이고 문화적인 요인에 의해서 발달한다고 보았다(신현정 역, 1987).

비고츠키는 언어의 종류를 외적 언어와 내적 언어로 구분하였다. 외적 언어는 타인이 들을 수 있도록 소리를 내면서 말하는 언어이고, 내적 언어란 혼잣말로 중얼거리는 소위 옹알이를 의미한다. 이러한 언어들은 다음과 같은 4단계를 거쳐서 발달한다고 하였다.

- 1단계(원시적 언어단계) : 2세까지는 사고 이전의 언어가 발달하고, 사회적 반응으로서 사고와 관계없는 혼잣말과 울음, 그리고 미소와 같은 언어가 발달한다.

- 2단계(순수 심리적 언어단계) : 2세가 지나면 사물과 물건과 함께 질문하고 혼잣말을 구사한다. 환경에 대한 호기심이 증가함으로써 적극적인 정보탐색활동을 하고, 어휘 수가 급속도로 증가한다.
  언어와 사고가 교차되어 언어적 사고가 나타나는 동시에 인지활동으로서 언어적 특성이 나타난다. 논리적인 인과관계라든가 문법구조를 이해하지 못한 상황에서 사용하는 언어이므로 순수한 심리적인 특성을 가진 언어이다.

- 3단계(자아 중심적 언어단계) : 이 시기는 7세 이전까지 계속된다. 문제 해결책을 탐색하고, 계획을 세워 하나의 소통 도구로서 자기 중심적 언어를 사용한다고 말한다. 유아들은 사고과정과 행동을 조절하기 위한 사고의 도구로 언어를 사용한다. 유아들은 혼잣말과 같은 언어를 통해서 자기 행동수행, 조절, 계획 방법, 지시를 촉진한다.

- 4단계(성장언어단계) : 7세가 지나면 언어의 양이 줄어들고 사고 능력이 증가한다. 그러므로 사고와 더불어 문제를 해결하고 논리적 사고와 같은 내적 언어로 자기 문제를 해결한다. 이 시기는 내적 언어와 외적 언어, 두 가지 언어 모두를 활용한다.

VII 마카렌코의 유아교육사상

1. 마카렌코의 생애

안톤 세묘노비치 마카렌코(Makarenko A. Sieminovic, 1888~1939)는 우리나라에 잘 알려지지 않는 러시아의 교육학자이다. 비고츠키와 같은 유아교육학자로 사회주의의 붕괴와 더불어 우리나라에서도 이제 자유롭게 소개되고 있는 사회주의 학자 중 하나라고 할 수 있다.

마카렌코는 1888년 3월 13일 우크라이나의 하리코프 시 벨로폴리예 마을에서 철도 공장 페인트공의 4남매 중 둘째로 태어났다. 그는 1895년 초등학교에 입학하였으나 12세 때 부친의 전근으로 폴타바 주 크레멘추크 부근의 크류코프로 이사해 4년제 크레멘추크 시립학교에 다녔다. 그는 1904년 우수한 성적으로 학교를 졸업한 후 이 학교에 부설된 농촌 교사 양성을 위한 1년제 교원양성과를 졸업하고, 1905년 9월 5년제 크류코프 철도학교 교사로 부임해 6년간 교사 생활을 하였다. 마카렌코는 철도학교에 교사로 재직 중에 교장의 관료적인 태도로 인해 갈등이 일어나 1911년 헤르손 지방 돌린스카야 역 철도학교 교사가 되어 1914년까지 근무하게 된다. 그는 이 시기에 러시아의 고전문학에 관심이 많았고, 특히 막심 고리키의 작품에 큰 영향을 받았으며, 벨린스키, 도브롤류보프, 체르니셉스키 등의 저작으로부터도 다양한 학문적 문화를 학습할 수 있는 기회를 가지게 되었다. 그는 1914년 폴타바 고등사범학교에 입학하여 러시아 문학에 몰두했고, 풍자잡지의 편집을 맡아 문학적 재능을 알리기도 하였다. 그는 1918년 부속 고등초등학교의 임시교사로 근무하다가 같은 해 12월 크류코프 고등초등학교 교장 겸 장학관으로 부임해 1919년 가을까지 근무하였다. 1920년 9월에 그는 폴타바 주 국민교육부로부터 법률을 위반한 미성년 부랑아들을 위한 콜로니아(아동

노동 시설)를 조직하는 일을 위임받게 되었고, 이 일로 인해 그는 인생의 새로운 전환점을 맞게 되었다. 그는 이곳에서 8년간 새로운 사회주의 정신을 교육하는 영웅적인 교육 실천에 몰두하였다. 비행소년의 재교육을 맡아 이들을 올바르게 지도하기 위해 각종 교육학 문헌들을 두루 섭렵하였으나 기존 교육학으로부터는 새로운 방향을 배울 수 없었다. 독자적인 교육방법론을 모색하고 있던 그는 1928년 3월 14일 우크라이나 교육 인민 위원부 교육학연구소 사회교육부 회의에서 '제르진스키 콤뮤나에서 훈육과정 조직의 기본 원칙'에 관한 보고에서 당시에 지배적이었던 일반 교육학 사조와 아동학 연구방법에 대해 비판을 가하였다. 이로 인해 갈등이 깊어지자 마카렌코는 자신의 교육 원칙을 지키기 위해 콜로니아를 떠나 1927년부터 맡고 있던 내무 인민위원부 산하의 제르진스키 콤뮤나에서 일하게 된다.

마카렌코는 교육자인 동시에 작가였다. 그는 문학 활동을 하면서 근대 러시아 문학가들의 책을 정독하였다. 교육학자로서 활동은 1930부터 시작하였고 『30년의 행진』이라는 저서는 1932년에 출판하였다. 이 저서는 1927~1930년 사이에 Dzer inskij의 공동생활 전기를 교육적인 간단한 전기를 서술한 것으로 알려졌다. 1933년에 『교육학적 시학』을 출판하였다.

마카렌코의 유아를 위한 저서로는 『노예 생활 안에서 어린이를 위한 작업 행동의 방법적 계획』(1931), 『교육과정의 조직화 과정』(1935~1936), 『러시아의 학교교육 문제들』(1938), 1938년 10월 16일 레닌그라도에서 개최한 학회에서 발표한 《나의 교육학적 경험에 대한 몇 가지 결론들》, 1938년 10월 20일 모스크바의 Narkompros에 개최한 학회에서 발표한 《나의 경험 세계》, 1939년 3월 9일 Charkov의 교육대학에서 발표한 《내가 바라보는 교육학적 관점들》, 《교육의 목적과 유아문학》, 《사회주의 윤리》, 《성격교육》과 같은 다수의 논문들이 있다. 비고츠키는 저서활동을 통해서 사회주의 이론에 근거한 아동교육에 관심을 가지게 되었다.

2. 마카렌코의 일반적인 교육 개념

마카렌코는 교육에 대한 새로운 비전을 다음과 같이 제시하였다.

- 유아교육의 궁극적인 목적은 새로운 인간이라는 제한적인 개념 위에서 집단적이고 개인적인 행복을 모든 다른 사람들과 공유할 수 있는 능력 있는 인간으로 발달시키는 것이다.
  새로운 인간 창조는 예의 바르고, 청결하고, 사회적인 감수성이 있어야 하고, 복합적인 기술, 정신적인 즐거움, 경제적 확실성, 노동을 즐기면서 초월적인 희망이 없이 단지 세상에서 모든 행복을 나누고 만끽할 수 있어야 한다. 이러한 행복한 삶의 정신적 힘으로 실제적으로 사회주의인 러시아를 개혁하여 사회주의적 인본주의로 개혁하는 것이다. 이러한 교육 목적만이 바로 전통세계에 관계되는 것을 순수하게 변형시킬 수 있다고 믿었다.

- 새로운 인간 창조는 사회주의 개혁으로부터 새롭게 창조된 질서와 구조 속에서만이 가능한 것으로 보았다. 이론적이고 실제적으로 인간의 새로운 비전을 사회주의 세계에 개입시키는 것이다. 정확한 해석 방식으로 공동체나 공동 집단 속에서 확장하도록 강요하는 풍요로운 사고와 물질적인 에너지, 사회주의적 상태와 조화롭고 무질서한 미래 집단사회의 비전을 실제적이고, 새로운 사회주의 개념 속에 하나의 비전으로 개입할 수 있도록 제시하는 것이다.

- 마카렌코의 사회주의적 사고는 역사적인 전후 관계를 우선적으로 가정의 울타리 안에서 강화된다. 국가에 대한 무조건적인 숭배는 자기들의 독재정치나 혹은 자기들의 상징적인 것과 프로레타리아의 개혁을 조직화하려는 사고에서 볼 수 있다. 무조건적인 군사훈련을 존중하는 것은 군사적 방어와 보호하려는 강한 힘을 강화하려는 것, 무기 사용을 훈련하는 것, 무엇

보다도 생산능력을 위한 노동 훈련, 무기와 엄격함 그리고 평화를 존중하는 것은 사회주의 확장과 대립되는 힘을 파괴하기 위한 폭력적인 투쟁으로 양립하기 어려운 것이므로, 가장 작은 공동체인 가정으로 결속시키는 것이다.

- 새로운 인간을 현실화하는 것은 인간의 초인적인 능력을 믿지 않고 투쟁과 생산적인 작업 속에서 서로 협력하고 너그러운 삶의 요구에 의해서 사랑과 감정을 포함하여 젊은이들의 모든 힘을 개방하기를 요구하는 것이다. 결과적으로 마카렌코의 인본주의 사상은 교육을 통해 작업효과와 생산성을 높이기 위해서 어린이들에게 물질이라는 개념을 중요시하는 것이다.
- 마카렌코는 사회화된 인간이야말로 확실한 집단 속에서 본질적으로 차이점이 없는 본성은 통해서 재교육되거나 혹은 교육될 수 있는 선한 것이든 악한 것이든 상관없이 현실화해 나가는 무한한 가능성을 가진다. 그는 청소년은 비정상적인 행동을 통해서 교육적 부재로 인해서 비정상적이고 비행청소년이 되는 것이라고 말한다.

3. 마카렌코의 유아교육방법

마카렌코의 유아교육방법은 사회주의를 구축하는 이데올로기적 관점인 집단교육을 통해서 모든 것이 이루어진다고 생각하였다. 마카렌코의 유아교육방법은 다음과 같이 요약할 수 있다(Baraldi, 1977).

- 인간의 작업인 교육은 가장 고차원적인 교수공학의 형태로서 기술적으로 조직되어야만 한다. 교육철학에서 행위 이론을 강조하고, 이론화되고 실제화되는 방법을 연구하는 변증법적 교육학을 강조한다.
- 마카렌코는 개인을 위해 교육이 정당화되는 것은 어떠한 형태이든 관계없이 잘못된 것이라고 말한다. 인간이 탄생하고, 생활하고, 노동하는 것은

개인에 의해서 이루어지는 것이 아니라 공동체의 삶 속에서 이루어지는 것이기 때문에 개별화 교육방법이 아니라 공동체 또는 집단교육방법으로 이루어져야 한다. 인간은 태어나자마자 공동체 삶 속에서 공동체에 필요한 교육을 받아야 한다고 주장한다.

- 학교교육은 모든 교육자와 모든 어린이가 공동 집단을 형성하여 공동의 선을 추구하는 장소여야 한다. 대부분의 어린이들이 모여서 생활하는 장소로서 학교에 소수의 어린이들이 모여서 하나의 공동체를 형성하고, 공동체가 선을 추구하고, 공동체가 행복한 삶을 살아가도록 협력하고 모든 사람들을 하나로 결속시키는 것이다. 학교는 모든 교육자와 모든 학생의 공동 집단으로서 동일한 방법에 의해서 교육되어야 한다.

- 학교교육방법은 전체적인 교육방법, 즉 공동으로 학습하고 공동으로 모든 생활의 문제를 해결하는 것이다. 마카렌코에 의하면 공동 집단은 어린이를 위한 모든 교육의 목적이고 방법이다. 학교교육방법은 완전한 공동체를 형성하는 의무에 기여하여야 한다. 다시 말해서 인간은 집단적이고 공동체적인 행동과 능력을 가지고 태어났다고 말할 수 있다.

4. 마카렌코의 가정공동체와 부모교육

마카렌코의 아동교육론은 학교와 가정 안에서의 교육으로서, 가정교육과 가정공동체에 대해서 자세하게 서술하고 있다. 그는 1937년 교육협회 라디오에 방송된 '부모를 위한 책'의 내용에서 가정공동체에 대한 의식과 부모교육론을 언급하였다((Baraldi, 1977).

마카렌코의 가정공동체에 대한 의식은 다음과 같다.

- 가정교육 방법은 미래의 비전을 위한 새로운 인류 공동체와 공동 생활인으로서, 사회 구성원으로서 만족할 수 있는 올바른 생활양식과 자율적이고 독립적인 규율을 공동선을 위해서 준수하여야 하는 자기 주체적이고 주도적인 인간 양육을 위한 교육을 강조하였다.
- 마카렌코의 가정교육론은 우선적으로 공동 집단으로, 가정생활에 헌신하여야 한다. 사회주의 체제하의 가정은 하나의 작은 공동체 또는 모든 공동 집단으로 존재한다. 교육이란 무엇보다도 가정에서 가장 보편적이고 일반적인 기초교육, 즉 가정교육이 이루어질 때 공동 집단 속에서 활동적이고 지혜롭게 개인적인 활동을 확장·증진시킨다고 말한다. 이러한 공동 집단의 개입을 위해서 부모는 자녀에 대한 교육의 권리와 의무를 가진다.
- 가정에서의 부모의 권위, 가정 규칙, 놀이를 통한 교육, 공동노동, 공동 생산과 교육의 관계, 사회적 문화와 교육, 성교육이 가정에서 이루어져야 한다고 주장하였다.
- 부모는 사회주의 집단 속에서 자녀 교육에 필요한 공동 질서와 규칙 그리고 사회적 규범을 준수하고 발견해야 지속적으로 양육하여야 한다. 부모-자녀 사이의 거리감을 가지지 않고 저항과 강요도 하지 않고, 친구나 우정적인 것도 아니고, 자기의 소유물로서 또는 온화한 덕에 근거한 것도 아니고, 정서적이고 이성적인 것도 아니고, 귀족적이거나 훌륭하고 권위를 가지는 것이 아니라 사회적인 책임감을 가진 가장 힘 있는 권위이다. 부모의 권위 중에서 가장 중요한 것은 자기들의 관습과 시민으로서 자기 자신을 묘사하고 부모의 노동 그리고 공동생활만이 존재할 뿐이다.
- 가정은 자녀와 더불어 부부와 부부 사이에 연대적 책임감, 안정감, 실제적인 일치감과 정상적으로 다수의 자녀에 대한 책임감을 감내하는 집단 자체의 역할을 한다.

- 가정은 내면적으로 노동을 강화하고 조직화할 수 있는 정신에 대한 태도와 품위를 요구한다. 자녀 교육은 가장 조용하고, 가장 단순하고, 가장 정확한 태도, 활동적이지만, 조용한 분위기, 공동체 속에서 지속적으로 모두가 공유하는 행복과 즐거움을 원하는 분위기, 가장 안정된 감정을 요구한다. 이러한 요소들은 어린이에게 사회주의 이념과 정신을 교육하는 데 필요하고 새로운 인간으로 탄생시키는 동시에 가장 고차원적이고 가치 있는, 창조적인 어린이, 자녀로 양육한다고 생각하였다.

- 가정은 최초의 교육을 통해서 노동에 적용할 수 있는 능력을 학습하는 환경이라고 생각하였다. 유아기에 있어서 놀이를 통해서 노동력을 조직화하고 목적화하는 활동, 환상적인 것이 아닌 놀이를 통해서 노동에 적응하는 방법을 훈련한다. 물론 아직 생산적인 노동은 아니지만 놀이는 노동을 위해서 필요로 하고 있는 일상생활에서 심리적이고 물리적인 노력으로 어린이들에게 훌륭한 습관을 들이는 방법으로 생각하였다.

- 마카렌코는 청년조직과 당을 구분하면서 정치적 집단을 조직화하고 공식적으로 교육적 노력을 가장 직접적으로 표현하는 학교는 가급적 이른 시기에 가정에서 출발하여 공교육의 필요성을 확장하고 지속하는 것을 대신할 수 있는 작은 교육 공동체의 역할을 주장했다. 이러한 관점에서 모든 다른 사회적인 힘의 결속력을 가정에서 공동 협력함으로써 지속할 수 있다고 생각하였다.

마카렌코가 언급하는 사회주의 관점에서의 가정공동체에 대한 이념을 근거로 부모교육론을 살펴보면 다음과 같다.

- 부모의 소극적인 권위를 행사하는 것을 반대한다. 부모가 자녀에게 행하는 모든 일은 의무적인 것에 비해 대부분의 부모는 자기들이 완전히 희생하고 봉사한다고 생각하는 것은 자기 권위를 남용하는 것이라고 말한다.

- 부모가 자녀를 무조건적으로 억압하려는 행동은 수직적인 권위 의식일 뿐이라고 말한다. 마카렌코는 부모의 수직적인 권위를 인정하고 자녀에게 체벌을 가하는 것은 부모의 진정한 권위를 상실할 뿐만 아니라 가정을 공포의 분위기로 만든다고 비난하였다.

- 자녀 교육에서 어머니의 역할을 강조하였다. 어머니의 역할은 주로 가사노동뿐만 아니라 애정적 기능, 교육적 기능, 경제적 기능을 수행할 때 가정에 안정을 가져올 수 있다고 말한다.

- 부모는 어린이들을 자신의 소유물이 아니라 국가공동체의 일원으로서, 자녀는 단지 부모의 욕구 충족을 위해서 태어난 것이 아니라 서로 공동협력하고 집단공동체를 형성하는 구성원으로서 자기 역할을 수행하여야 한다.

- 부모는 자녀를 자기 마음대로 매수하거나 자기 의지대로 교육하려는 것을 금지하여야 한다. 보상 행위라든가 조건부적인 행동으로 인해서 순명하도록 하는 것을 비교육적인 방법으로 보았다. 외재적 동기부여보다는 내재적 동기부여에 관심을 가져야 한다고 하였다.

- 부모의 여러 종류의 권위의식에 대한 비판으로서, 수직적 관계와 애정적인 관계의 유지, 명령보다는 온화한 언어의 사용, 용감하고 권위적인 태도와 너그러운 자세를 동시에 요구하였다.

5. 공동훈련을 통한 유아교육

어린이를 위한 모든 훈련은 공동훈련을 통해서 이루어진다. 훈련은 개인의 목적을 현실화하기 위한 작업과 집단생활의 경험으로부터 이루어진다. 마카렌코는 어린이의 모든 훈련이란 교사의 의지나 혹은 개인의 의식에 근거하여 이루어지는 훈련보다는 어린이 자신의 의지에 의해서 자율적으로 이루어지는 훈련을 강조한다. 훈육에 대한 처벌 역시 공동 집단에서 이루어지는 것이 효과적이다. 즉, 교사의 의지에 의해서 훈육이 이루어지는 것이 아니라 집단의 의지에 의해서 이루어졌을 때 어린이들의 행동을 자연스럽게 수정이 가능하다.

- 유아교육은 가정공동체인 부모교육으로부터 출발하여야 한다.

  마카렌코는 유아교육의 가장 중요한 출발점은 부모이고 가정의 온화한 분위기와 구성원 사이에 협력, 그리고 모범적인 행동에 근거한 부모의 수직적이고 수평적인 권위, 즉 사랑을 전제로 한 가정공동체의 권위에 필요성을 강조한다.

- 모든 기초교육은 가정공동체에서 이루어진다.

  인간으로 정의로운 교육, 정확한 생활양식, 정확한 작업, 즐거움을 자연스럽게 배우는 것을 가정으로 보았다. 모든 사물과 모든 사람들로부터 형성되는 어린이들이 신뢰심은 우선적으로 가정에서 훌륭한 가정교육을 통해서 이루어지기 때문에 부모-자녀 간의 상호작용과 협력관계로서 가정교육을 강조하였다.

- 가정공동체를 통해서 훌륭한 인간과 시민을 양성하여야 한다.

  가정을 인간의 최초 공동체로 간주한 마카렌코는 가정에서 부모-자녀 사이의 존경심을 통해서 인격이 형성되고, 이러한 인격형성은 자기 자신에 대한 존경심과 타인에 대한 존경심을 가지는 근본적인 요소라고 말한다.

6. 놀이를 통한 유아교육

- 마카렌코는 무엇보다도 유아교육기관에는 넓은 놀이공간이 필요하다. 유아가 마음껏 움직이고 자유롭게 놀 수 있는 열린 공간과 환경을 중요시하였다. 넓은 공간은 어린이의 작업을 위해서 필요한 정신적·육체적 습관을 들이기 위한 자유로운 활동을 위한 장소이다. 어린이는 활동을 통해서 육체적·정신적인 습관을 형성하기 때문에 자기들의 생활조건에서 정신적이고 신체적인 발달을 단계적으로 성취할 수 있도록 넓은 공간을 제공하여야 한다.

- 공동놀이는 유아의 창조적 능력을 발달시키는 하나의 작업 형태로 보았다. 어린이는 집단 작업의 기쁨을 통해서 공동체에 자연스러운 참여의식을 발달시키고 놀이를 통해서 창조적 능력을 발달시킨다.

- 공동놀이를 통해서 공동체 의식을 결속·훈련시킨다. 공동놀이는 또래 친구와의 관계를 결속시키고 친사회적 활동을 강화시키는 역할을 한다. 공동놀이를 통해서 다른 친구들과의 사랑, 양보, 신뢰, 모방행동, 공동체에 대한 규칙, 질서를 학습하면서 서로의 결속력을 향상시키고 훈련한다.

- 유아는 공동놀이를 통해서 정서적인 안정감을 가지게 된다. 사회주의 집단은 여성과 남성 모두가 공동으로 노동에 참여함으로써 유아는 자연스럽게 공동 집단에서 생활하고 교육을 받아야 되기 때문에 유아교육기관의 조직적인 운영체계에서 어린이는 안정적으로 놀이형태에 참여한다. 어린이의 놀이는 하루 일과의 한 형태이다. 마카렌코의 교육사상은 결국 러시아의 교육사상으로서, 소공체인 가정으로부터 시작해서 사회 공동체를 위한 교량 역할에 필요한 모든 행동 양식과 지식을 습득하는 과정으로 볼 수 있다.

사회주의 분위기에 살아온 마카렌코는 결국 공동작업 결과로 공동생산과 더불어 공동으로 사회를 운영할 수 있는 충분한 기초지식과 필요에 의해 배울 수 있는 것을 모두 학습하여야 하는 지도자를 양성하는 것을 교육 목적으로 삼았다. 마카렌코는 학습과 노동을 구분하지 않고 어린이는 유아기부터 사회가 원하는 생산 작업에 공동참여를 하여야 한다고 주장하였다. 따라서 종합기술교육은 사회주의의 교육모델이 되고 있다. 어린이에게 기초 학습으로 3'R을 가르치고, 다양한 종합기술학교 제도가 옛 사회주의 교육모델이 되고 있다(김수동 외, 2011). 어린이에게 노동과 교육을 병행하면서 어린이의 노동을 교육의 일부분으로 공식화하였다.

Ⅷ 러시아의 취학 전 교육제도

1. 러시아 보육원의 교육제도

보육원은 생후 6개월부터 3세까지 육아와 교육을 동시에 실시하고, 실제적으로는 영아의 의식주를 완전히 해결할 수 있는 보육기관을 의미한다. 어린이는 나이를 기준으로 하여 반 구성이나 집단 구성을 하여 교육하였다. 모든 교육의 책임은 교육받은 보모에 의해서 이루어지고 재료비 정도만을 지불하고 거의 공교육으로 이루어진다.

마카렌코는 어린이의 잘못된 행동의 모든 책임은 교사에게 있다고 보았다. 사회주의에서는 모든 여성이 노동을 하여야 하기 때문에 취학 전 교육 역시 공교육 형태이다. 사회주의 체제하에서는 공동으로 일하고, 공동으로 생산하고, 공동으로 분배하는 이론이기 때문에 집단교육과 공동체 학교교육제도는 일반화되고 절대적이다.

보육원의 운영 목적은 다음과 같다.

- 유아에게 처음으로 집단경험을 할 수 있는 기회를 제공한다.
- 기본적인 일상생활습관을 훈련한다.
- 태어나서부터 조기에 사회화 과정을 학습한다.
- 공동체, 집단생활 정신을 훈련하고 함양한다.
- 공동생활에 필요한 의식교육과 국가관을 심층적으로 훈련한다.
- 도덕교육을 통해서 사회주의이론을 의식화한다.
- 사회주의 이념을 생활화하기 위해서 공동체와 집단생활에 대한 강한 훈련을 학습한다.

- 어린이에게 정신 통일하고 집중하도록 하기 위해서 운동, 스포츠에 많은 시간을 할애한다.

2. 러시아 유치원의 교육제도

러시아의 유치원생의 집단활동과 학습시간을 분류하면 다음과 같다.

단계	집 단	년 령	활동 및 학습
1	유아 : 1, 2집단	0~1, 1~2세	10분 동안 놀이 활동
2	취학 전 아동 : 1, 2집단	2~3, 3~4세	주당 10회 정도의 10~20분 놀이활동
3	취학 전 아동 : 1, 2집단	4~5세	주당 10회 정도의 10~20분 놀이활동
4	취학 전 아동 : 1집단 취학 후 아동 : 2집단	5~6세 6~7세	주당 13회: 15~20분간 놀이활동. 주당 14회: 20~30분간 놀이활동

출생에서 취학 전 7세까지 주로 다루는 교육내용은 사회주의 이념교육으로서, 정신교육과 도덕교육, 예능교육, 그리고 놀이 활동을 집단별로 구분하여 가르친다.

특히 유치원 교육과정으로 도덕교육을 강조하는 이유는 사회주의를 소개하고 알리는 내용으로서, 공동체에 대한 존중사상과 조국애, 그리고 나라에 충성하는 사상적 교육을 심층적으로 의식화한다.

유치원에서 일반적인 교과목으로는 언어의 조기교육, 적극적으로 사회활동에 참여할 수 있도록 정신교육을 강화하고, 집단생활을 무리 없이 할 수 있도록 집단정신의 조기교육을 강화하고, 조기에 어린이의 인격 형성이 이루어지도록 집단과 가정을 연결하여 정신교육을 강화하는 내용을 가르친다.

러시아, 즉 사회주의 유아교육원리는 어린이에게 놀이보다는 노동의 의미를 더 중요시하고, 개별활동보다는 집단활동을 더 중요시하고, 어린이는 지능을 발달시킬 수 있는 무한한 잠재능력을 선천적으로 가지고 태어나기 때문에 조기에 모든 잠재능력을 발달시켜서 사회집단의 한 구성원으로 성장하도록 안내한다. 그러므로 어린이에게 사회적인 질서와 규칙, 그리고 반복적인 암기식 교육에 초점을 두고 사회에 기여할 수 있는 교육을 실시한다.

	개인 지도	훈육 방법	자치 활동	정서 교육	도덕교육 성교육	부모의 교육적 책임
유치원	정서지도보다는 학습면에 치중	언어적 훈계	거의 없음	개별지도보다는 집단지도의 방법으로 현장을 통한 정서교육강조	전통적으로 도덕교육, 성교육은 이루어지지 않음	아동의 자유를 존중하지 않음. 초등학교 준비교육이나 신체적 보호
초등학교	학습측면에 제한	언어적 훈계와 체벌병용	학급회의 시간에 어떤 안건에 대하여 토론하는 정도	정해진 교과목(음악, 미술 등)	전통적 도덕교육/성교육은 거의 이루어지지 않음	아동의 자유와 자유로운 환경조성을 고려하지 않음. 지적 교육 준비에 치중

참고문헌

고후순 외(2000). 유아교육사상사. 서울: 양서원.

곽노의, 이명환 역(2001). 프로벨과 몬테소리. 서울: 밝은 누리.

곽노의(1989). 프로벨의 낭만주의적 유아교육이론에 관한 연구. 서울: 학민사.

김규성 편저(1986). 존 록크의 교육사상. 서울: 학문사.

김성원(2002). Rudorlf Steiner의 유아교육론연구. 대구가톨릭대학교 대학원 박사학위논문

김수동 외(2011). 새로운 교육철학 및 교육사. 서울: 양서원.

김안중(1989). 플라톤의 교육론. 서울: 서광사.

김연희(2000). 몽테뉴의 아동교육론에 관한 소고. 원광대학교 대학원 석사학위논문.

______(2002). 몽테뉴의 아동교육론에 관한 소고. 경남대학교 대학원 박사학위논문.

김영민, 문춘희 역(2010). 새로운 종교개혁. 서울: 코나투스.

김은산 역(1992). 시험도 숙제도 없는 행복한 학교. 서울: 양서원.

김정환 외(1989). 교사의 문제. 서울: 양서원.

김정환, 이재준(1991). 페스탈로치의 실천. 서울: 젊은 날.

김창환(1998). 몽테뉴, 위대한 교육사상가들 I. 연세대학교 교육철학회 연구회. 서울: 교육과학사.

_____(1998). 아우구스티우스, 위대한 교육사상가들 I. 연세대학교 교육철학회 연구회. 서울: 교육과학사.

김태오, 김병희(2006). 쉽게 풀어쓴 유아교육철학. 서울: 양서원.

박덕규 편저(1992). 피아제의 발생학적 인식론과 구조론. 서울: 민정사.

박영진(2012). 교육철학 및 교육사. 서울: 정민사

박용성(1997). 니일에 있어서 자유와 자유개념에 관한 연구. 연세대학교 대학원 박사학위논문.

박재문 외(1987). 플라톤의 교육. 서울: 문음사.

송명자 외(2000). 유아기의 도덕적 판단. 울산: 울산대학교출판부.

신현정(1987). 언어와 사고. 서울: 성운사.

______ 역(1987). 언어와 사고. 서울: 성원사.

안상원(1990. 듀이의 교육철학. 서울: 양서원

안인희(1990). 루소의 교육론. 서울: 양서원.

오천석 역(1984). 민주주의와 교육. 서울: 교육과학사.

이상욱(1996). 프뢰벨과 기독교 유아교육. 서울: 양서원.

이숙종 역(1998). 세계도회. 서울: 교육과학사.

______ (1996). 코메니우스의 교육사상. 서울: 교육과학사.

임채식, 강진영 역(1993). 존 로크의 미래를 위한 자녀교육. 서울: 양서원.

전재숙(2002), Neil의 교육사상에 관한 연구. 대구가톨릭대학교 대학원 박사학위논문.

정인숙(2002). Fröbel의 교육사상에서 상징의 아동교육적 의의에 관한 연구. 대구가톨릭대학교 대학원 박사학위논문.

정정실 역(1987). 대교수학. 서울: 교육과학사.

정홍규(2004). 빙엔의 힐테가르트. 대구: 푸른평화.

______(2010). 평화 생태이야기. 서울: 바오르딸.

조성자(2006). 몬테소리의 과학적 교육학. 서울: 신정.

조성자(2011). 몬테소리 교육철학의 이론과 실제. 서울: 창지사.

______(2012). 훌륭한 몬테소리 부모되기. 서울: 파란 마음.

______(2014). 몬테소리교실에서 관찰의 중요성. 서울: 창지사.

______(2013). 열정적으로 가르치는 교사, 열정적으로 배우는 어린이. 서울: 창지사.

______역(1995). 몬테소리의 어린이 발견. 서울: 창지사.

______역(2001). 어린이들을 위한 인격형성. 서울: 창지사.

팽영일(2004). *교육의 철학과 역사*. 서울: 양서원.

Alici, L. (1997). *Platone* in Nuove questione di storia della pedagogia. Brescia: La scuola.

Baraldi, E. (1977). *Pedagogia e metodologia dell'educazione infantile*, in nuove questioni di storia della pedagogia. Brescia: La scuola.

Bechi, E. & Julia D. (1977). *Storiadell'infanzia 1. Dall'antichitaal setecento*. Laterna: Romabari.

Braido, P. (1977). *Aristoteles*, in Nuove questione di storia della pedagogia, vol. 1. Brescia: La scuola.

Bransford J. D & Jhonson (1999). *How people learn: Brain, Mind, experience and school*, Washington, DC: National Academy Press.

Buchwald, G. (1947). *D. Martin, Luthers leben und Lehre*. Bertelsmann: Guterslob, 1947.

Carlo, G. J. (1977). *Dewey e la sua scuola*, in Nueve questione storia della pedagogia. Brescia: La scuola.

Comenius, J. A. (1985). *Gross Didaktik*. Stuttgart: Klett–Cotta.

Erning, G. (1987). *Geschichte des Kindergarten*. Freiburg: Lambertus.

Fröbel, F. (1973). *Menschenerziehung*. Bochum: Ferdinand Kamp.

Fröbel, F. (1982). *Die Spielgaben*. Stuttgart: Klett–Cotta.

Fröbel, F. (1982). *Vorschulerziehung und Spieltheorie*. Stuttgart: Klett–Cotta.

Giugni, G. & Piretti, A. (1982). *I problemi della pedagogia e della filosofia. vol 2.* Brescia: La scuola.

Giugni, G., Santinello, G., & Capecci, A. (1977). *I problemi della pedagogia e filosofia, vol 1.* Brescia: La scuola.

Hart, S. & Hodson V. K. (2006). *Respectful Parents Respectful Kind*. A Puddle Dancer press Book, Encinitas CA.

Hellmich, A. (1999). *Montessori-Freinet, Waldorf-pädagogik*. Weimheim und Basel: Beltz.

Jacques, M. (1914). Introdution gėnėrale à la philoosphie. 박영도 역(1984). 철학의 근본이해. 서울: 오서광사.

Kayser, M. (1991). *Wie frei ist die Waldorfschule*. Berlin: Linksdruck.

Krecker, M. (1971). *Quellen zur Geschichte der vorschulerziehung*. Berlin: Volk und Wissen Volkseigener.

Leonarduzzi, A. (1977). *Le idee pedagogiche di Rabelaris e di Montaige*, in Nuove questione di storia della pedagogia, vol. 1. Brescia: La scuola.

Lilliard, A. S. (2005). *Montessori: The science behindin Genus*. New York: Oxford.

M, Fox (2006a). The Coming of the cosmic Christ, 송영만 역(2008), 우주 그리스도의 도래. 대구: 분도출판사.

M. Fox (2006b). *A new Reformation*, 김영민, 문춘희 역(2010), 새로운 종교개혁. 서울: 코나투스.

Maccheroni A. M. (1956). *Come Conobbi maria Montessòrri, vita dell'infanzia*. Roma.

Montessori, M. (1950). *L'autoeducazione nelle scuole elementari*. Firenze: Garzanti

Pestalozzi, J. H. (1991). *Klein Schrifften zur Vollkerziehung und Menschen bildung*. Hellbrunn: Julius Klinkhardt.

Piaget, J. (1998). *Das Weltbild des Kindes*. Nördlingen: Klett-Cotta.

Piaget. J. (1971). *Lo sviluppo delle quantitàfisiche nel bambino*. Firenze: La nuova italiana.

________(1974). *Theorien und Methoden der modernen Erziehung*.

________(1992). *Biologie und Erkenntnis*. Frankfurt am Main: Fischer.

________(1972). *Il giudizio morale nell'infanzia*. Barbera: Giunti.

Pignatari, M. (1967). *Maria Montessori: Cittadina del mondo*. Roma: Comitato italiana dell'OMEP.

Santinello, G. & Cappaci A. (1982), *Il Problemi della pedagogia e della filosofia: nel mondo antico e medievale. vol. 1*. Roma: cittàNuova.

Thomas Berry & Thomas Clarke (1991), 김준우 역(2006). 신생대를 넘어서 생태대로. 서울: 에코조익.

Vygotskij, L. (1992). *Immaginazione e crestivitánell'etá infantile*. Roma: Riuniti.

저자 소개

| 조 성 자 |

- Rome Antonianum 대학교 철학 및 교육학과 졸업
- Rome Antonianum 대학교 교육학 석사
- Rome Antonianum 대학교 철학박사(교육철학 전공)
- 1995년 1월~1996년 2월까지 독일 Münster 대학 교환교수 역임
- 2000~2004년 한국몬테소리학회 회장 역임
- 현재 대구 가톨릭대학교 사회과학부 아동학과 교수
- 현 (사) 한국몬테소리교육총연합회 회장

❖ 저 서

–L'educazione morale degli adolescenti nella famiglia coreana, Roma Montessori 교육학(중앙적성출판사, 1996)
–자유 직업과 열린 교실을 위한 Maria Montessori의 교사론(창지사, 1998)
–유아교육개론(공저, 양서원, 2005)
–마리아 몬테소리 자서전(신정, 2007)
–몬테소리의 과학적 교육학(신정, 2007)
–프뢰벨 가베교육의 이론과 실제(창지사, 2007)
–몬테소리영아전담 어린이집 교육프로그램의 이론과 실제(창지사, 2010)
–몬테소리우주교육의 철학적 관점(공동체, 2010)
–몬테소리교육철학의 이론과 실제(창지사, 2011)
–몬테소리 부모와 자녀를 위한 이야기 나눔(파란마음, 2012)
–몬테소리 평화교육의 이론과 실제(파란마음, 2012)
–훌륭한 몬테소리 부모되기(창지사, 2012)
–가정에서 부모와 함께 하는 몬테소리교육(창지사, 2013)[편저]

-Maria Montessori의 자유 개념과 자유 직업의 원리(중앙적성출판사, 1996)
-나는 착한 목자다Ⅰ, Ⅱ(중앙적성출판사, 1997)
-신 Montessori 학파의 새로운 교육운동: 교육학에 대한 이론(양서원, 2000)
-(누리과정에 근거한) 몬테소리 영유아 교육과정의 이론과 실제(창지사, 2014)
-몬테소리 교실에서 관찰의 중요성(창지사, 2014)
-영유아 프로그램 개발 및 평가(창지사, 2014)

❖ 편 역

-세계 어린이의 어머니 Montessori: 그녀는 누구인가?(양서원, 2000)

❖ 역 서

-사랑의 커리큘럼(한국 Montessori 연구소, (주) 한국몬테소리, 2004)
-신이란 무엇인가(한국 Montessori 연구소, (주) 한국몬테소리, 2004)
-나는 친구들과 함께 평화를 나누려고 해요(한국 Montessori 연구소, (주) 한국몬테소리, 2005)
-나는 우주에 살아요, 나는 지구라는 행성을 여행하고 있어요(한국 Montessori 연구소, (주) 한국몬테소리, 2005)
-지구를 위한 나의 맹세, 나는 해님을 알아요(한국 Montessori 연구소, (주) 한국몬테소리, 2005)
-나는 고요함을 듣고 싶어요(한국 Montessori 연구소, (주) 한국몬테소리, 2005)
-중력이 무엇인지 난 알아요(한국 Montessori 연구소, (주) 한국몬테소리, 2005)
-여러분 은하수가 얼마나 큰지 아세요(한국 Montessori 연구소, (주) 한국몬테소리, 2005)
-어떻게 씨앗이 싹트는지 난 알고 있어요(한국 Montessori 연구소, (주) 한국몬테소리, 2005)

–나는 밤하늘에 무수히 흩어져 있는 아름다운 별들을 바라봅니다
(한국 Montessori연구소, (주) 한국몬테소리, 2005)
–어린이들에게 영성은 존재하는가?(창지사, 2000)
–유아기를 위한 성교육(창지사, 1987)
–아동기를 위한 성교육(창지사, 1987)
–청소년기를 위한 성교육(창지사, 1987)
–Montessori의 교육과 평화(창지사, 1990)
–Montessori의 어린이 신비(창지사, 1991)
–Montessori의 어린이 정신(창지사, 1995)
–Montessori의 어린이 발견(창지사, 1995)
–Montessori의 어린이를 위한 종교교육(미루나무, 1993)
–어린이의 종교적 잠재능력(중앙적성출판사, 1997)
–Montessori의 새로운 세계를 위한 어린이 교육(중앙적성출판사, 1996)
–Montessori의 우주교육 : 인간의 잠재 능력을 어떻게 개발할 것인가?
(중앙적성출판사, 1998)
–Montessori의 우주교육 : 유아기에서 청소년기까지(중앙적성출판사, 1998)
–Montessori의 어린이를 위한 인격 형성(창지사, 2001)
–Montessori는 부모님들에게 이렇게 권고합니다(양서원, 2000)
–어린이는 인간의 어버이다(양서원, 1999)
–어린이들을 위한 관찰기록과 보고(공역, 창지사, 2009)
–창의적 갈등해결을 위한 활동 지침서(신정, 2007)
–보호를 필요로하는 노인을 위한 Montessori 교육방법과 치료방법
(창지사, 2001)
–내일의 어린이들(파란마음, 2011)
–0~3세를 위한 영아전담 어린이집(신정, 2012)

개정
유아교육의 역사와 철학적 이해

초판 1쇄 발행 2005년 14월 14일
개정 1쇄 발행 2015년 7월 10일

지 은 이 | 조성자
펴 낸 이 | 김기섭
책임편집 | 이윤미
펴 낸 곳 | 창지사 www.changjisa.com
153-802 서울시 금천구 가산디지털1로 83 파트너스타워 1차 9층
전화 (02) 719-2211~3
팩스 (02) 701-9386
등 록 | 1977년 4월 28일 · 제1-421호

ISBN 978-89-426-0818-8 (93370)

값 17,000원

「이 도서의 국립중앙도서관 출판예정도서목록(CIP)은 서지정보유통지원시스템 홈페이지(http://seoji.nl.go.kr)와 국가자료공동목록시스템(http://www.nl.go.kr/kolisnet)에서 이용하실 수 있습니다.(CIP제어번호: CIP2015018702)」